吉林大学校园
历史文化丛书

流淌的星河

LIUTANG DE
XINGHE

高鸿雁
张 静 主编

吉林大学出版社·长春·

图书在版编目（CIP）数据

流淌的星河 / 高鸿雁, 张静主编. -- 长春 : 吉林
大学出版社, 2020.9
ISBN 978-7-5692-7898-9

Ⅰ.①流… Ⅱ.①高… ②张… Ⅲ.①吉林大学－教
师－生平事迹②吉林大学－校友－生平事迹 Ⅳ.
①K820.7

中国版本图书馆CIP数据核字(2020)第247872号

书　　名：流淌的星河
　　　　　LIUTANG DE XINGHE

作　　者：高鸿雁　张　静　主编
策划编辑：田茂生
责任编辑：付晶淼
责任校对：田茂生
装帧设计：刘　瑜
出版发行：吉林大学出版社
社　　址：长春市人民大街4059号
邮政编码：130021
发行电话：0431-89580028/29/21
网　　址：http://www.jlup.com.cn
电子邮箱：jdcbs@jlu.edu.cn
印　　刷：吉广控股有限公司
开　　本：787mm×1092mm　　1/16
印　　张：16.25
字　　数：270千字
版　　次：2020年9月　第1版
印　　次：2020年9月　第1次
书　　号：ISBN 978-7-5692-7898-9
定　　价：98.00元

编首语

  吉林大学六脉合一，英才济济，在学校创建和发展过程中涌现出了一大批革命家、教育家、学术大师。他们坚持真理、人格高尚、学识渊博、治学严谨，为学校的创立、学科的建设和人才培养做出了重要的贡献，他们的功勋与业绩，才略与风范奠定了今天学校的成就和辉煌。他们在学校的历史天空中熠熠生辉，灿若星河。

  在这璀璨的群星里我们选取了45位人物，编辑成《流淌的星河》一书。他们中有六校肇始，行开创之功的首任校长；有奠定学科专业基石的学术前辈；有引领学校铿锵前行的掌舵人；有呕心沥血投身教育，郁沃桃李的优秀教师；有救死扶伤、医术精湛的仁心医者；有不忘初心，淡泊名利，至诚报国的吉大学人。他们是智者、是仁师、是战士，数十载风雨历程，他们的背影渐行渐远，但他们却为后人积淀出了宝贵的精神财富。

  一所优秀的大学，除了有形的大师和大楼外，无形的精神财富更显珍贵，因为它是一所大学发展壮大的丰厚滋养，它塑造了大学立身社会的脊梁。一路走来，群星璀璨的吉大先贤以及一代代吉大人，脚踏实地，不懈追求，在平凡工作中孕育出的感动与辉煌，凝练出的优良传统和校风，铸就成了今日的"吉大精神"，成为广大师生共同的精神追求，也是学校"坚守理想、追求卓越"永葆青春活力的力量源泉，这精神的依托与延伸更成为学校发展的魅力之所在。

本书分为"使命之承　六校肇始""学科初创　砥砺前行""高瞻远瞩　治校有方""嘉言懿行　风雨耕耘""白医精神　德馨流芳"五个篇章，并分别以"人物生平""峥嵘岁月"以及"先贤故事"三部分来具体展现群贤的人生历程、理想信念和家国情怀。最好的纪念在传承，最好的回馈是奋进。今天我们讲述先贤们的故事，不仅是告慰故人，更是激励来者，用根植于血脉里"红"与"专"的文化基因，用"人比山高，脚比路长"的豪迈气概，以及"心有大我　至诚报国"的大爱情怀，去赓续传承一代代吉大人"求实创新，励志图强"的优秀品格，继续深耕脚下这片热土，书写新的梦想与辉煌！

愿这群星璀璨的星河，如汩汩溪水，不停歇，润泽芳华园，葳蕤桃李林。

需要说明的是，由于掌握资料有限，有些人物和内容收集尚不够全面，也请广大师生为我们提供有关信息，对于此次未收集进入本书的内容，我们会在再版成书时补充进来。同时也由于编者学识水平有限，难免有所错误和疏漏，敬请专家、学者和全校师生批评和指正。

目录 CONTENT

使命之承
六校肇始

学校初创的艰难时期，行开创之功的首任校长们发挥了领军人物的关键作用。他们既是学校的奠基人，又是为新中国解放事业做出卓越贡献的革命家。他们以革命者特有的才略和品格，把不畏艰险、勇往直前、艰苦奋斗、开拓创业的革命精神融入了学校的办学精神之中，初步形成了学校良好的风气和特色，为学校日后的发展奠定了坚实的基础。

林 枫

【回顾·人物生平】

林枫，原名郑永孝，字伯桥，曾用名郑凌风、林硕石。黑龙江望奎人。忠诚的马克思主义战士，第一届全国人大常委会委员，第二、三届全国人大常委会副委员长，中共第七、八届中央委员。

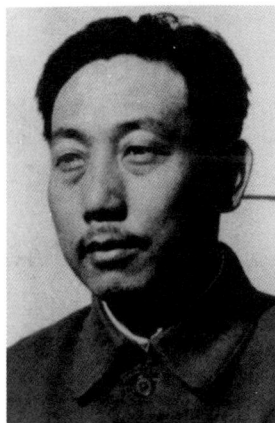

林枫（1906—1977）

1927年3月，林枫加入中国共产党，相继担任中共北平市委书记、天津市委书记，中共中央驻北方代表、北方局书记刘少奇同志秘书等职务。抗日战争时期，先后担任中共山西省工委副书记、山西省委书记，中共中央北方局组织部部长，晋西区党委书记，中共中央晋绥分局副书记、代理书记，晋绥军区政治委员等职务。东北建政时期，历任中共中央东北局组织部部长，第一副书记、代理书记，东北行政委员会主席，东北人民政府第一副主席等职务。在任东北行政委员会主席期间兼任东北行政学院（吉林大学前身）首任院长。新中国成立初期，调中央工作，历任中共中央副秘书长，中央党校校长、党委书记等职。

林枫毕生献身无产阶级革命，他一生光明磊落，忠贞不屈，对党无限忠诚，在中国革命各个历史时期都做出了卓越贡献，也为吉林大学的发展奠定了坚实基础，他的光辉业绩必将永远铭刻在人民的记忆中。

【回首·峥嵘岁月】

1945年8月15日，日本宣布无条件投降，中国的抗日战争胜利结束了。但是，国民党却在美国支持下积极部署内战，东北由于其重要的战略地位，成为这场大决战的最初主战场，也成为争夺的关键。1946年4月，中国人民解放军成功接收哈尔滨，哈尔滨成为中国人民解放军解放的第一座大城市和东北解放区的首府。

在东北解放区刚刚建立尚不巩固的情况下，解放区百废待兴、急需大批革命干部和专业人才，为此，中共中央东北局、东北行政委员会决定，在东北区建立一所培养革命干部的学校。

1946年10月5日，在东北解放战争的隆隆炮声中，吉林大学的前身——东北行政学院在哈尔滨宣告成立，直接隶属于东北行政委员会，由时任东北行政委员会主席林枫兼任首任院长。

学院成立时的院址仅仅是位于哈尔滨市南岗区原长官公署街的一座小白楼。作为一所简朴而新式的学校，它当时全部的管理人员不超过5名。东北行政学院第一期招收学员共33人，教学内容以讲授中国革命问题为主，辅以中国近代史和世界政治。针对学生当时的思想

东北行政学院旧址

状况，通过解决对共产党与国民党，苏联与美国的认识问题，提高对国内外形势的认识，加强对党的方针政策的学习等一系列方式，引导他们走向革命道路。1946年底，国民党集中兵力向东北解放区发动大规模进攻，妄图越过第二松花江，攻占哈尔滨。为保存革命力量，防患于未然，根据东北行政委员会的决定，东北行政学院全体干部

和学员于12月12日凛晨冒着凛冽的寒风，乘北迁的火车专列，经过三昼夜的艰苦行程，于15日抵达佳木斯，继续坚持教学工作。

1947年9月，东北行政学院开始招收第二届学员，共80余人，包括社会各阶层子弟，大部分来自中学。10月，东北行政学院举行了第二届开学典礼，林枫院长到会并作报告。他强调，本届学员的学习任务是帮助东北人民建立合理的新生活，并勉励学员要努力学习，树立正确的人生观。10月10日，中共中央召开全国土地会议颁布《中国土地法大纲》，一场轰轰烈烈的土改运动犹如暴风骤雨般在东北大地迅速展开。第二届学员亦以《中国土地法大纲》为主要学习内容，并参加了土改运动，接受革命实践锻炼。在胜利完成土改工作后，返回哈尔滨，经过总结即告毕业。除少数人留校工作外，绝大多数学员按照需要分配到东北行政委员会各部门和各省工作。

1948年5月，东北解放战争接近全面胜利，为适应新解放区恢复经济和城市建设的需要，东北行政学院与哈尔滨大学合并，更名为东北科学院，林枫仍兼任院长。东北科学院的建立，一方面是培养新民主主义建设事业的专门人才，为全东北的解放多方面准备干部；另一方面也是为了更好地贯彻党的知识分子政策，吸收流散在各地的失业科学技术人员。学校改组之后，招生规模扩大，第三届学员达625人。林枫院长在开学典礼上作了重要讲话。他勉励学员们说："东北是个好地方，出大豆高粱，有铁路工厂。过去在帝国主义汉奸军阀卖国贼的压迫蹂躏下，现在解放了，我们再不做奴隶了。那就下决心学习，学习好，建设自己的国家。"

1948年11月，东北全境解放，根据时局的发展，东北科学院的学生在圆满结束3个月的政策学习之后，除少数留校工作外，大部分学员被分配到公安、司法、工业、农业、卫生和教育等各条战线，随同东北行政委员会一起参加沈阳的接收工作。同时，学院由哈尔滨迁往东北行政委员会新驻地沈阳，复名东北行政学院，林枫仍兼任院长。

1949年2月，林枫院长领导全校开展大规模的劳动建校活动。师生员工自己动手，维修楼房，粉刷墙壁，检修暖气设备，平整校园，建立农场，扩建了图书馆和医务室。9月中旬，新学期开学，从本学期起，学校按正规化大学要求，教学内容以理论课、业务课为主，进行系统教学。同年11月2日，学校召开大会，公开党员名单。从此时起，党由秘密状态转为公开活动。

中华人民共和国成立以后，我国进入了一个新的历史时期。结束了无休止的战争，国民经济的恢复与改造全面开始了。这就要求大力发展正规化的高等教育事业，培养大批具有较高革命觉悟和业务水平的专门人才，以适应新形势的需要。1950年3月，根据中共中央东北局和东北行政委员会《关于整顿高等教育的决定》，学校改为培养财经、政法专门人才的正规高等学校，校址亦于9月从沈阳迁往长春。先后设立行政、教育、司法、财政、银行、会统、工厂管理等七个系，还有俄文、会计两个专修科，工农干部文化补习班、地方干部训练班、合作干部训练班以及第一期研究班。同时，更名为东北人民大学，任命王一夫为校长，林枫转任东北局统一战线工作部部长。

从1946年10月到1950年3月，林枫兼任院长期间，正是学院的创建时期，学校艰苦发展，在几度辗转、变迁中发展壮大，为建立巩固东北根据地，建设解放区，迎接全中国的解放，培养和输出了一批革命干部，完成了历史赋予的使命，因此，东北行政学院成为东北解放区革命干部的摇篮。学校初步形成的良好办学风气和特色，为后来建设综合性大学奠定了坚实的基础。而林枫院长坚持原则、作风正派、襟怀坦荡、光明磊落的老一辈革命家的风范和拓业先贤的伟绩也永远载入吉林大学的史册。

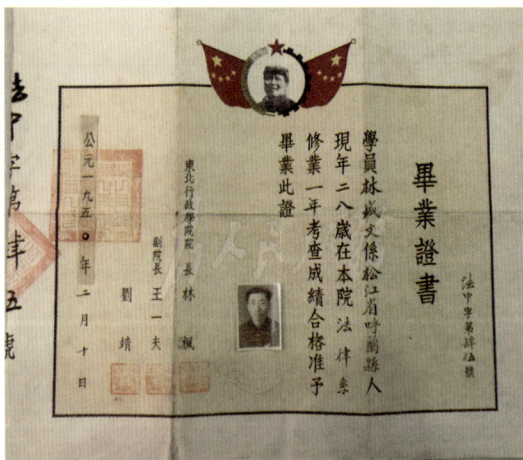

林枫签署的毕业证书

【回忆·先贤故事】

文化教育事业是林枫在东北负责领导的一个方面。前后十年间，他对东北教育事业发展和教育改革工作倾注了大量心血……

日寇14年的奴化教育，给东北人民精神上造成了严重恶果。日本投降后，国民党又推行"党化教育"，使得东北地区形成了一种盲目"正统观念"。所以，东北解放区开创初期，我党把教育工作作为解放战争的一条重要战线，即在已解放的地区大力兴办和发展人民的教育事业。

在林枫的督促下，经过半年时间，就编出了一套中小学课本，使全区有了统一的教材，从根本上废除了旧的反动的教育内容。这是改造东北旧学校教育的一个决定性的革命措施。当时东北解放区的知识分子主要集中在中学里，改造中学教育成为改造全地区学校教育的中心环节。1947年，林枫责成教育委员会召开东北第一次教育会议，会议总结了以前一些中学改造思想的经验，规定了中学以政治教育为中心，改造学生旧思想，使之革命化，争取他们参加军队和根据地建设工作，并根据会议讨论的成果发布《关于教育工作指示》。从此，东北解放区就以培养干部为主旨，以中等教育为重点，大张旗鼓地开展了以解放战争和土改运动为中心内容，以肃清盲目正统观念为主要目标的思想改造运动。

同时林枫还注重党的知识分子政策，发现教育工作中发生违反政策的倾向，及时地提出并加以纠正。1947年底，东北地区土地改革开始进入高潮，"左"的倾向开始冒尖，有些地区中学里出现了清洗地主富农家庭出身的教员和学生的现象。林枫听到之后，立即指示教育委员会派人前往调查。结果证实在学校里确有这种"左"的偏向。林枫认为，地富子弟同地富阶级既有关系，又有区别，不能在学校里对他们实行专政，只应加强争取、教育、改造，促使地富子弟从地富阶级中分化出来，走上为人民服务的道路，这才是无产阶级的政策。林枫将有关情况向东北局作了汇报。针对这一偏向，1948年1月15日，东北局作出《关于知识分子决定》，指出"中国共产党对待知识分子的政策，一贯的是采取争取、教育、改造的方针，引导他们前进，引导他们与工农兵结合，为工农兵服务，重视他们在革命及各种工作中的作用。"2月13日，林枫又签发了东北行政委员会《关于中等教育的指示》，指出"这半年各地中学在执行本会关于教育工作的指示中，多少都有些偏差。最普遍的是单纯地根据地主富农成分出身大量洗刷学生，辞退教员，停办学校……这些都是不正确的偏向，必须加以纠正的。"接着林枫指示教育委员会召开第二次教育会议，贯彻执行上述东北局《关于知识分子决定》和东北行政委员会《关于中等教育的指示》，检讨各类中学教育，纠

正当时各地有些中学发生的
"左"的偏差。此后，党组
织对师生的争取、教育、改
造工作，在东北各中等学校
中得到正确的贯彻执行。

1948年夏季后，东北地
区绝大部分已经解放，发展
生产、支援解放战争，已成

林枫在东北行政委员会会议上作报告

为东北解放区的中心任务。这年8月，林枫在东北第三次教育会议上发表讲话，提出当
前的教育方针："目前东北解放区的中心任务是生产建设支援战争。为了结合生产建
设的任务，就要求教育工作能够培养大批的、各式各样的、有专门知识的干部，培养
大批的有进步思想的青年知识分子。"这就是当前教育工作的中心任务。他还强调指
出：现在的教育工作应有一个长期的打算，实行正规教育，培养有一定程度的理论型
和技术型的干部；要有正规的学制，要有一定的年限和程度才能毕业，要有一定的程
度才能入学；要建立正常的学习生活，在学校里要有浓厚的学习空气；还要建立正确
的师生关系，有组织、有秩序、有领导的民主团结的师生关系。他还重申党的知识分
子政策，指出解放教育干部目前最主要的办法：就是要设法大量培养与使用原有的教
员，要接受这一部分旧社会遗留下来的财富，要团结他们、使用他们。从此以后，东
北地区的教育就及时地转向了正规化。

从1946年秋季东北行政委员会成立直到大区撤销的1954年，可以说东北的教育
事业是在林枫的具体指导下改造和发展起来的。他认真贯彻执行了中共中央的方针政
策，对肃清东北地区青年中的盲目正统观念，提高东北青年和人民政治觉悟和文化水
平，吸引知识青年参加革命工作，为革命和建设事业培养干部和专门人才，做出了巨
大贡献……

饶 斌

【回顾·人物生平】

饶斌，吉林省吉林市人，中国汽车工业建设杰出的奠基人和开拓者，被誉为"中国汽车工业之父"。曾当选为中国共产党第八次全国代表大会代表，第四、五届全国人民代表大会代表。

饶斌（1913—1987）

1937年9月，饶斌加入中国共产党，曾历任中共晋西北临时省委秘书长，中共抚顺地委、市委书记，中共吉林市委书记，东北民主联军驻图们卫戍司令部司令员，哈尔滨市市长。新中国成立后，历任松江省人民政府副主席，中共松江省委第一副书记，第一汽车制造厂厂长，中共吉林省委常委，第一机械工业部副部长兼工业管理局局长，第二汽车制造厂党委第一书记、厂长兼中共十堰市委第一书记，第一机械工业部部长兼汽车总局局长、部党组书记，中国汽车工业公司董事长、党组书记，中共中央顾问委员会委员等职务。1955—1957年兼任长春汽车拖拉机学院（吉林工业大学前身）首任院长。

饶斌是我国汽车工业建设杰出的奠基人和开拓者。他长期工作在我国机械工业特别是汽车工业第一线，为我国汽车工业的诞生、发展、壮大，做出了不可磨灭的功绩。他自强不息的革命精神、百折不挠的坚强意志、鞠躬尽瘁的献身精神、高风亮节的优良品格，给中国汽车人留下了一笔弥足珍贵的精神财富。

【回首·峥嵘岁月】

20世纪50年代的东北，新中国成立后百业待兴，为了快速实现工业化，国家在全国范围内进行院系调整，希望通过学习苏联模式创办一系列专门型高校，在短时间内培养出工业生产所需的大量人才，同时，长春第一汽车制造厂的发展也需要大量的专业人才。在这样的大背景下，1954年11月，国务院以（54）国文习字第9号文批复，同意在长春建立长春汽车拖拉机学院。同时经国务院正式批准成立了长春汽车拖拉机学院筹备委员会，当时，身为长春第一汽车制造厂厂长的饶斌担任了筹备委员会主任。

在长春汽车拖拉机学院筹建期间，为了吸取建校管理工作经验，在饶斌领导下的学院筹备委员会派遣多名干部和教师分赴华中工学院、交通大学、山东工学院、清华大学、北京石油学院、哈尔滨工业大学等高校参观、交流和学习，在很短的时间内，进行了周密的准备工作。在没有任何办学经验的前提下，通过向国内其他高校广泛地学习，迅速地在学校管理、组织教学以及学生管理等领域做好了较为充分的准备工作。学院的硬件设施也在短时间内筹备齐全，其中包括机械、仪器、教学设备和图书，这在当时物资极为匮乏的年代里是弥足珍贵的。尤其需要指出的是，汽车是当时极为稀缺的物资，第一汽车制造厂领导孟少农曾在文章里提过，他到长春为一汽选厂址时，长春只有两辆吉普车，没有小车。卡车上路，马路中间全是人，还得给人让道。然而在长春汽车拖拉机学院初创时期，就拥有了数十辆汽车、拖拉机，可见学院筹备委员会在筹备过程中做出了很大的努力，得到了多方的援助和国家的大力支持。1955年5月，学院筹备委员会又组织三个工作组分赴交通大学、华中工学院、山东工学院3所院校组织人员和物资的搬迁工作，经过3个月的努力，3所院校的教师、教辅人员、学生、家属以及图书资料、教学设备等安全到达长春，搬迁工作圆满完成。

1955年9月，长春汽车拖拉机学院举行开学典礼，饶斌被任命为第一任院长。他在任职期间爱才、惜才，十分重视培养和使用人才，吸引了黄叔培、戴桂蕊、方传流、余克缙、徐酉祥、张烨、陈秉聪、罗邦杰、许金钊等一大批国内一流专业人才来校工作。黄叔培是中国汽车和内燃机教育的开拓者，著名科学家钱学森的老师；

陈秉聪是学校拖拉机专业的奠基人，更是中国拖拉机专业的奠基人；方传流是中国汽车工程领域的一代大师……他们为长春汽车拖拉机学院和中国汽车事业的发展奠定了重要基础。饶斌任院长期间，学校还先后聘请苏联专家巴尔斯基、舍列米其也夫、涅菲道夫等来校讲学，帮助培养师资、设立新专业，担任教学行政顾问。还多次选派教师到苏联学习，组织师生互教互学，总结、推广教学中的先进经验。他非常

长春汽车拖拉机学院旧址

关心年轻干部的成长，十分重视在当时的毕业生中选拔干部。对肯吃苦、有能力、懂管理、富于奉献精神的年轻人，他敢压担子，使得一批年轻干部在岗位上很快锻炼成长起来。后来以庄继德、邬惠乐、张洪欣、王光潮等为代表的我国首批留苏归国的副博士又充实到汽车学科队伍当中，为汽车学科日后的发展增添了生机和活力。尽管当时校址杂草丛生，只有几座简陋低矮平房，但以饶斌为代表的学院第一代创业者们还是无怨无悔地把青春播撒在这片热土上，以其渊博的学识、对于祖国汽车机械工业的热爱和大胆的突破性创见，影响着长春汽车拖拉机学院的学子们。

从师资上看，长春汽车拖拉机学院在创建初期就集中了中国汽车和内燃机教育领域最杰出的专家学者，从仪器设备来看，在国家百业待兴、物资极度匮乏的年代里，学院仪器设备的数量和实验室的规模在同一时期的高校中也是非常罕见的。《吉林日报》1955年10月1日的专题报道中写道："当人们走进各个实验室时，好像走进了科学研究的机关一样，各种各样近代化的贵重仪器有秩序地排列在那里……，这里的精密量具实验室是国内少见的……"。师资力量强，硬件设备先进齐全，而且是国家第一机械工业部当时主管的两所大学之一，这些都为学院的汽车和拖拉机专业一直在国

内保持领先地位奠定了坚实基础。学院1958年更名为吉林工业大学，创建5年之后的1960年，学院被国务院批准为全国重点大学，被誉为"中国汽车农机工业人才培养的摇篮"。

1987年1月，时任中顾委委员的饶斌离开学校已近20年，但他仍然牵挂着我国汽车工业的发展和人才的培养。他在给时任吉林工业大学校长庄继德、党委书记李铁心的亲笔信中这样写道："吉林工业大学曾是培养我国汽车工业人才的摇篮，鉴于今后汽车工业发展的需要，并能不断培养与输送

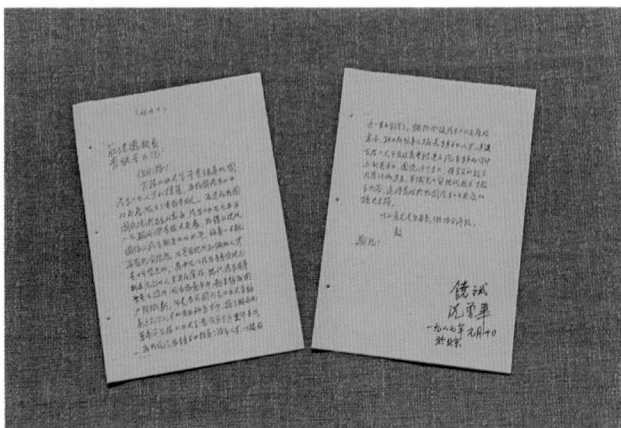

饶斌写给吉林工业大学，建议设置"工业造型专业"的亲笔信

车身专业人才，建议吉林工大可否考虑重新建立汽车的车身设计与制造专业，围绕这个专业将有关的教学内容组织进来，并补充现代技术等教学内容，这将是对我国汽车工业发展的极大支持。"1988年1月，经国家教委批准，吉林工业大学与长春第一汽车制造厂合办工业造型设计专业，这是吉林省第一个厂校合办专业，也是我国第一个以汽车车身造型设计为主的工业造型设计专业。

在饶斌任职的两年中，学院经历了从无到有、从小到大的发展历程，在学校发展的关键时刻，他发挥了一个领军人物的重要作用，为学校日后的发展增添了生机和活力，也为学校发展成为全国重点大学奠定了坚实的基础。

【回忆·先贤故事】

提起新中国的汽车制造史，有一个人就不得不提，他就是饶斌。可以说他的名字与共和国汽车史紧密相连。

新中国成立后，为了满足国家经济建设、国防建设和人民生活的迫切需要，国家

决定创办自己的汽车工业。1952年12月，在得到毛主席的首肯后，饶斌被任命为第一汽车制造厂厂长。1956年7月15日，在饶斌的带领下，经过艰苦奋斗、团结协作，终于在建厂3周年前夕，7月14日生产出一批国产的、嵌有中央领导同志亲手选定的"解放"牌字样和

1956年7月，第一批"解放"牌汽车试制成功

图案的汽车，从而结束了我国不能制造汽车的历史。饶斌在事业上具有审时度势的战略眼光，并始终保持与时俱进和永不满足、勇于创新的精神状态。1958年，他对一汽生产提出了更高的要求，致力于挖潜改造，开发新产品。同年5月，他亲自领导和精心组织试制的"东风"牌小轿车送到北京后，毛主席带头兴致勃勃地乘坐了这辆汽车，并兴奋地说："坐上了自己的车。"毛主席第一个乘坐自行研制的国产轿车，这对一汽职工是莫大的鼓舞和鞭策。饶斌更是兴奋不已，在他的带领下，一汽职工一鼓作气，仅仅用3个月时间又造出了供国家领导人乘用的第一辆"红旗"高级轿车，并投入批量生产。时隔一年，在新中国成立10周年前夕，一汽又把33辆乘用"红旗"和两辆检阅"红旗"轿车开进了北京城，从而结束了我国不能生产轿车的历史。

1964年，年过半百的饶斌又奉命来到武当山下，在随后到来的"文革"狂潮中艰难地主持创建二汽。筹建之初，饶斌与同志们考察了陕西、四川、湖南、湖北以及贵州等省，他带头跋山涉水，一山一沟勘察，最终选址在湖北十堰建厂。他总结了一汽的建设经验，充分考虑二汽建设的客观条件，提出了由全国机械行业以"聚宝"的方式，为二汽提供设备和生产线，以"老厂包新厂""小厂包大厂"的方法兴建二汽。他四处调兵遣将，聚集起了一支较强的建设队伍。他处处身先士卒，当时由于襄渝铁路还未开通，有两万台设备要运进山去，只好用汽车拉，有的地方仅是窄窄的土路，甚至遇到了没路可走的地方，饶斌就亲自上阵，组织职工一起到60公里外的地方去拉

板车。在他担任二汽厂长的14年间，为二汽的建设和生产奔波操劳、排除干扰、历尽艰辛，用永不自满、与时俱进的创新精神，自力更生发展了我国汽车工业。

1987年7月15日，饶斌回到一汽参加"解放"牌卡车出车30年纪念大会。会上，他突然激动地讲起了轿车，他说："我老了，不能和大家一起投身第三次创业。但是，我愿意躺在地上，化作一座桥，让大家踩着我的身躯走过，齐心协力把轿车造出来，去实现我们中国几代汽车人的轿车梦！"

江一真

【回顾·人物生平】

江一真，原名江锡进，福建省连城县人，晋察冀军区卫生工作主要奠基人。曾任第二、三、五届全国人大代表。第五届全国政治协商会议常委，中共八大代表，中共十二、十三大当选为中央顾问委员会委员。

江一真(1915—1994)

1932年秋，江一真进入中央红色卫生学校军医四期学习，毕业后分配到卫生学校附属医院当医生。1934年，加入中国共产党，参加了中央苏区第一至第五次反"围剿"和长征。抗日战争爆发后，随八路军开赴华北抗日前线，参加了平型关战役、晋察冀边区军民反"扫荡"和抗日游击战争。1937年，奉命组建八路军野战医院，任院长。不久调往延安，任军委总卫生部保健科长兼手术组长。1939—1943年任晋察冀军区卫生学校（白求恩医科大学前身）首任校长。抗日战争时期，和白求恩大夫一起奔赴前线抢救伤员，被誉为"八路军中一把刀"，后任晋察冀军区卫生部部长。新中国成立后，历任福建省农林厅厅长，福建省委第一书记、省长，卫生部部长、党组书记，中共河北省委第二书记，河北省人大常委会主任等职务。

无论是作为一名医者还是卫生部部长，他都不惧困难、实事求是、忠心为民、一生求真，他的革命精神和高尚品格，永远值得我们怀念和学习。

【回首·峥嵘岁月】

1937年，中国人民抗日战争全面爆发，随着抗日战争形势的迅速发展，晋察冀军区不断扩大，整个军区缺医少药，尤其缺少成熟的医务人才，建立一所专业医校迫在眉睫。

于是，经白求恩大夫提议，晋察冀军区司令员聂荣臻批准，我军决定创建军区卫生学校，江一真任首任校长，同时聘请白求恩担任军区卫生顾问，参与学校的创建工作。

1939年9月18日，晋察冀军区卫生学校在河北省唐县的牛眼沟村举行了开学典礼。学校开办军医、调剂和护士三个班期，军医期学制为一年半，调剂期为一年，护士期为半年。江一真带领学校结合战斗环境，建立了适合抗日游击战的教学体系，军医期的基础课开设

晋察冀军区卫生学校旧址

了解剖、组织、生理、细菌、病理、药物、外语、诊断；临床课开设了内科、外科、眼耳鼻喉科、皮肤花柳科、妇产科和卫生勤务。在教学组织上，各期设期主任，由教员兼任，每期设课代表，期下设班，班设班长。在教学制度上，学校建立了期主任制度、督促检查制度和会议汇报制度。

在那样一个物资极度匮乏、教学人员短缺、战火纷飞的环境下，一个本已有之的学校想要维持正常教学任务都很难，更何况要在前线白手起家创建一个学校，遇到的困难更是可想而知。学校没有校舍，江一真就和师生们一起住在老乡家闲置的民房；学校没有教员，他就在全军区范围内苦心寻觅，终于请到了殷希彭等5位专家教授到卫校任教，自己也亲自上阵，边教边学；没有骨骼标本，他率领教员从附近的乱坟岗上

挖尸骨，洗刷煮沸后，用石灰水浸泡漂白、消毒后用铁丝连接起来；没有教材，就和教员利用手里现有的资料编写教材。如今，在学校的校史馆里还陈列着一部殷希彭编写的《病理学各论》手稿，全书100多页，全部用毛笔小楷书写，字迹工整，无一处涂改。

在学校创建之初，师生们可以说除了不缺困难和决心，剩下的什么都缺。经历过那段艰难岁月的原白求恩医科大学副校长康克，在回忆那段难忘岁月时讲道：在教学中，师生用苇管代替胶管做听诊器，用裁衣剪代替手术剪，用剃头刀代替手术刀，用木工锯代替骨锯做尸体解剖，用猪肠子指导学生练习肠缝合，既完成了教学任务，又培养了学生艰苦奋斗、自力更生的革命精神。当时学校仅有两台显微镜，师生们把它们视若珍宝，在反"扫荡"中遇到敌机轰炸，学生就用身体保护显微镜，宁愿自己因此而受伤。白求恩留下的小型 X 光机，学校怕被敌人毁坏，平时藏在山洞里，学员实习或需要给伤员检查时，就去山洞里使用。

在江一真的带领下，学校师生在教学中坚持"教学合一""学以致用"的原则，学习时间抓得很紧。每天白天有四五个小时的授课时间，两个小时实习、两个小时自修、两个小时课外活动或生产劳动，课堂往往设在村中的空地或老百姓的场院。晚上大家围坐在油灯下学习，油灯油用光了，就摸黑讨论。老师们每天晚饭后同教员们一起种菜劳动，夜间备课。上课前一天晚上，点着油灯在小黑板上画病理解剖图，第二天带到课堂，把小黑板挂在树上或靠在墙上讲解。学员以石块当坐凳，膝盖当桌子，听课做笔记……

江一真带领着白求恩学校的师生，在抗日战争时期多次迁徙，曾先后在河北唐县葛公村、阜平县陈家沟村以及大台村建校，几乎每次迁徙都相当于重建。江一真在回忆录里说："一面战斗，一面学习，是我们提出的战斗口号。常有这样的情况发生：那边武装部队在战斗，能听到隆隆炮声，而这边同学们仍稳坐钓鱼台，照样聚精会神地上课。"由于师生常常奋战于山间野道，牺牲的情况时有发生。1939年冬季，日军开展大"扫荡"，在敌机来袭时，军医一期一名学员壮烈牺牲。1940年，日军冬季大扫荡中，军医三期一名学员和军医四期一名学员壮烈牺牲。1941年10月6日，白求恩学校学员和后方医院的医护人员在掩护伤员转移的途中，在顺平县白银坨遭到日军的包围，除四五十人生还外，一百五十多名学生和几十名伤员战士全部遇难。在1942年反"扫荡"过程中，军医三期一名毕业学员因劳累身患重病，但自己却舍不得服用有限的药品，最后献出了年轻的生命。在1943年日军大"扫荡"中，白求恩学校的师生三进三出神仙山，一名毕业生在敌人逼近的情况下，坚持做了14台手术，一名调剂员和一名军医八期学员不幸牺牲。

1940年1月，晋察冀军区卫生学校易名为白求恩学校，附属医院改名为白求恩国际和平医院，江一真继续担任校长。1942年，他出任晋察冀军区卫生部部长。这位人民军队培养的"土医生"，逐步成长为一位医术精湛、兼具医务管理经验的红医将领。

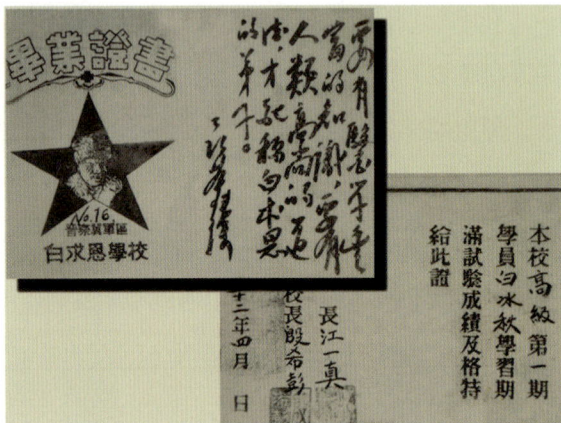

江一真签发的白求恩学校毕业证书

江一真担任校长期间，与全校师生在战火纷飞的年代，排除万难，行开创之功，把艰苦奋斗、求真务实的革命精神融入了学校的办学精神之中，为晋察冀军区乃至全军培养和输送了大量合格的医务人员，挽救了我军大量指战员和人民群众的生命，为战争的胜利和共和国的诞生立下了汗马功劳。

【回忆·先贤故事】

1929年3月，红军入闽，年仅14岁的泥水工江一真毅然参加了红军。在1932年底的一次战斗中，眼看许多伤员因无法得到及时有效的医治而牺牲，他的心被深深刺痛了。自母亲病逝后，他就一直有着立志学医的梦想。如今，一幕幕伤员等待救治的景象映入眼帘，更加坚定了他学医治病救人的决心。

1934年春，江一真如愿以偿进入红军卫生学校学习，毕业后先做内科，不久转到外科。江一真谦虚好学，虽然不是正规大专院校毕业，是红军培养的"土专家"，但他格外注意加强各方面的学习，有时行军骑在马背上也坚持看书，就这样他边干边学，很快便从一个只有初小文化的农家孩子，成长为掌握先进医疗技术的红色医生。从中央苏区到长征路上，再到抗日战场，江一真先后参加了对瞿秋白、王稼祥、聂荣臻、刘伯承、林彪等党内军内重要领导人的医治工作，被誉为"八路军中一把刀"。

在晋察冀前线，江一真的医术和医德，深受白求恩的赞赏。白求恩最欣赏的就是江一真对病人高度负责的工作作风，曾称赞江一真聪明灵活、脑子好用、眼明手快。

当白求恩向聂荣臻提出开办卫生学校的建议后，军区领导对此极为赞成和重视，并希望白求恩来主持筹办卫生学校事宜。但白求恩认为自己是一名外科医生，希望能经常亲自到战场前线近距离地救助伤员，于是他向军区提出：最好能取得延安卫生部的支持，向卫生部借调一两个得力的教员来主持建校工作，而这个主持者"必须是一个能互相协调的，能胜任的人，要机动，积极，有创造力和理想……"据时任晋察冀军区卫生部部长的叶青山回忆：白求恩多次电催江一真到晋察冀边区，就是希望他来主持建校工作，白求恩认为江一真是担任卫生学校校长的最理想人选。因为江一真不仅有丰富的经验和熟练的技术，而且不像自己那样有语言上的障碍。白求恩坦率地向江一真说出了自己的想法，当江一真有所保留地答应"试试看吧"之时，白求恩高兴地说："那么我又有一个'化身'了。"

很快，白求恩正式向军区和聂荣臻推荐江一真担任卫生学校校长。在长征途中召开遵义会议时，江一真曾给聂荣臻治过腿伤，所以聂荣臻对江一真的技术和为人都是了解的。白求恩的建议也正符合他的心意，于是他把军区卫生部负责人和江一真找来面谈创办卫生学校的事宜，把筹办卫生学校的重任交给了江一真。

江一真（右一）组织召开学校教学工作会议

李四光

【回顾·人物生平】

李四光，字仲拱，原名李仲揆，蒙古族，湖北黄冈人。地质学家、教育家、社会活动家，中国地质力学的创立者，中国现代地球科学和地质工作的主要领导人和奠基人之一。中国科学院学部委员（院士）。曾当选第一、二、三届全国人大代表，第一届全国政协委员，第二、三、四届全国政协副主席，第九届中共中央委员会委员。曾先后获国家自然科学奖一、二等奖。入选新中国成立60年百位"感动中国人物"。

李四光（1889—1971）

1904年，李四光赴日本留学。1905年，加入同盟会。1907年，进入日本大阪高等工业学校学习。1919年，获英国伯明翰大学硕士学位。1920年，受聘北大地质系教授、系主任。1928年，任中央研究院地质研究所所长。1931年，获英国伯明翰大学博士学位。1932年，任中央大学（南京大学前身）代理校长。1944年至1946年，在重庆大学任教授，并于该校开设全国第一个石油专业。1948年，当选为中央研究院院士。新中国成立后，历任中科院副院长，中国地质工作指导委员会主任兼任东北地质专科学校（长春科技大学前身）首任校长，地质部部长，中国科学院地质力学研究所所长，中国科学院原子能委员会主任，中国科协主席等职。曾当选世界科学工作者协会执行委员会副主席，中科院学部委员（院士），苏联科学院外籍院士。1958年，加入中国共产党。

李四光一生致力科学研究，创立了地质力学，并为中国石油工业的发展做出了重要贡献，早年对蜓科化石及其地层分层意义有精湛的研究，提出了中国东部第四纪冰川的存在，建立了新的边缘学科"地质力学"和"构造体系"概念，提出了新华夏构造体系三个沉降带有广阔找油远景的认识，开创了活动构造研究与地应力观测相结合的预报地震途径。自20世纪20年代起，先后出版了《冰期之庐山》《中国地质学》《地质力学概论》等有代表性的学术著作。

李四光作为科学家从人民需要出发的强烈的责任感，对中国地质学的贡献，以及作为教育家诲人不倦、孜孜追求的品德和他的治学精神，都堪称后世师表。他毕生努力的方向和最终达到的高度，以及对祖国和人民做出的贡献，都当之无愧是当代中国科技界、知识界的一面旗帜。

【回首·峥嵘岁月】

1948年，第十八届国际地质会议在英国召开，李四光赴伦敦参加会议。会议结束后，他没有立即回国，却关注着国内外时局的发展。1949年10月1日，新中国宣告成立。李四光在收到周恩来总理的邀请后，不顾国民党的威胁，携夫人秘密离英，绕道几个国家，搭乘到香港的货轮，于1950年春天辗转回到祖国。

回国之初，李四光受命出任中国科学院副院长，并受中央人民政府委托，担任中国地质工作指导委员会主任，组织协调全国地质系统的技术人员，开展矿产资源调查。在此期间，毛泽东主席、周恩来总理多次接见了李四光，与他亲切交谈，了解工作进展情况。1952年，中华人民共和国地质部成立，他被任命为部长。

新中国成立后，国家面临着极大的困难，经济凋敝、百废待兴。国民经济的发展急需矿产资源，而地质人才极度匮乏和勘探技术落后，严重地制约了地质调查工作。当时全国仅有299名专业地质工作者和一些落后的勘探设备。李四光一面以极大的热情投入科研工作中，一面致力于培养地质科技人才。由于东北解放较早，他把地质研究所有限的技术力量，放在了东北地区，强调"目标放在找矿上，基础要放在摸清地质结构上。"

20世纪50年代初，中国的地质专业院系极为有限，北京大学、南京大学虽设有地质系，但招生规模很小。面对这种状况，时任政务院财经委员会地质勘探局副局长的喻德渊上书东北人民政府，建议成立东北地质专科学校，同时致函恩师李四光，征求意见。李四光立即回信鼓励喻德渊："今天人民要你做什么你就做什么。"同时，李

李四光带领学生野外考察

四光派出自己的学生俞建章与喻德渊等人一起来到长春开展筹建地质院校工作。

1951年8月30日，东北地质专科学校在长春成立，李四光任首任校长。这所学校是当时全国唯一一所培养高级地质人才的专门性地质学校。学校从南京中科院地质研究所、北京地质工作计划指导委员会以及长春地质调查所，抽调了俞建章、刘国昌、业治铮、颜惠敏、段国章、郭鸿俊、马振图等，由当时国内知名的一批地质科研人员，共同组成师资队伍，并筹集40亿元（旧币）用于置办教学仪器，收集了2500册图书、50余种杂志、2000余块岩石和矿物标本、24套模型。经过几个月的准备工作，1951年12月1日，东北地质专科学校举行开学典礼。学校的性质明确为工科学校，学制两年，设地质、物探、钻探、化验、测量五个专修课，首批招收688名学生。

"今天人民要你做什么你就做什么"，李四光是这么说的，也是这么做的，他带领全体师生秉承"奋进团结，务实育人"的精神，制定了"以理论与实践相结合的方法，培养具有高级文化水平的，掌握现代科学技术，全心全意为人民服务的高级建设人才"的办学方针，为未来东北地质学院的蓬勃发展打下了坚实的基础。

东北地质专科学校成立一年后，教育部在全国范围内开展院系调整。在这一背景

下，1952年，地质部会商教育部决定在北京和东北成立两所地质学院。在东北，以东北地质专科学校为基础，将其与山东大学地质矿物学系、东北工学院长春分院地质系和物理系的一部分，合并组成东北地质学院。11月12日，东北地质学院在长春正式宣告成立。

东北地质学院鸽子楼

【回忆·先贤故事】

李四光一生治学严谨，诲人不倦，是一位杰出的教育家，他对中国地质学的贡献、他的治学精神和高风亮节，都堪称后世师表，影响了我国一代代的地质学子，也培养出了一批批为了祖国地质事业鞠躬尽瘁、矢志不渝的科学家！

李四光不仅注重对学生的理论教育，要求学生注意基础知识和基本功训练，还注重学生实践能力的培养，力求理论和实际最大限度的结合。在实地教学中，他要求学生一个山头、一道沟谷、一堆石子、一条裂缝都不能放过。每次实地测量后都要做详细记录，将采集的标本做好标注、归类整理、贴上标签、陈列在实验室里，供日后参考、实验；在经费紧张，投入不足的情况下，李四光还带着学生动手自制实验器具；考试时，除了试卷测试外，他还给学生发岩石标本，测验学生的实际运用能力。他总说：地质是一门很实际的科学，不能待在实验室内搞闭门造车，而是要走出屋子，走向大自然，去观察去分析，不要为已有的学说、理论所禁锢，要尊重事实，让事实说话，允许怀疑。所以李四光经常亲自带领学生爬山越岭、跋山涉水，去野外实习采集标本。一路上他和学生同吃同住、同甘共苦，深受学生爱戴，被同学们亲切地称为"铁脚板"。

正是这种精益求精的态度和开放的学术思想，培养出一批批高素质的地质人才。东北地质学院地质勘探系52级学生黄汉纯就是其中具有代表性的一位。在她即将毕业时，幸运地被李四光亲自点名参加赴柴达木盆地的综合地质研究队。当时，李四光提出"在中国西部，包括柴达木盆地在内，都有发现较大规模油气的可能"这一论断。黄汉纯一直牢牢谨记李四光对他们的嘱托，按照李四光"先找油区，后找油田"的找油指导思想，义无反顾地走上在荒漠中的柴达木盆地找油之路，一干就是44年。在给黄汉纯的亲笔信中，李四光对黄汉纯的研究方向和学习方法都给予了正确的指导。在她身患重病

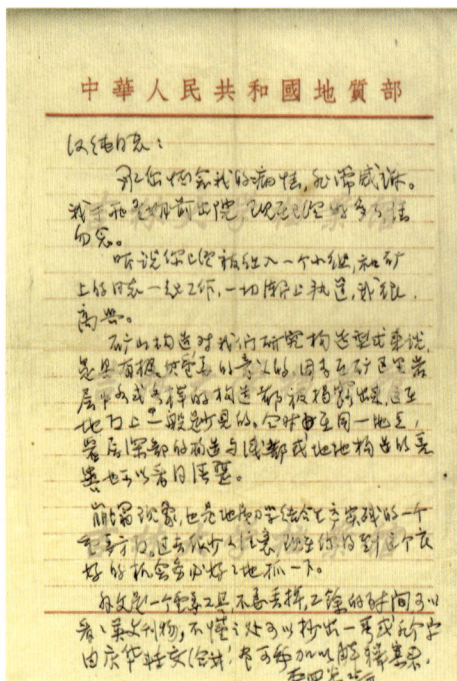

李四光写给黄汉纯的信

时，李四光亲自为她购买稀缺药品，并联系医院，使她从死神的手中挣脱出来。黄汉纯没有辜负李四光的培养与期望，靠着地质人特有的坚毅与执着，打开了柴达木盆地的"内心世界"，"柴达木盆地地质与油气预测"项目获得国家科学技术奖励二等奖。

另外，他还十分关心毕业生的前途，我国著名古脊椎动物化石研究专家杨钟健，就是在听取了李四光的建议后，师从于他推荐的导师，最早在古脊椎动物化石领域，为我国做出了大量的贡献，并成为国内在该领域享有很高声誉的科学家。

陈先舟

【回顾·人物生平】

陈先舟，字仙洲，原名陈士瀛，辽宁省桓仁县人。因其对东北地区电讯通信事业做出的巨大贡献，被誉为"东北现代通信的开拓者""东北的詹天佑""关东电讯发展第一人"。

陈先舟（1895—1969）

1915年，陈先舟考入桓仁县立五年制本科师范学校。毕业后参加辽东护国军讨袁（世凯）运动。1919年，考入日本仙台高等工业学校电气科，于1924年取得学士学位回国。曾向张作霖提议在省城修建"摩电车"，指挥建成省会奉天（今沈阳）有史以来第一条有轨电车路。后应哈尔滨电业公司邀请，赴哈尔滨设计南岗一带的有轨电车工程。1929年，出任东北交通委员会东北无线电台总台长。1938年4月，加入中国共产党。曾任东北抗日救亡总会党组成员。曾在沈阳、哈尔滨、天津等地担任总工程师，东北无线电电台总台长等职。组建"中国建业"公司，创办《反攻》半月刊，为我党做了大量工作。1946年，到东北解放区，任安东省参议会议长、东北行政委员会委员、交通委员会副主任、交通部副部长等职。1947年，在黑龙江佳木斯市西郊朱板村，创建了东北邮电学校（长春邮电学院前身），并担任首任校长。1950年，加入中国民主同盟。曾任邮电部东北管理局局长，沈阳市副市长，辽宁省副省长，辽宁省科学普及协会主席，政协辽宁省委员会一、二、三届副主席，民盟辽宁省主任委员。

【回首·峥嵘岁月】

1946年6月，国民党进攻中原解放区，发动内战。由于信息通信在现代战争中的重要地位，同时为了巩固东北解放区、支援解放战争，以陈先舟为局长的东北邮电管理总局，决定创建东北邮电学校，为东北解放区培养和输送邮电专业人才。

1947年3月10日，学校在黑龙江省佳木斯市西郊朱板村创建，陈先舟担任校长。学校刚成立时全校职工仅有7人，第一期办了一个30人的速成报务班和一个70人的普通报务班。当时学员练习使用的收发报机是木制代用的电键，电报纸是伪满时期的废电报纸。教学采

东北邮电学校佳木斯市西郊朱板村旧址

用讲练结合，以练为主的方式，取得了明显效果。学校创办初期，条件简陋，环境艰苦，但他坚持办学。在陈先舟的领导下，学校实行生产自救，组织学员半天学习、半天劳动，开荒种菜，编制草鞋。为了解决办学经费不足的问题，他还组织学员砍柴，除了部分自用外，大部分卖给市民，所得收入用来补充经费。

1947年，学校开始招收第二批学员，相较于第一期，学员的来源地区扩展到东北解放区各地，普通学员所占的比重也更大，只有少数人是各邮局选送的在职人员。共分为报务、工务、铁邮等5个班，学员达到了213名。1947年冬天，东北各大中小城市相继解放，对于邮电通信人才的需求也相应增加。为了适应形势发展的需要，东北邮电学校的校址迁往哈尔滨市，并扩大了招生规模，同时教职工队伍也有所扩大，最多时达到了17人。1948年10月，学校奉命迁往长春。到达长春后，学员们在陈先舟的带领下一方面为复课做积极准备，另一方面也向新解放区的群众宣传党的政策。1948

年底，东北解放，根据上级指示，陈先舟又及时提出了邮电服务对象应扩大至军政、国营企业、一般商店。据此，又建立了一批新线路，在广大农村建立了邮递点。1949年，在承担建立北京与莫斯科、毛泽东与斯大林直接通信的重要任务中，陈先舟出任国际线路工程的总指挥。他跋山涉水、风餐露宿，奔走于各段工地；他指挥施工、组织攻关、检查质量、督促进度；他帮助职工解决生活中所遇到的实际问题，圆满地完成了任务。1949年3月，东北邮电学校奉命由长春迁到沈阳，并与葫芦岛辽海商船专科学校合并，成立东北交通专门学校，古大存兼任校长，陈先舟兼任副校长。从此，学校逐步走入正轨，进一步扩大了办学规模。

在陈先舟担任校长的两年时间里，学校共招收了三期学员，后来这些学员利用所学的知识，为解放战争和新中国的邮电建设事业做出了突出的贡献。特别值得一提的是，1948年3月才转入正式学习的第二批学员，在经过为期不到一年的短暂学习后，提前结业加入助力解放战争的光荣队伍。在长春

1947年，东北邮电学校报务班毕业师生合影

解放的第二天就接通了长春、吉林至哈尔滨的长途电话，为我军的前后方通信联络做出了重大贡献。

【回忆·先贤故事】

1915年，陈先舟以优异的成绩考入桓仁县师范学校，在毕业时他的毕业论文以"为天下人谋永福"为题，抒发了自己对时政的看法和满腔的凌云壮志，而他的一生也正是围绕着这句"为天下人谋永福"而展开的。

1924年春，陈先舟在日本获得无线电学学士学位后，回到了养育他的中国大地。他怀着满腔的热血，决心投身电信通信事业，用自己的所学改变中国电信通信落后的局面。进入奉天（今沈阳）市政公所后，陈先舟目睹省城破败、落后的现状，心急如焚。一日，他冒着大雨去见张作霖，将自己想改造省城交通的宏伟蓝图和盘托出，张作霖听说他要修建"摩电车"，表示十分赞同，当即下令拨款施工。奉天市政公所经营中日合办的电车公司，遂聘请他担任有轨电车铺设总工程师。陈先舟从大西门到小西边门，步行10余公里进行实地考察，勘察地形、测量路面，查资料、搞计算，制定规划方案，废寝忘食组织施工，为奉天省会第一条有轨电车路工程投入了全部心血。工程自1924年3月开工，至翌年10月竣工，陈先舟仅用一年多的时间，耗资不过150万元，保质保量地完成了修建任务。奉天市择定"双十节"举行了隆重的有轨电车通车典礼。这条奉天省会有史以来的第一条有轨电车路的修建，充分显示了陈先舟超群的专业学识与才华。由此陈先舟被人们称赞为"有骨气的中国人"。之后他又开始设计并指挥铺设南站至小西门的电车路。还应哈尔滨电业公司的邀请，赴哈尔滨设计南岗一带的有轨电车工程。1927年10月，哈尔滨有轨电车通车。一项项工程的竣工，一个个成绩的取得令陈先舟名声大振。因此，他被人们称颂为"东北的詹天佑"。

九一八事变后，陈先舟同其他爱国人士秘密组织抗日救国会，暗中帮助救国会与东北各地义勇军联系，还为救国会培养电信方面的人才。1935年，陈先舟认识了当时正在中共北方局属下联络局工作的南汉宸，并在他的影响下，了解到八一宣言和工农红军到达陕北后所提出的抗日主张等内容。从此，陈先舟投入中国共产党领导下的抗日救亡运动之中。

1936年12月12日上午，陈先舟在西安金家巷张公馆见到张学良，并按照张学良的指示，封锁了蒋介石与其嫡系部队的通信联络。凌晨4点左右，震惊中外的西安事变爆发。为了控制交通通信要地，张学良任命陈先舟为东北军少将、交通处处长、西安电政管理局局长。清晨8点左右，他将张学良、杨虎城"兵谏"胜利情况和八项主张通电全国，又将张学良、杨虎城联名的电文发给中共中央，邀请中共代表团去西安共商抗日救国大计。中共中央收到电报后，即派周恩来率博古、叶剑英等中共代表团成员奔赴西安。17日晨，周恩来在杨虎城秘书王炳南陪同下，亲切接见了陈先舟及交通处的工作人员，高度赞扬他在西安事变中做出的贡献。之后他又在临潼附近设立了秘密电台，专门提供给中共代表团使用，为西安事变的和平解决做出了贡献。

1938年4月，陈先舟加入中国共产党，并以秘密党员的身份开展工作，竭力完成党组织交给的各项任务。

任抟九

【回顾·人物生平】

任抟九，山西省榆社县人，原名任鹏英。解放军军事兽医勤务专家、新中国畜牧兽医工作奠基人之一。

任抟九（1910—2002）

1937年11月，任抟九参加革命。1939年9月加入中国共产党。曾任八路军129师师部军医、卫校教务主任、集团军野战卫生部科长，军区卫生部副处长、处长，军委卫生部兽医学院院长。1941年初，任第18集团军野战卫生部保健科科长兼兽医科科长，下半年调该军卫生学校任兽医主任教员，并自编教材，培训军马卫生员，为我军训练初级兽医人才。1942年，首次开办兽医队，自己执教，负责讲授全部兽医专业课程。解放战争时期，先后任晋冀鲁军区卫生部医改处处长兼药材处处长、华北军区卫生部医政处副处长。平津战役开始，调到军委卫生部，担任北京市军管会卫生部三中队副队长兼军事代表，负责接管国民党驻平津地区的兽医单位，并将其改编为我军的兽医防治队、兽医防治研究所、兽医院、兽医仓库及铁蹄工厂，及时为部队提供了兽医勤务保障。1951年1月，任军委总后方勤务部兽医局副局长。1953年1月，组建中国人民解放军兽医大学（中国人民解放军军需大学前身）并兼任首任校长（正师级）。1954年以后，任总后兽医局副局长、总后卫生部兽医局副局长。1962年，调任中国人民解放军兽医大学副校长（正军级），后任正军职顾问。

1955年，被授予上校军衔；1965年，被授予大校军衔。曾获二级独立自由勋章、二级解放勋章。曾兼任中国畜牧兽医学会第三、第四届副理事长，长春市科学技术协会副主席、名誉主席。

【回首·峥嵘岁月】

1949年北平解放，军委卫生部组建兽医处，任抟九被任命为兽医处处长（正师级），同时作为军代表负责接收国民党的全部兽医机构和人员。如何使这些机构迅速重建和有效运转是摆在任抟九面前的一道难题。他将自己在太行山上培养的兽医骨干调来，充实到各级兽医领导岗位。然后，对国民党接收人员进行甄别、改造，分别根据其学识、才干给予适当录用。正是由于任抟九这些措施，使我军的兽医机构和设施在短时间内得到了迅速的发展，为后来的支援抗美援朝和西藏平叛打下坚实的基础。

1949年下半年，任抟九以接收的人员和设备为基础，组建了中国人民解放军军委卫生部兽医学院，并出任院长。1950年，军委卫生部组建兽医处，任抟九任兽医处处长（正师级），兼兽医学院院长。1951年1月，任抟九任兽医局副局长（局长空缺），兼任兽医学院院长。20世纪50年代，我军的兽医工作在任抟九的带领下，开展得有声有色。

新中国成立后，百废待兴。经历了抗美援朝和西藏平叛，任抟九意识到培养大量德才兼备的兽医人才，是兽医工作的当务之急。中国有世界最大的畜牧业种群，应该有一所兽医大学，来培养大批高素质

中国人民解放军兽医大学旧址

的兽医人才。于是，他下定决心要为我军创办一所像样的兽医大学。从1951年开始，任抟九利用两年的时间，整合了分散在全国的4所解放军兽医学校，并亲自在长春选定了新的校址，于1953年1月，正式组建了中国人民解放军兽医大学。时任中国人民解放军总司令的朱德欣然为兽医大学亲笔题写校名，任抟九出任兽医大学首任校长，为学校的正规化建设和教学改革做了大量工作。兽医大学的建立，标志着我军兽医教育由普及进入提高的历史阶段。任抟九深知学校建设和教学担子重，为打好基础，力谋发展，首先力主健全系、室专业。除本科教育为主外，突出为部队服务的特色化教学内容，使学校训练面向部队。还开设了专修本科及蹄铁班，培训专科兽医及装蹄人员，以便及时补充到部队。

"文革"期间，任抟九受到冲击，被打成"三反分子""走资派"，并受到迫害。在那段时间里，他忍辱负重专心致力于教学改革。他和学员们同吃同住同学习，深入探讨教学改革方向。他提出教学应该为实践服务，为军队的现代化服务。

任抟九（右一）在马场视察

在任抟九担任校长及全军兽医工作主要负责人期间，组织、团结了一大批兽医科技人才，有力地促进了我军兽医事业的发展，也奠定了他作为我军兽医工作创始人、兽医大学建校元勋、新中国畜牧兽医工作奠基人的重要地位。离休后，任抟九始终没有停止过对我军兽医工作和兽医大学发展的思考，他把自己亲手开创的这份事业，看得比生命还重要。他叮嘱家人说："我这一辈子从未离开过兽医工作，死后仍不想离开。我去世后丧事从简，不开追悼会，不举行遗体告别仪式。把我的骨灰全部撒在我从事工作几十年的校园内松树林中。"

【回忆·先贤故事】

"抟九"二字取自《庄子·逍遥游》中这样一句话："鹏之徙于南溟也，水击三千里，抟扶摇而上者九万里"。少年时，他的语文老师希望他可以像这只大鹏鸟一样乘着风浪，扶摇而上，直上云霄——大展宏图！于是老师给他改了这个名字。他也确实没有辜负老师对他的期望，在考取北平陆军兽医学校后，正式使用"任抟九"这个名字，开始了他在我国的军事兽医教育、军畜疫病防治和军事兽医科学研究工作中"大展宏图"的一生……

在陆军兽医学校学习四年，1937年7月，任抟九以前三名的优异成绩毕业。就在此时，震惊中外的卢沟桥事变爆发了，中国进入了全面抗战。从小深受父亲爱国热情和知识报国思想的影响，任抟九参加了当时刘伯承、邓小平同志领导的129师。

由于当时我军医务人员比较缺乏，任转九参加部队后受到了热烈欢迎和领导的关怀，被分配在师卫生部工作，并给予他连级医生的待遇。在以后的日子里，他便在部队根据工作的需要，既当医生又当教员。1940年下半年，129师卫生部建立卫生学校。学校初建时，有两班学员，不到一百人。教员也不多，有三四个人，他任教务主任（营级），还兼两门课，这一切都为他将来从事军事兽医教育打下了良好的基础！

1941年初，随着129师卫生部与18集团军卫生部合并为18集团军野战卫生部，他离开卫生学校，到野战卫生部任保健科长（正团级），兼兽医科长。但实际上兽医科就他一个人，虽然是个"光杆司令"，可是能接触到兽医工作，他还是感到非常高兴。

1941年下半年，八路军实行"精兵简政"，他从保健科又调回卫生学校，任兽医主任教员。不久，学校开办了一个军马卫生长训练班，这是我军第一次开始培训兽医人员。学员是来自部队的人医卫生员，由他一人上课，自编简易教材。但是从人医改做兽医，有的人不愿意干，加之当时战地救护和对伤病员医疗的需要，时间不久这些学员又大都改做人医工作了，只有他还初心不改，依然坚守在兽医教育事业的第一线。

任抟九在任兽医主任教员期间，曾去部队做调查了解，当时129师有一个骑兵团，有三五百匹马，却没有一个兽医，对军马的饲养管理情况也不大好。调查之后他便向当时的参谋长提出了改进工作的建议。1942年，129师终于在原有几个军医队的基础上，又增加一个兽医队，即兽医班。但还是只有他一个教员，从1942年初开始到1945年底结束，这四年时间里全部兽医的教学任务，包括内科、外科、传染病、解剖、生理、卫生等课程，全都由他一人承担。这个班的学员都是来自部队卫生人员中的连、排、班干部，共二十七八名。这个兽医班经过四年的学习以及战地实习的考验，在政治素质和业务水平上都是比较好的。学员毕业后，有的回部队工作，有的担任了医政科长，有的去骑兵团任兽医主任，分散在各个地方为祖国兽医事业作贡献。

新中国成立初期，全军军马有二十万至三十万匹，但与此同时，军马的损耗比例也相当大。1952年9月5日，根据军马大量损耗的实际情况，任抟九向解放军总后方勤务部提交了《对军马疫病防治问题》的报告，报告指出，牲畜和军马防疫卫生工作做得很不够，甚至还没有引起各方应有的注意，很多人还没有认识到牲畜与军马的防疫卫生与人的防疫卫生有多方面的关联，全国牲畜的健康与否直接影响着农业生产，而军马的健康与否更直接影响着战斗力……报告最后提出，需要尽快地加紧培训兽医人才，改变全国农学院校中兽医系之现状。报告得到总后杨立三部长肯定，并上报军委和毛主席。1952年9月9日，毛主席对报告做了重要批语。

任抟九也像他的名字一样乘风扶摇，直上云霄，在共和国的历史上留下浓墨重彩的一笔！

64

对军马疫病防治问题报告的批语[1]

(一九五二年九月九日)

此件[2]甚好。请邓小平[3]同志一阅，交彭德怀[4]同志处理。

毛泽东
九月九日

根据手稿刊印。

注　释

〔1〕这是毛泽东对中央人民政府人民革命军事委员会总后方勤务部部长杨立三、总后方勤务部兽医局副局长任抟九一九五二年九月五日报告的批语。

〔2〕指杨立三等的报告。报告说：牲畜和军马防疫卫生工作做得很不够，甚至还没有引起各方应有的注意，很多人还没有认识到牲畜与军马的防疫卫生与人的防疫卫生有多方面的关联，全国牲畜的健康与否直接影响着农业生产，而军马的健康与否更直接影响着战斗力。我们感到军马危害较大的疫病，有蟥虫病、骨软病、炭疽与破伤风、鼻疽、面棘疽是我们认为非常严重而目前尚不能采取有效措施防治的最大问题。防治鼻疽的关键，在于有一定数量且具有相当程度技术能力的兽医人才。报告最后提出，需要尽快地加紧培训兽医人才，改变全国农学院校中兽医系之现状。

〔3〕邓小平，当时任中央人民政府政务院副总理。

〔4〕彭德怀，当时任中央人民政府人民革命军事委员会副主席。

毛泽东主席"对军马疫病防治问题报告的批语"

学科初创
砥砺前行

学校的创建和发展离不开一批批报效祖国、赤诚奉献的专家和学者。正是这些学术前辈们用超前的战略眼光，用高起点、高标准的建系意识，在一张白纸上勾画出了学校未来的发展蓝图。他们追求真理、探索未知、锲而不舍、严谨认真的科学精神为吉林大学迅速崛起、跻身名校之列打下了坚实的基础。

余瑞璜

【回顾·人物生平】

余瑞璜，江西宜黄人，著名物理学家，结晶学家，我国金属物理学奠基人之一，吉林大学物理学科创始人之一。中国科学院学部委员（院士）。曾任吉林省人民委员会委员，长春市民盟副主任委员，吉林省民盟副主任委员，民盟中央委员等职。

余瑞璜（1906—1997）

1929年，余瑞璜毕业于南京大学物理系，1930年至1934年，任清华大学物理系助教，在吴有训教授指导下做出中国第一台盖革计数器。1935年9月，前往英国曼彻斯特大学物理系攻读博士学位，1937年，获得博士学位。1938年，毅然放弃英国皇家物理研究所的工作机会，并缩短了在伯明翰大学的进修时间，于1938年11月启程回国。1939年1月至1946年7月，在昆明西南联合大学金属研究所任副教授、代理所长。于1940年研制出中国第一个连续抽空X光管和X光结构分析仪。1946年至1952年，任清华大学物理系教授，兼任北京师范大学、北京大学教授等职务。其间曾赴美国讲学、做研究。新中国成立前夕，余瑞璜提前结束讲学回到祖国参加新中国建设。在慰问志愿军伤病员时，得知X光机十分短缺，遂于1951年制造出第一个国产X光管。毛主席得知此消息后派人到清华大学向余瑞璜表示慰问。1952年，调至东北人民大学（吉林大学前身）筹建物理系，任系主任、教授。1955年5月，当选为首批中国科学院学部委员

（院士）。20世纪60年代初指导研制成功中国第一台细聚焦X光机。

余瑞璜曾兼任东北人民大学自然科学委员会主任委员、研究部主任、校委会常委，哈尔滨军事工程学院科研处处长、物理系主任、教授，东北地质学院物探系主任、教授等职。1992年10月，国家人事部批准余瑞璜为有突出贡献的专家。

【回首·峥嵘岁月】

1952年，余瑞璜来到长春，领导筹建东北人民大学物理系，并任系主任，不辞辛劳地坚守在教学一线。

余瑞璜首先规划物理系的学科建设和发展，夙兴夜寐，争取办学经费，采购和调拨图书、设备、实验仪器。他认为，建立物理系，除了高水平的师资队伍之外，必须要有充足的期刊图书资料和一个加工仪器设备的金工车间。他从清华大学调来吹玻璃的技术员和金工技师，指导教师们自己设计实验仪器。建系之初，金工车间在物理系的建设中发挥了重要作用。为了争取办学经费、购买图书资料以及向国外订购教学和科研仪器，他四处奔忙。当年物理系资料室1930—1952年的《自然科学》期刊，有一些就是余瑞璜从清华大学要来的。他还争取到部分北京大学、清华大学和燕京大学支援的实验仪器。当年，中国进出口公司刚刚进口了两台电子显微镜，硬是被他软磨硬泡要来一台，安装在东北人民大学物理系的实验室里。他在承担繁重的组织领导工作的同时，还亲自参加课堂教学和实验室建设。当年在他指导下建立金属物理实验室的助教陈佳洱还清楚地记得当时的情景："余先生和我们一

1955年12月，著名科学家钱学森来校（左二为余瑞璜）

起跪到实验台下面，修复电子显微镜电源，用毛刷清理电镜窗口。"

　　1955年，高教部拨给学校150万美元的仪器设备费，在讨论这笔资金使用和分配的会议上，余瑞璜做了充分的会前准备。会上他一清二楚地列出拟建立的五个实验室所需的进口仪器设备名称、规格及美元报价，令与会人员十分信服。讨论的结果，这笔经费绝大部分落到了物理系的名下，这对于当时物理系实验室的建设是至关重要的。就这样，在余瑞璜、霍秉权、郑建宣、朱光亚、吴式枢、苟清泉等专家的协作下，经过五年的努力，至1957年，东北人民大学物理系已在国内颇具声望。

　　余瑞璜1957年被错划为"右派分子"，在"文革"中更是吃尽了苦头。但在被批斗或劳动反省后，每次回到家里，他总是洗把脸，又开始思考他的科研课题。1970年1月，余瑞璜及家人被送到伊通县板石庙公社草皮沟村插队落户，一间闲置三年的茅草屋成了他的新

余瑞璜用这台手摇计算机和算盘，在草皮沟家中的土炕上，初步完成了"固体与分子经验电子理论"的研究

家。东北冬季的农村天气格外寒冷，时常是零下三十多度，这里虽然条件非常艰苦，却有着可以自己支配的时间，在这里的生活反而成了他搞科学研究的"大好时机"。他以极度平和的心境看待政治上的失意，在社会环境十分艰难的条件下，坚持对科学真理的追求。作为一位物理学家，失去了实验室的工作条件，搞科研的困难可想而知，于是他转向了理论研究，在没有实验仪器，没有助手的情况下，凭借一台（机械式）手摇计算机和算盘，经过近二十年的努力，终于建立起一种新的固体电子结构模型的理论——"固体与分子经验电子理论"。

　　余瑞璜是科学界的泰斗，为国家、为民族的科学与教育事业做出了重大贡献，赢得了人们的尊敬。杨振宁每次到长春，都要会见他。1973年华罗庚来长春时，把他和家人接到招待所亲切会见。严济慈、朱光亚、钱伟长、何泽慧等人来长春时都要到家

中看望他。2005年，在中国物理学会出版的《推动人类文明与进步的物理学——纪念世界物理年系列图片》中，余瑞璜入选中国资深的杰出物理学家。他的精神和事迹感动了一代又一代的吉大人。在吉林大学六十华诞之际，余瑞璜的半身铜像在中心校区理化楼大厅中落成揭幕，以纪念他对科学事业和创建吉大物理学科的贡献。

【回忆·先贤故事】

余瑞璜早在中学时代就偏爱物理学。从1930年初起，他在吴有训老师的指导下从事教学、科研工作，开始了对X射线物理学的研究。1934年，他考取了公费留学英国。本想在核物理方面进行深入学习，但时值日本侵略军占领我国东北三省，为了抗日救国，他和赵忠尧等人商议后决定改学X光晶体学，以便适应国家的需要。在获得博士学位后，导师W. L. 布喇格建议他去英国皇家研究所进行研究工作，这是一个有着美好前景的工作位置。但是，当时日本侵略军正在进行南京大屠杀、进攻武汉，祖国处于危亡之际。国难当头，在祖国需要与个人前途发生矛盾的时候，他毅然决定放弃个人利益，返回战火纷乱的祖国。他缩短了在伯明翰大学的进修时间，于1939年1月到达昆明西南联大。

1940年，余瑞璜和同事们研制成功中国第一个连续抽空X光管

余瑞璜回到西南联合大学，就立即全身心地投入创建金属研究所的工作中。由于战乱，他购买的仪器在运输途中全部损失，一切都得从头做起。为了避开敌机轰炸，他在昆明郊区大普吉屯的小平房里，克服了重重困难建起了X光实验室，做成了中国

第一个连续抽空X光管。他每天早出晚归，往返在五六里长的田埂小路上，在简陋的木屋里进行X光金相学等一系列科学实验。在进行实验研究工作的同时，他在英国的《自然》（Nature）和中国的《科学记录》等杂志上先后发表了十几篇有关论文。这些论文引起了国内外学者的广泛关注和好评。他发表在《自然》上的一篇题为《从X光衍射相对强度测定绝对强度》的文章引起了国际学术界的高度重视。英国皇家学会会员、国际晶体学杂志总编A.J.C.威尔逊（Wilson），给予了很高的评价。另一位英国皇家学会会员、曼彻斯特大学教授H.李普森（Lipson），在1978年给余瑞璜的信中说：“你是否知道，战争时期你在《自然》上发表的快报开辟了强度统计学的整个科学领域。”由于余瑞璜的杰出贡献，在纪念“X光衍射五十年”的物理学史册中，他的名字被载入了该书，成为唯一被载入该史册的中国人。

1948年8月，余瑞璜接受美国国务院福尔布瑞特（Fulbright）基金中美交换教授讲座的约请，去美国麻省理工学院讲学和研究。正当他在加州理工学院的研究工作结束，准备转去麻省理工学院之时，从国内传来了人民解放军百万雄师过大江的喜讯。惊喜、振奋之下，他把去波士顿的事完全抛在脑后，不顾亲人和朋友的挽留和劝阻，怀着赤诚的爱国之心，毅然登上东行的飞机，转道香港秘密回到广州，接上家眷后，登上了英国太古轮船公司第一艘开往解放区的轮船。

1949年7月，余瑞璜终于回到了北京，成为最早回到新中国的海外学子之一，从此积极投身新中国的建设事业，继续身体力行地践行着自己的爱国理想和抱负。

朱光亚

【回顾·人物生平】

朱光亚，湖北武汉人，中国核科学事业的主要开拓者之一，中国科学院院士，中国工程院院士。吉林大学物理学科创始人之一。1999年9月，国家授予朱光亚"两弹一星功勋奖章"。入选"感动中国2011年度人物"。

朱光亚（1924—2011）

1941年，朱光亚考入西迁至重庆的国立中央大学（今南京大学）物理系。1942—1945年，就读于西南联合大学。1949年，获美国密歇根大学博士学位。同年，带头组织起草了著名的《给留美同学的一封公开信》，呼吁在美国各地的留学生回国参加新中国建设。1950年2月，回国任北京大学物理系副教授。1952年12月，在抗美援朝前线，任中国人民志愿军停战谈判代表团秘书处英文翻译。1953年1月，接受组织安排调往东北人民大学（吉林大学前身），在新建的物理系任教授。1956年4月，加入中国共产党。曾先后任第二机械工业部四〇一所（中国科学院原子能研究所）研究室副主任、第二机械工业部第九研究所副所长、第九研究院副院长、国防科学技术委员会副主任等职。1980年，当选为中国科学院学部委员（院士）。1986年，亲自参与组织、指导国家《高技术研究发展计划（863计划）纲要》的专家论证及起草工作。1994年，当选为首批中国工程院院士。1994年6月至1998年5月，任中国工程院第一任院长、党组书记。1996年5月，当选为中国科协名誉主席。

【回首 · 峥嵘岁月】

1953年初，朱光亚来到东北人民大学，投身到物理系的创建工作当中。来之前他正在朝鲜参加板门店停战谈判，接到被分配到东北人大的消息后，他奔赴千里寒塞，来到学校。当时，他年仅28岁，是国内最年轻的教授之一。到任后他先后担任了普通物理教研室主任、系副主任、代理系主任等职，在承担繁重教学任务的同时与余瑞璜一起领导创建物理系，规划物理系的建设，成为吉林大学物理学科的主要创建人之一。

当时的东北人民大学物理系可谓一穷二白，实验室用房刚刚动工改造。面对这些困难，到任后的朱光亚没有退缩，而是把浑身的劲儿都用在学科院系的创建上，做了大量基础性的工作。他结合学校实际，提出了很多卓有成效的建设性意见。他提出的"专业专门化设置意见"，其内容具体、切实可行，物理系后来的专业化设置、学科建设基本上也是按照这个意见进行的。刚刚建系，师资不足，青年教师们的业务水平亟待提高，朱光亚与系、室领导一起制订出详尽的《物理系青年教授培养计划》，并要求辅导教师要随学生一起听课，青年教师给学生讲课前必须试

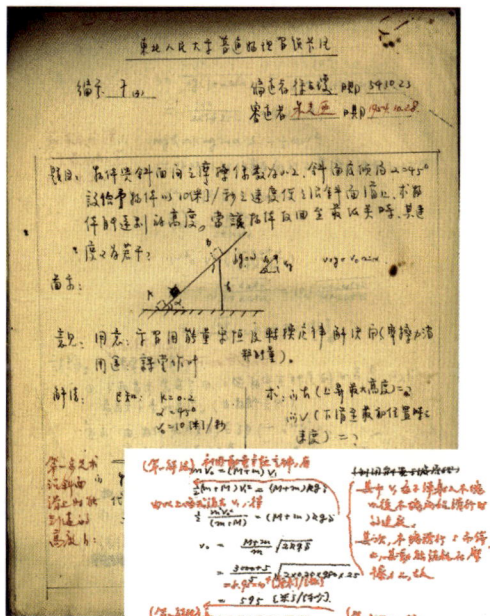

朱光亚批改过的习题卡

讲。他还亲授小班习题课，给青年教师做示范。他对教学精雕细镂，提出了许多创新性的工作方法。如，要求青年教师在上课前编写好习题课用的卡片（讲稿），并要经过他的审阅、修改。在审查时，他极为认真，连解题步骤、计算误差、文字符号，甚至错别字都找出并加以修改。有的习题课卡片内容只有两页，而他用红笔批改的内容

却多达三页，为青年教师们树立了严谨的教风。在吉林大学档案馆，一直保存着1954年朱光亚为青年教师审订修改的26份珍贵的习题卡片。这些卡片，记录着他严谨的学风和对业务的精益求精、对工作极端负责的精神，以及为培养青年教师呕心沥血的那段岁月。

在领导创建物理系的同时，朱光亚还承担着繁重的教学任务。他采取"教材研究会"的形式，引导教师深入钻研教材。他对比苏联教材与英美教材的优缺点，特别指出学生对物理概念理解有困难的地方，指出教科书、教学大纲中编排不恰当之处。根据学校档案馆馆藏的朱光亚教学手稿记载，仅1953年的两个半月内，他就主持召开了七次教材研究会，对教学内容、教学方法进行了深入研讨，每次研究会他都亲自做记录。在物理系创建之初，他就确立了每月至少举行一次科学报告会的制度。他还先后为五个年级的学生开设了普通物理力学、热学、光学、原子物理等课程，指导本科生毕业论文及研究生论

朱光亚（右）辅导在东北人民大学读书时的陈佳洱

文，同时主讲两个年级的课程。他在授课时，思路明晰、条理性强、概念透彻、语言简练，他的课被学生们称之为"艺术精品"。他的学生陈佳洱院士在回忆时说："听朱老师的课就是一种享受。在教学中，他不仅给我传授各门课的基础知识，还教会我怎么思考问题、研究问题，把握科学的思维方式。"

朱光亚不但课讲得好，还非常注重辅导学生，并为此印制了"答疑卡片"，让学生把问题写在卡片上，交由老师作书面回答。中国地质大学张昌达教授至今还保留着当年做学生时朱光亚在原子物理学课上给他做的书面答疑卡片。朱光亚每星期还会专门找两次时间解答学生提问，陈佳洱回忆起当时的情景："有问题的学生会被他叫到黑板旁边。他很仔细地听你的问题，然后把关键点用小字写在黑板上。之后，朱先生

会一步一步地发问，用问题引导学生思路，直到最后把疑问解决，而不是直接否定或给出答案。他对学生是循循善诱，更是严格要求。"其独特的教学方式深受学生喜爱。

朱光亚特殊的身份——朝鲜停战谈判志愿军代表团成员，使他与学生之间的关系更加亲近。学生在组织团日活动时，常请朱老师给他们讲抗美援朝和一些在美国求学时期的故事。他的学生张在宣回忆说："除了课堂教学外，朱老师也十分关心我们的健康，他经常在下午课后与我们一起进行体育锻炼，打篮球，跳集体舞……"

1955年1月，党中央、国务院决定研制我国自己的核武器。5月，朱光亚奉命调往北京，从此他投身于中国核武器事业的创建与发展中，他的名字从公众视野中消失……

春风化雨，辛勤的耕耘结硕果，吉大物理系至今培养出数位中国科学院院士，其中陈佳洱、宋家树、王世绩都是朱光亚亲自教过的学生，他们都为国家发展和社会进步做出了卓越贡献。可以说，没有朱光亚等拓业先贤们行物理系开创之功，就没有今天的吉林大学物理学科。

【回忆·先贤故事】

朱光亚曾说："我这一辈子主要就做了这一件事，搞中国的核武器。"但这样一件事，就是惊天动地的一件事、改变世界的一件事，也是让我们中国人挺直脊梁的一件事！

抗日战争胜利后不久，我国著名物理学家吴大猷、化学家曾昭抢、数学家华罗庚商议赴美国考察，主要目的是学习原子弹的相关技术。这次考察中，就读于西南联大的朱光亚和李政道被著名物理学家吴大猷选中同行。1946年9月，朱光亚进入密歇根大学，一边作为吴大猷的助手做物理课题，一边攻读博士学位，学习实验核物理，这也是一个与原子弹之梦最接近的可以研究的领域。1947年初，他在世界著名的物理学期刊《物理评论》上连续发表了论文，新兴的核物理科学前沿，从此开始出现了中国人的名字。

1949年秋，朱光亚获得博士学位。时值新中国刚刚建立，为了响应国家的号召，动员广大留学生回国参加新中国的建设，他利用自己的影响力，联合了51名留美学生，发出了《给留美同学的一封公开信》。信中写道："同学们，现在是我们回国参加祖国建设的时候了……听吧！祖国在向我们召唤，我们的人民政府在向我们召唤！……我们的民族再也不是一个被人侮辱的民族了！我们已经站起来了，回去吧，赶快回去吧！祖国在迫切地等待我们！"1950年2月，他毅然踏上了归国的轮船，回国投入新中国建设的伟大事业中。

回到祖国仅仅四天，朱光亚就站在了北京大学物理系的讲台上。在北大任教期间，他出版了专著《原子能和原子弹》，这是当时中国系统论述核武器的学术著作。1952年，作为板门店停战谈判的翻译，他在朝鲜目睹了美方代表的嚣张气焰。美国虽然在常规战场上已经开始失利，但因为拥有核武器，他们仍非常强硬，使得谈判进行得异常艰难。看到这些情景，朱光亚如芒刺在背。他意识到年轻的中华人民共和国要想真正独立，不受人欺侮，必须拥有强大的现代化国防。

中国第一颗原子弹爆炸成功

1955年，朱光亚从长春被召唤回到北京，为国家培养第一批原子能专业人才。1959年6月，中苏关系恶化，苏联拒绝按协定向中国提供原子弹样品和技术资料。当时核武器研究所急需一位负责原子弹方面的"科学技术领导人"。这一年35岁的朱光亚义无反顾地挑起了重担，从此，他把全部精力和智慧都投入了核武器研制的重要工程中。他曾亲手起草了被誉为原子弹发展的两个纲领性文件，毛泽东主席看到后，做出了"很好，照办"的重要批示。1964年10月16日，我国自己研制的第一颗原子弹爆炸成功。朱光亚坐在从试验场撤回的汽车上，看到腾空而起的蘑菇云，激动地潸然泪下……

2011年，朱光亚当选为"感动中国"十大人物之一，颁奖词如是说："人生为一件大事来，他一生就做了一件事，但却是新中国血脉中激烈奔涌的最雄壮的力量……"

高鼎三

【回顾·人物生平】

高鼎三，上海人，祖籍江苏宜兴。半导体物理学家，我国半导体事业开拓者之一，吉林大学半导体系创建者，中国工程院院士。曾任长春市第六、七、八、九届人大常委会委员。

高鼎三（1914—2002）

1941年，毕业于西南联大物理系；1947年，赴美国加利福尼亚大学攻读研究生；1953年，任美国国际整流器公司研究员；1955年回国，前往东北人民大学（吉林大学前身）物理系任教。1955年至1959年，在东北人民大学物理系任副教授、系副主任兼半导体研究室主任。1959年，主持建立了全国第一个半导体系，成功研制了我国首个锗功率器件，是我国半导体事业的开拓者，并组建了吉林大学"集成光电子国家重点实验室"。1959年至1984年，任吉林大学半导体系主任、副教授、教授。1984年，任吉林大学电子工程系名誉系主任、教授。1990年至1993年，担任"集成光电子学国家重点实验室"学术委员会主任。1995年，当选为中国工程院院士。曾任中国电工学会理事、中国电工技术学会电力电子学会理事及中国电子学会半导体与集成技术分会委员、国家科委光通信专业组顾问及长春市物理学会副理事长、吉林省电子学会副理事长等学术职务。

高鼎三在国内首先研制成大功率整流器、点接触二极管、三极管、光电二极管，较早研制成功GaAs激光器，500A、2500V大功率晶闸管。曾获全国科学大会奖，国家发明奖三等奖两项、四等奖一项，电子工业部科技进步一等奖一项，国家教委科技进步奖二等奖一项，1991年享受国务院政府特殊津贴，曾获长春市委、市政府授予的爱乡报国奖等。

【回首·峥嵘岁月】

1955年5月初，高鼎三乘坐"威尔逊总统号"轮船从美国回到了祖国。留美8年间，祖国发生了翻天覆地的变化，刚刚从国外回来的高鼎三放下行装便恨不能立刻就加入浩浩荡荡的建设大军中。虽然当时有很多条件优越的高校都向他发出了邀请，但他还是服从教育部安排，于1955年9月来到条件较为艰苦的东北人民大学物理系，把余生全部奉献给了中国物理事业，成为中国半导体事业的开拓者之一。

早在美国任研究员期间，高鼎三就独立进行了新型的半导体大功率整流器的研究试制工作，提出了一种新的工艺方法，解决了大面积、大电流整流器制造难题。产品用于美国火箭发动机、化学工业以及自动控制系统中，达到当时国际先进水平。回国后，他以强烈的事业心、高度的责任感和饱满的自信心投入祖国的半导体事业中。1956年初，高鼎三在北京物理学会会议上，率先提出了我国应尽快在半导体领域开展研究，争取赶上世界先进水平。回校后，在校长匡亚明、系主任余瑞璜教授的支持下，物理系建立了半导体实验室。高鼎三带领半导体研制小组的同志们迈出了半导体研究的第一步。虽然这里与他工作过的美国公司相比，实验条件相当困难，但他带领小组成员自己动手，

高鼎三（左一）在实验室工作

千方百计配齐了所需的实验设备。当时实验中最关键的原材料锗单晶体在国内还尚未研制出来，他便毫不犹豫地捐献出他从美国带回的极其贵重的锗单晶片……1956年3月25日，仅用5个星期的时间，就成功研发出以锗为基础材料制造的大功率整流器。这是我国第一个用锗材料制造成的大功率器件，成为我国现代半导体器件研究的开端。第二天学校教务长带着"整流器"直奔北京，向参加全国科学规划会议的代表报喜。当时，新华社记者为此作了专访，报道了这一新闻，把这一消息播向全国和全世界。《人民日报》《光明日报》及为庆祝中华人民共和国成立十周年科学出版社出版的《十年来的中国科学》，对此都做了详细报道，并给予很高的评价。此后不久，高鼎三又在国内首次研制成功锗点接触二极管和三极管以及一系列在当时被视为具有世界先进水平的国内首创……

为培养半导体科技人才，高鼎三积极倡导建立国内第一个半导体系，并迅速着手组建。1959年3月，全国高校第一个半导体系在吉林大学正式成立，高鼎三任系主任兼半导体物理教研室主任。半导体系设"半导体物理"和"半导体化学"两个专业和两个教研室。创建伊始，面临着许多困难，半导体系的教师既少，又都缺乏经验。高鼎三提出了"理化结合、理工结合"的建系方针，独树一帜地大胆采取了"多、快、好、省"的办系方法：没教师，先从物理、化学两系抽调；没学生，也从物理、化学两系高年级中划拨；教师不够，再从56级半导体物理、半导体化学专业学生中挑选优秀者提前毕业，做预备师资。9月，半导体物理和半导体化学专业首次招生，学生分别在物理、化学两系上基础课。半导体系在全国是唯一的以"半导体"命名的系，因此素有"天下第一系"之称。半导体化学专业还是国家教委唯一批准吉林大学试办的特色专业。在20世纪60年代，国内许多高校、研究所、工厂都派人来半导体系进修、培训。

高鼎三还提出"生产—研究—教学"相结合的办学思想，筹建了长春市半导体厂，并创办了中国科学院吉林分院半导体研究所（现中科院长春物理研究所）。在教学实践中，将学校与科研所、工厂联合起来，形成了三结合的办学体系，从而使他所主持的半导体系成为我国培养半导体人才最多的教育基地。

高鼎三治学严谨，甘当人梯。在半导体系开设了主要专业课，亲自编写讲课教材，为学生授课。他在教学、科研实践中编写的《晶体管原理讲义》一书，成为我国半导体领域的开山之作，被国内多所高校、研究所和工厂视为具有权威性的教材加以采用。60年代初他着手招收研究生，并亲自培养了全国半导体光电子学方面的第一个博士生。他注意发挥青年教师的作用，每周坚持召开学术"谈论会"，为他们总结经验，分析问题。在系里他总是率先开新课，而后传授给年轻教师，为他们的成长提供条件，带出了一支水平较高的教师队伍。

1962年，根据中央提出"调整、巩固、充实、提高"的八字方针，无线电、原子能、生物三个系停办。半导体系是否继续办下去？各种意见纷至沓来。1962年8月31日，在学校常委（扩大）会上，高鼎三和朱德禄做了联合发言，有理有据地分析了办好半导体系的有利条件及发展前景，代表全系教职工表示：要把半导体系办好。至此，半导体系在前人所没有走过的道路上鼓起勇气，一往直前。事实证明，高鼎三和全系同志们的坚持是正确的，后来半导体系于1982年更名为电子科学系。1986年，国务院召开"863"计划专家座谈会，已经70多岁高龄的高鼎三积极建议把光电子技术列为高技术的独立项目，并承担了"863"计划中"可见光激光器"的结构设计及工艺研究和"半导体激光器热传输特性"等研究项目，取得了很大成绩。1991年10月，高鼎三撰写了《电子科学系（原半导体系）建系30年概况》，他深思熟虑、几易其稿，对系的发展做了全面总结，他写道："事业只能进取，不能守成。还需继续奋斗，振兴我系待来人，愿共勉之。"

这份沉甸甸的"嘱托"被珍藏在学校档案馆，并被印制在系《校友通讯录》的首页，这是广大校友对高鼎三永远的纪念，更是广大校友肩负的责任和不断前行的力量源泉。1993年，电子科学系更名为电子工程系。2001年5月，在电子工程系的基

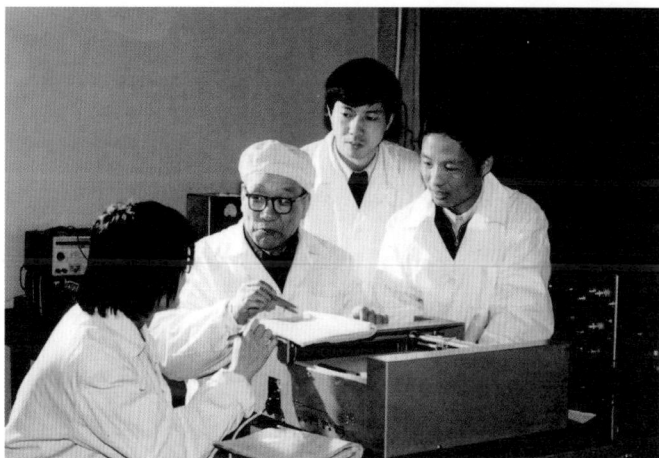

高鼎三指导博士研究生

础上成立了电子科学与工程学院。随着我国电子科学与电子工业的发展，吉林大学电子科学与工程学院成为我国培养电子信息科学和工程技术人才的摇篮，微电子学与固体电子学也成为国家重点学科。

自1955年回国50多年以来，高鼎三把全部精力、聪明和才智，都献给了祖国的电子科学和教育事业，为我国半导体科学的发展，为我国的高等教育事业，做出了重要贡献。如今，在吉林大学的校园里矗立着高鼎三院士的半身塑像，深邃的目光默默守望着他开创的事业，伟岸的身躯勃发着开拓进取、敢为人先的精神动力，激励着无数的吉大后来人。

【 回忆 · 先贤故事 】

高鼎三出生在上海一个普通职员家庭，成长在中华民族危亡的动乱年代。在旧中国，由绸布店学徒到留美归国的科学家，他走过了一条坎坷艰辛的奋斗之路……

高鼎三小学还未读完就到常州亲戚家的绸布店当学徒，后来受留美归国的姨母影响，立志读书改变现况。他用了半年时间自学了中学算数、代数和几何，并学了6本英文教材，终于考取了上海大同大学附中高中。1937年，他考入上海交通大学，抗日战争爆发后到武汉大学借读。在武汉大学读书期间，高鼎三有幸聆听了周恩来同志的一次演讲，使他对共产党和共产主义有了最初的印象和了解。1938年9月，转学到西南联大读书，其间又深受吴有训、周培源等教授的爱国精神和严谨治学态度的影响。在昆明参加工作后，在当时国统区社会各界反独裁、反腐败、反内战的群众性斗争的影响下，特别是李公朴、闻一多等人惨遭国民党特务暗杀之后，高鼎三更是积极参加了西南联大师生反内战的爱国示威游行和其他爱国活动。爱国成为一种使命和责任根植于他的心中，这些都成为他后来放弃美国的优越条件积极争取回到祖国怀抱的思想基础。

1947年，高鼎三赴美国加利福尼亚大学研究院攻读研究生。1951年，他以出色的成绩取得硕士学位，开始攻读博士学位。此时，中美关系因朝鲜战争的升级而日趋紧张，美国政府不允许在美国攻读理工科的中国留学生回国，并许诺对愿意留下的发放学习经费，在巨大的压力和诱惑面前，高鼎三却公开声明："我既不要你的钱，也不受你的约束和摆布，我一定要回到祖国去！"眼看攻读博士学位已进入最后阶段，即将举行论文答辩，高鼎三执意回国的决定使导师很不高兴，也不再给他提供任何资助。他便毅然决定退学，放弃了博士学位。1953年夏，高鼎三离开学校，进入洛杉矶美国国际整流器公司任研究员。

在美国加利福尼亚大学研究院读书时的高鼎三

此时，身处异国的高鼎三时刻想念着祖国和亲人，关心着国内形势的发展，渴望参加新中国的建设。于是他参加了进步组织"留美科协"，还担任加州大学中国留学生学生会副主席。他和其他爱国留学生一起为了能早日回国参加祖国建设联名给美国总统艾森豪威尔写信，表明政治态度并要求美国政府准许留美学生离境返回祖国。终于在经过长达4年多不屈的斗争后，高鼎三于1955年5月初乘坐"威尔逊总统号"轮船回到了自己的祖国。

蔡镏生

【回顾·人物生平】

蔡镏生，福建省泉州市人，著名物理化学家、教育家，中国催化动力学奠基人之一，光化学研究先驱者，吉林大学化学系的创始人之一。中国科学院化学部学部委员（院士）。曾当选第三、第五届全国人大代表，中国民主促进会中央委员，长春市民主促进会副主任委员，长春市政协副主席。

蔡镏生（1902—1983）

1920年，蔡镏生于泉州市培元中学毕业后，到南安前埔小学任教。1921年，考中燕京大学化学系免费生。1924年，毕业后留校任教。1929年，赴美国芝加哥大学化学系学习光化学和化学反应动力学。1932年，获博士学位后回国，并相继在燕京大学、厦门大学、中国大学任教授。同时，还创办了北京生生仪器厂，利用研制的玻璃制造化学实验用的各种玻璃仪器，供国内一些高校和研究单位使用。1948年春，应邀赴美国华盛顿大学做访问学者，参与开发示踪原子技术在化学研究中的应用。1949年，毅然放弃国外优厚的待遇和优越的工作条件，回到祖国，投身到新中国的教育事业中。回国之初，蔡镏生在燕京大学化学系任主任。1951年，参加中国民主促进会。1952年，调东北人民大学（吉林大学前身）参加创建化学系，并在之后长期担任化学系主任。1982年5月，加入中国共产党。1952—1983年，历任中国科学院化学部学部委员

（院士）、中国化学会理事、长春市化学化工学会理事长、长春市科学技术协会副主席等职。

　　蔡镏生在科研领域主要从事吸附、胶体化学和化学动力学的研究，其领导的催化动力学研究中心，在甲烷氧化方面的研究成果达到了国际先进水平。

【回首·峥嵘岁月】

　　1952年，全国高校院系调整。蔡镏生放弃了北京优越的生活条件，响应国家号召，服从组织调配，来到条件艰苦的东北，支援东北人民大学创建化学系。来东北的途中，他没有带高级家具、名人字画，而是小心翼翼地携带着一批回国时带回的实验设备、玻璃仪器和贵重化学药品，同时还带来了一批图书资料。

来到东北人民大学后，蔡镏生（左）与余瑞璜（右）合影

　　建系之初，条件十分艰苦。蔡镏生与唐敖庆、关实之、陶慰孙等人通力合作，率领着来自国内其他高校的7名教师和11名应届大学毕业生，克服困难努力工作。为了能及时给首批新生开设无机化学的实验课，他们临时搭建实验室，没有实验台，就组织青年教师用木板搭成简易的台子；没有酒精灯，就用空墨水瓶改制。他还亲自前往兄弟学校求援，借来常用的玻璃仪器。

　　在建系工作中，蔡镏生着重从培养教师队伍入手，组织具有较高学术水平和丰富教学经验的教师，对主要基础课开展开拓性、示范性教学，在实践中很快培养出一批基础课主讲教师。在教学工作逐步走向正常轨道的同时，他不失时机地组建起老中青相结合的科研梯队，及时开展科研工作。主张教师要既能承担教学任务，又能开展科学研究，这样才能提高学术水平和教学质量。化学系创立不久，他指导下的科研团队，很快就研制成了"毛细管高压泵灯""氢光谱灯""盖革计数管"等成果，填补了当时我国在这些项目中的空白。

1957年，蔡镏生当选中国科学院化学部学部委员（院士）。当时，他所率领的研究集体，已具备了相当先进的设备和研究方法。1963年，国家把建立催化动力学研究中心的重任交给了蔡镏生。在两年时间内，化学系建立了具有30人规模

1959年，蔡镏生（左）在实验室指导学生做实验

的催化动力学研究室。质谱仪、光谱仪、色谱仪等大型仪器设备迅速安装调试正常，各个化学实验室也都能开始工作，蔡镏生为研究室确定的研究题目"甲烷氧化制甲醛"，成为国家重点基础研究项目。这是一个既具有重要学科意义，又具有重大应用前景的题目。他查阅了大量的文献资料，并指导研究室开展了甲基过氧化氢的合成、甲基过氧化氢的光分解和热分解等全面的研究工作。其中甲基过氧化氢的合成过程极易发生爆炸，经过艰苦的实验过程，终于对甲基过氧化氢的合成、保存和分解的规律有了清楚的认识，在学术上达到了国际水平。在他的带领下，催化动力研究室也逐渐发展成为国家重点研究机构。

自20世纪30年代起，蔡镏生就注意在化学研究中心运用不断出现的近现代物理技术，在国内进行了一系列开创性的工作，并最先将真空技术、示踪原子和闪光光谱技术等引入国内化学界。 20世纪70年代，作为我国光学缔造者和领军人的他主动请缨承担起国家科委、国家教委和吉林省科委重点项目"光与激光催化"的研究，并取得了突破进展。1975年，他与吉林化工研究院合作，采用光化学方法合成甲基苯基二氯硅烷，研发过程中通过采用紫外光引发自由基反应路线，解决了中外化学界公认的瓶颈阻碍——爆鸣。同年底，研究成果顺利通过国家级测试，单体收率和选择性均超过当

时的国际水平，并荣获了1981年化工部三等奖。该项目的成功标志着我国终于能够自主生产航空航天橡胶，一举打破西方国家在该领域长达半个世纪的技术垄断。蔡镏生在复相光催化的研究领域研精致思、奋楫笃行，在极其困难的条件下，仍坚持开展红外振动激光化学的研究工作，取得了一系列具有重要学术意义的成果。在长期从事催化动力学和光化学研究工作中，他深知分子定态、分子有序组装、超微粒光物理与光化学研究的战略意义。在晚年，他以极大的注意力捕获国际学术动态，较早地在国内开展L-B膜的研究，指导博士研究生开拓这一研究方向，为后来的研究奠定了学术思想基础。在他去世后，他的研究集体秉承他的意志，仍继续坚持在L-B膜等方面进行研究，并取得重大进展，其中一名博士生，还因此获得了1988年中国化学会颁发的"全国青年化学奖"。

蔡镏生在图书馆查阅资料

　　执教30多年，蔡镏生根据科技发展动态多次攻克高难实效课题，先后发表论文124篇，攻关成果26项，其中半数填补了国内空白，一项成果荣获世界科学大会表彰。由他一手组建的吉林大学化学系从教学到科研，均得到了迅速发展，承担和完成了一系列国家重点科研任务。吉林大学化学系也因此迅速跻身中国先进学科行列，并在国际上产生了一定的影响。

【回忆·先贤故事】

　　蔡镏生出身贫寒，但他从小就酷爱学习，嗜书如命。中学时期他在英办的教会学校上学，所以较早地接触到西方科学，从那时起就对化学产生了浓厚的兴趣。虽然家庭经济窘迫，但是为了更好地积累学习资料，他时常利用课余时间刻讲义、写春联，用所得的收入购买图书。1921年夏，他以优异的成绩考取了燕京大学化学系的免费生，1924年毕业后便留校任教。在燕京大学工作期间，他与我国近代制革工业的开拓者、实业家吕兆清等人一起，为振兴民族工业，研究科学鞣皮法，在北京共同创建了我国第一家"洋法"制革厂。

制革厂的创业经历，让蔡镏生认识到学好化学才能为强国富家贡献力量。1929年，他决定赴美国留学，在芝加哥大学化学系攻读光化学与化学反应动力学研究生。1932年，以出色的论文和优异的成绩顺利获得博士学位。

学成毕业后，蔡镏生抱着"为国为家"的思想，立刻回到祖国，继续在燕京大学化学系任教。而后的几年，他在物理化学的教学和研究工作中，不懈拼搏，在国内外学术期刊上连续发表了十余篇研究论文，受到许多国内外专家、学者的关注与好评。这期间，他还创办了北京生生仪器厂，为国内高校和研究单位生产化学实验用的玻璃仪器，解决了当时化学研究仪器设备短缺的难题。

1937年七七事变后，抗日战争全面爆发，日本侵略者占领北平。在日伪统治下的北平，物价飞涨、民不聊生。蔡镏生迫于一家老小的拖累，无法随其他知名学者一起奔赴大后方，只好选择留下。抗战初期，燕京大学由于是英国人所办，得以维持教学，他便坚持在学校任教。太平洋战争爆发后，燕京大学也被迫停办，蔡镏生一家人的生活没了着落，只能常常以混合面充饥。当时，他已是颇有名气的化学教授，所从事的研究炙手可热，也成为各方政治势力争夺的焦点。因他特殊的职业背景，使日本侵略者也在第一时间就注意到了他，并派出军方代表，带着金条和银元来请赋闲在家的蔡镏生。他严正拒绝了日方的邀请，表示宁愿到薪资微薄的私立中国大学执教。日本侵略者见他不肯为己所用，便很快展开了对他的特务跟踪。当时的北平城内，经常发生社会名流失踪的事件，他深知自己处境危险，但国家危亡当前，他从未有过一丝畏惧。

1945年，已被日本特务跟踪数日的他，收到了一个邮包，打开一看，里面是一颗子弹和一面日本国旗。面对敌人的威逼，他愤怒地举着子弹对学生们说："侵略者为什么敢在我们的领土上这样嚣张，就是因为我们太软弱。我希望大家都能够牢记这一刻，发奋学习，以科学知识促进祖国的强大，让我们的后人不再经历这样的耻辱。"这次经历在蔡镏生的心中产生了巨大的触动，他也由此暗暗下定决心，要为祖国培养人才，要用科学强国！

1948年春，蔡镏生应邀到美国华盛顿大学做访问学者，与卡门教授合作，开发示踪原子技术在化学研究中的应用，发表了在国际学界极具影响力的学术论文，开创性地证明了示踪原子技术，是研究化学反应动力学的最有效的手段之一。

1949年4月，学术访问即将结束，美国圣路易医科大学研究生院提出要聘请他担任教授，并给予优厚的报酬。恰在此时，燕京大学陆志韦校长也发来了电报，请他回国任教。在去留的抉择面前，他没有丝毫犹豫，毅然决定"回国去，培养中国自己的大学生"。归心似箭的他立即着手准备奔向大洋彼岸的祖国。他曾在回忆抵达祖国口岸的情景时说："当时我下船，而许多人正在上船。"但是他对他的选择一生无悔。

同年5月，蔡镏生回到祖国。当他来到燕京大学时，化学系的师生们在学校大门口热情地欢迎他，以表达对他爱国之举的敬意。几年后，他为新中国化学教育的发展来到东北人民大学任教，从此，便将自己的毕生精力全部贡献给了祖国化学学科的科研与教育事业。

吴式枢

【回顾·人物生平】

吴式枢，江西省宜黄县人。著名物理学家、教育家，中国科学院院士。吉林大学物理学科创始人之一。曾连任第五至第九届全国人民代表大会代表。

吴式枢（1923—2009）

1933年，入南昌市江西省立第二中学读初中。1936年，入同济大学附属高中读高中。1939年，入同济大学机械工程系学习。1944年，在同济大学毕业并留校任教。1947年，赴美国伊利诺伊大学研究生院物理所攻读研究生。1948年，获科学硕士学位。1951年，获哲学（物理）博士学位后回国，到大连工学院（大连理工大学前身）任教授。1952年，到东北人民大学（吉林大学前身）任教；1955年，任物理系副主任；1957年，任物理系主任；1958年，创建吉林大学理论物理专业；1984年，任物理系名誉主任。

1980年，当选为中国科学院学部委员（院士）。曾任国务院学位委员会第一、二届学科评议组成员，中国核物理学会副理事长、吉林省科学技术协会副主席、吉林省物理学会理事长、名誉理事长、吉林大学自然科学学术委员会主任委员，中国科学院理论物理研究所学术委员，兰州重离子加速器国家实验室原子核理论研究中心科学顾问，中科院高能物理研究所、上海原子核研究所兼职研究员，上海同济大学、大连理工大学等学校兼职教授等职。被中国物理学会选为中国资深的杰出物理学家。曾获科技部与教育部联合授予的"全国高等学校先进工作者",以及国家教委与国家科委联合授予的"全国先进科技工作者"荣誉称号。国家教委授予"老骥伏枥,志在千里,桃李无言,下自成蹊"的牌匾。

【回首·峥嵘岁月】

1952年夏,全国高等学校院系调整。吴式枢随大连工学院应用物理系全体师生搬迁到长春,投身到创建东北人民大学物理系的事业之中。

建系之初,吴式枢作为最年轻的教授,参加了大量艰苦繁重的工作,承担了大量的教学任务。当时全系共有教师24位,但是能够讲授基础课的教师只有6位。在系里师资不足、任务艰巨的情况下,他经常同时讲授两三门课程,并先后教授过量子力学、理论力学、原子

1955年,吴式枢为52级学生讲授量子力学

力学、原子核物理和核多体理论、群论等多门课程。吴式枢理论功底深厚,讲课思路清晰,鞭辟入里,极富启发性。课堂上对基本概念和规律分析之深刻,理论推导之严谨,常常给学生留下非常深刻的印象,为他们奠定了深厚的物理基础,开拓了广阔的科学视野。最令师生们叹服的是,这位年纪轻轻的教授上课从不带讲稿,再繁杂的公式推导都能当场一步不落地写出来。他开创的科学思维、严密的演绎方法,使学生们深感受其熏陶,收获良多。

1955年,在朱光亚、余瑞璜等著名教授相继调离或外出学习、研究之际,年仅32岁的吴式枢主动承担起繁重的教学工作,成为物理系的中流砥柱。他毅然挑起大梁,在主持好系里工作的同时主讲两门大课,圆满地完成了全系的教学和科研工作。1957

年，吴式枢担任系主任。次年，他又亲手创建了理论物理专业。当时据教务处统计，自1955年9月至1958年2月的5个学期，吴式枢开设了4门基础课程，共讲授10次（大课），累计讲学456学时，承担的教学任务之多名列全校首位。

吴式枢是一个典型的知识分子，一生秉持"清清白白做人，认认真真做学问"的原则，他言语不多，从不居高临下教训人，总是身体力行以自己的实际行动来影响一代又一代的弟子，将全部心血挥洒于三尺讲台。他虽然拿过很多课题奖金和特殊津贴，但是除了必要的家庭支出，他将余下的钱全都资助给了需要帮助的学生。从教以来，他总是每天伏案工作十几个小时，凌晨就寝已成习惯，为了学生，为了事业，舍弃了一切，直至"文化大革命"前还是单身汉，饮食简单，过着单调而"清贫"的生活。

他严于律己、身体力行，对待学生循循善诱，但又严格要求，形成了自身独到的教学风格。他所讲授的课程，学生如果在课堂不认真听讲、做实验，课后不认真做习题，考试是极难通过的。早年，他的考试允许不限时间，答完为止，有些学生在考场里能待七八个小时。虽然他的做法，当时不被学生们理解，但若干年后，弟子们回忆起来，体味到他的良苦用心，都觉得受益终生。

吴式枢执教几十年，起草、编撰、记录各类资料、教材合计200多万字，发表论文110多篇，却没给弟子们留下一句空乏的豪言壮语。他不计个人得失，坚持亲临讲坛，率先垂范，一生为国家培养了一大批优秀的科学技术人才，众多弟子成为国内外知名学者，国家栋梁之材，其中还有5人被评选为中国科学院院士。吴式枢对科学的热爱，终生孜孜以求创新的科学研究，更是感动过无数的学生，为国家和学校物理学科的建设和发展均做出了杰出的贡献。20世纪70年代中期，吴式枢亲自参加并组织了轻核中子反应核数据评价的理论计算工作，推动了我国核数据库的建立和发展。并参与了《1978—1985年全国基础科学发展规划》的制订工作，该规划为我国基础科学研究的后续发展奠定了基础。他最早应用壳模型理论处理 μ 介子吸收和光核效应，取得了被学术界称为"吴模型"的研究成果。1971年，他建立了测定介电常数来判定水淹层的"相位介电测井"新方法的物理基础，从而为大庆油田解决了测井的关键问题。吴式枢长期从事理论物理教学与科学研究，不仅应用格林函数提出了多体问题久期方程的新推导，还在格林函数多体理论及其应用方面，形成了独具特色的理论体系。在零温、有限温、非相对论、相对论性的格林函数多体理论和单粒位阱理论等方面，均有创造性的建树。他所提出的非厄米单粒位阱理论，解决了学术界一个长期悬而未决的问题。虽然硕果累累，但他功成不居，精进不休，70岁高龄时又将研究方向转向相对论多体理论和量子强子动力学方面，始终向科学前沿推进。先后获得全国科学大会奖、国家自然科学三等奖、吉林省科技进步一等奖、何梁何利科学与技术进步奖等多项奖励。

吴式枢在教学和科研事业上取得的丰硕成就，饱含着他对科学真理的执着追求，凝聚着他为祖国教育事业献身的赤诚之心。晚年时，他虽身体不好，仍事必躬亲，一字一句地修改学生的论文，力求做到完美无缺。他始终坚持亲手做研究，有自己的研究主线。甚

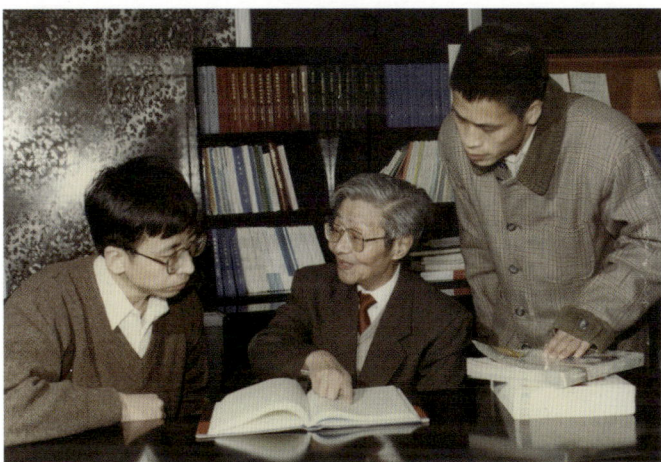

吴式枢在指导研究生

至在弥留之际，还嘱咐家人把自己翻阅的文献送到医院。正是在其精神的引领下，吉林大学物理学也形成了研精致思、严谨治学的优良学风。他诲人不倦，立志秋霜，更是给吉大物理人留下了取之不竭的精神财富。

吴式枢是一位杰出的科学家，他用自己平凡的人生态度，完成了不平凡的一生。正如他所说："我已平淡而从容地度过了几十个春秋，诚如平凡的人过着平淡的生活。如果说我有过一些收获，那么耕耘着它们的就是，一个明确的人生目的，一份无论在顺境逆境中都能坦然面对现实、敬业且不忘根本的执着，和一直持之以恒的勤奋。"吴式枢也正是用这样的人生态度，践行了他满腔赤诚、报效祖国的豪情壮志。

【 回忆 · 先贤故事 】

1947年，留学美国的吴式枢就读于伊利诺伊大学研究生院，1951年，取得博士学位后，他原本计划留在美国，继续从事研究工作，充实自己的学识。当时，祖国贫穷落后，百废待兴，科技人才奇缺，周恩来总理号召海外科学家回国参加祖国建设。当吴式枢听闻这一消息，心潮澎湃，当下便决定离开美国。

当年，他的父母和妹妹在台湾，两个弟弟在美国，亲人们希望他留在美国或者去台湾，导师也挽留他在身边继续从事研究。他不顾亲人的劝阻和导师的挽留，抛弃了国外的优厚待遇，响应周恩来总理对海外科学家回到祖国参加新中国建设的号召，怀着满腔的爱国热情，抱着"只有为祖国人民事业努力工作而得到的成就才是真的光荣"的信念，毅然回国，投身新中国的教育事业。回国后由于学术成就突出，年仅28岁的吴式枢，在大连工学院任教，成为当时国内最年轻有为的教授之一。

1952年9月，吴式枢听从党的分配来到了令南方人望而生畏的东北，积极投入创建东北人民大学物理系的事业之中。新中国成立后，西方国家就开始对中国实行了全面的经济与科技文化封锁，面对这些困境，吴式枢心里也十分清楚，对于像他这样从事理论原子核物理的研究人员来说，没有本领域的前沿信息，缺乏科学文献，就等于失去开展科学研究的基本条件。为了报效祖国，他将个人得失置之度外，克服了重重困难，潜心教学与科研。

正是凭借着对国家的满腔热情，吴式枢在科研领域，先后攻克了一个又一个科学堡垒。他本就身体瘦弱，但却夜以继日地工作，就算是在动乱时期，他对党对人民的忠心，也从未动摇。当时，他在"文化大革命"中被怀疑是"海外派回大陆的'特务'"，而被隔离审查关进"牛棚"。在威逼面前，吴式枢坚持实事求是，不说一句假话，他"坚信自己回国献身于祖国的科学教育事业没有错"。虽然遭受了不公平的对待，失去了正常工作的条件，但是却没有中断他的科学事业，他仍在思考着他的科学问题。1973年，他发表的《关于非线性积分方程与格林函数方法》等几篇论文的雏形，就是在"文革"中被隔离审查时开始孕育形成的。无论在怎样的境遇当中，吴式枢都忧国忧民，密切关心国家建设。1971年，从"牛棚"放出不久，他便下厂调研，得知大庆油田在测井中遇到了难题，便立即组织并带领课题组开展研究，最终为大庆油田解决了关键性的问题。而后的岁月里，他始终胸怀对祖国富强、兴盛的执着追求，用自己兢兢业业、淡泊名利的一生，谱写了一曲精忠报国的无悔赞歌！

1971年，为解决大庆油田"水淹层的残余油饱和度判断"问题，吴式枢组织课题组开展研究

王湘浩

【回顾·人物生平】

王湘浩，河北省安平县人。杰出的数学家、计算机科学家和教育家。吉林大学数学系、计算机科学系创建者之一，中国人工智能的奠基人。中国科学院学部委员（院士），曾任吉林省民盟副主任委员、长春市民盟主任委员、民盟中央委员和参议委员。并曾任长春市政协副主席、全国人大代表。

王湘浩（1915—1993）

1931年，王湘浩考取了北洋工学院附属高中。1933年，考入北京大学算学系（数学系）。1937年，在北京大学算学系毕业时恰值抗日战争全面爆发，北京大学南迁。于是投奔到长沙由北京大学、清华大学、南开大学三校成立的临时大学任助教。1938年春，长沙临时大学迁往昆明，改名西南联合大学。1939年，王湘浩在该校当了两年助教后，师从江泽涵教授，专攻拓扑学。1941年，研究生毕业，在西南联合大学任讲师。1946年夏，到美国普林斯顿大学，在著名代数学家E.阿廷指导下攻读学位，一年后取得硕士学位，1949年春，又取得博士学位。1949年6月，启程回国，8月到北京，被北京大学数学系聘为副教授，1950年，晋升教授。1952年，院系调整时，到东北人民大学（吉林大学前身）数学系任系主任。1955年，被选为中国科学院数学物理学部委员（院士）。1976年，吉林大学电子计算机系成立，任系主任。曾任吉林大学副校长、中国计算机科学学会会长、中国人工智能学会第一任会长、《中国计算机科学学报》主编。

【回首·峥嵘岁月】

1952年，全国高校院系调整，王湘浩响应国家号召，与徐利治、江泽坚等人一起向组织递交了申请，自愿来东北人民大学组建数学系。

来到学校后，王湘浩被任命为数学系主任。他立即将主要精力投入建立数学系的工作中。那时数学系有三

王湘浩来到东北人民大学组建数学系

个年级（其中二、三年级来自东北工学院），没有教材，没有图书，只有来自不同学校的14位教师，要同时开设三个年级的18门课程，困难是很大的。王湘浩以身作则，和江泽坚、徐利治等每学期都开两至三门新课，还要检查和指导教师备课上课的情况。经过两年艰苦奋斗，终于在学校开出了所有基础课和部分选修课。新中国成立初期，数学师资紧缺，数学系学生一般都是学完三年就提前毕业，唯独东北人民大学在困难条件下仍坚持四年制。1954年，学校从第一批毕业生中选留了部分人留校任教。王湘浩等对这批青年教师的成长十分关心，为他们制订进修计划，安排年长的教师指导他们学习，使他们在一两年内就能够主讲基础课，并开始做科研、写论文，从而使师资紧缺的问题在一定程度上得到缓解。

在建系的过程中，王湘浩作为系主任，不是将注意力放在自己从事的代数方向上，而是从大局着眼，采取了有远见的措施，使数学系在较短时间内得到了国内的承认和重视。建系初期，王湘浩和他的同事们曾有个君子协定：三年内不搞科研，集中精力使全系过教学关。但实际上，王湘浩是很重视科学研究的。1954年秋季开学后，他便组织代数、逼近论、泛函分析等讨论班，将青年教师分到各讨论班学习近代文献，在年长教师指导下从事专题研究，并指导55级毕业生写作毕业论文。由于措施得力，很快就初见成效，仅1955年在《东北人民大学学报（自然科学版）》创刊号上发表的数学论文就有21篇。

王湘浩在建系的过程中，重视教学、重视实际、重视人才、重视青年。20世纪50年代，他就在数学系建起了微分方程、计算数学、计算机科学这三个学科方向。数学系当时力量较强的是代数和分析，王湘浩对这个现状并不满意，他的目

课堂上的王湘浩

标是要办一个含多学科的、理论和应用并重的系。为此他对创办新方向和新专业特别重视。他一方面物色学术带头人，另一方面将留校的青年教师做统一安排。1954年，他从东北工学院请来王柔怀，并安排伍卓群、李岳生由他指导，建立微分方程方向。1956年，又从中科院数学所请来孙以丰，并安排千丹岩、何伯和由他指导，建立拓扑学方向。同年，我国制定十二年科学发展规划，为适应计算技术发展的需要，由徐利治带领青年教师冯果忱等建立计算方法专门化。1957年，又调李荣华、李岳生到这个方向，并在苏联专家的帮助下在我国最早建立了计算数学专业。1958年，又建力学专业。这样，经过6年的创业，把吉林大学数学系办成了一个初具规模，在国内外有一定影响的多学科系。

无数个日夜，他带领弟子在只有20平方米的宿舍里奋战，向一道道数学难关发起挑战，在浩瀚的数学世界里攻城拔寨，建功无数。到20世纪60年代初期，吉林大学数学系已在国内占有重要地位。1964年，王湘浩的学生利用"保n项关系"的方法解决了n值逻辑完备性问题。这个因国内政治形势而未公开发表的成果，比国际上公认的

解决这一问题的罗森贝格定
理早了整整6年。1969年，
困扰国际数学界多年的"多
值逻辑缺值函数所谓结构问
题"也由他的一位学生攻
克。随后王湘浩与其学生在
数学领域取得了多项突破性
成果。

20世纪70年代，在新
的国际环境和新的世界格

1976年，吉林大学电子计算机系成立

局下，众多崭新学科应运而生。为了适应全球性的科技发展，在激烈的国际竞争中取
得主动，王湘浩亲自组建了吉林大学电子计算机系。1976年，吉林大学电子计算机系
正式成立，王湘浩出任系主任。这是国内最早建立的几个计算机系之一。在他的领导
下，十年内，计算机系的软件专业就成为国内第一批具有博士学位授予权、博士后科
研流动站，同时属于国家重点学科的专业。

王湘浩在建设两个系的过程中，能接纳各种不同意见，发挥各种人才的作用。他
不存私心，每届毕业生留校时，都把学习最好的学生安排到最重要的方向上。吉林大
学数学系和计算机系，能很快成长为方向较齐全、在国内有影响的系，这和王湘浩的
人品与见识是分不开的。

1980年，66岁的王湘浩教授又举办了东北地区首家"人工智能研究班"。该研究
班实际上成为北方第一个人工智能研究基地，为我国人工智能技术提供了强大的技术
保障，培养了大量专业人才，积累了宝贵的学科资源。从该研究班走出来的学子都成
为后来中国人工智能领域出类拔萃的学科带头人。

王湘浩永远保持着一颗年轻的心。从拓扑学到代数，从数学到计算机，再到首先
倡议开展的人工智能研究，他积极迎接挑战和新的变化，几度拥抱新的领域，把一生
都献给了自己热爱的科学和教育事业。2008年1月11日下午，中国科学院院士王湘浩教
授塑像揭幕仪式在吉林大学计算机楼举行；2014年，吉林大学设立了以他的名字命名

的"王湘浩奖学金"，对在计算机领域中成绩优异的学生给予奖励和资助。

【回忆·先贤故事】

王湘浩早年从事代数学的研究，他对代数学的一大贡献是纠正了类域论中一个重要定理——格伦瓦尔德定理的错误，给出了该定理成立的充要条件，从而重新证明了有理单纯代数理论中著名的"迪克森猜想"。

1931年，国际数学界迎来一件大事：德国数学家H·哈塞带领他的团队用15年时间使用类域论领域的重要定理——格伦瓦尔德定理攻破了"迪克森猜想"，这一成果令全世界数学家欣喜若狂，美国数学学会在狂喜中甚至放话说"迪克森猜想"的证明表明数学已发展到顶点。

然而运用格伦瓦尔德定理来证明"迪克森猜想"的理论在17年后引起了在普林斯顿大学攻读学位的王湘浩的注意。当时，王湘浩在著名代数学家E.阿廷指导下攻读学位，在攻读博士期间，王湘浩注意到以格伦瓦尔德定理证明"迪克森猜想"这一手段的不确定性，于是当时年仅33岁的王湘浩，向资深的H.哈塞团队论证的结果提出挑战。

他向国际数学大会组委会递交了只有一页半纸的论文《关于格伦瓦尔德定理的反例》，仅仅800多个单词的论文如一枚重磅炸弹在大师云集的国际数学大会掀起轩然大波。组委会连夜召集十余位国际知名学者对王湘浩的理论进行论证，后来的几天里，费城大学、麻省理工学院等一些知名教授也主动加入论证队伍中。那段时间，整个国际数学界都在谈论着一个绕口的中文名字——王湘浩。经过12天烦琐的计算，王湘浩的理论获得国际数学界的确认，王湘浩因此而"一论成名"。这篇论文也使"迪克森猜想"又变成了未予证明的猜想，从而动摇了有理单纯代数的理论。

1948年底，王湘浩在他的博士论文中，纠正了格伦瓦尔德定理的错误，将该定理做了推广，重新证明了"迪克森猜想"。当时，芝加哥大学数学系主任阿尔贝特曾邀请王湘浩就这一重要成果在芝加哥大学作学术讲演。王湘浩在论文中，只对循环扩张讨论了格伦瓦尔德定理。回国后，他对一般的阿贝尔扩张给出了该定理成立的充要条件。

　　王湘浩的另一重要工作是关于局部域上单纯代数换位子群的研究，他所得到的结果在多年后兴起的代数K理论和代数群论中有重要作用。

　　1943年，中山隆和松岛与三证明了局部域上单纯代数交换子群等于其幺模子群。王湘浩利用自己所推广的格伦瓦尔德定理证明了上述两群在代数数域情形下仍相等；而且在一般域情形下，当指数无平方因子时，二群也相等。在最一般情形下结论会是怎样的呢？这一问题在以后兴起的代数K理论和代数群论中很重要。在苏联，这个问题称为田中-阿廷问题。实际上，阿廷并未具体提出上述问题，而是王湘浩在上述论文中提出的。

　　马斯模定理的证明中使用了格伦瓦尔德定理，因为后者所含的错误，马斯模定理的原证已不成立。M．E．爱区勒曾经不用格伦瓦尔德定理证明了模定理，但论证非常复杂。王湘浩曾用他修改后的格伦瓦尔德定理给出过一个证明。后来，他又给出了一个不用格伦瓦尔德定理的非常简单的证明，被国际同行视为关于著名的阿廷问题的经典结果。

　　王湘浩在代数学上做出了国际公认的重要贡献。但后来由于国家建设的需要，1958年，正在事业巅峰的王湘浩，放弃了自己在代数方面的功成名就，转向一项全新的领域，开始了电子计算机和控制论方面的研究……

刘丹岩

【回顾·人物生平】

刘丹岩，原名刘桂成，曾用名刘炎。辽宁省北镇人。哲学家，吉林大学哲学系创建人之一。曾任东北人民大学（吉林大学前身）哲学系教授、主任，吉林省哲学研究所所长，吉林省哲学学会会长，长春市政协委员。

刘丹岩（1901—1965）

1926年，毕业于北京大学哲学系。1927年至1930年，先后在辽宁省沈阳市省立一中、东北大学附中、辽宁省立师专等学校任教。1928年，开办绿野书店宣传进步思想，并将书店作为共产党地下秘密联络地点。1932年，在南京铁道部任职。1936年，由铁道部派赴英国留学。1937年，抗日战争全面爆发，决然回国投身抗战。1938年底，奔赴延安，在抗日军政大学二大队任政治经济学教授，后调到抗大总校任教。1940年12月，在太行区抗大总校加入中国共产党。1945年，随革命家林枫到东北，先在东北中学和教育行政部门工作；后相继担任沈阳联合中学、辽阳联合中学、安东（今丹东）联合中学校长，东北行政委员会教育委员会委员、辽东省教育厅副厅长、抚顺市教育局局长等职。1951年夏，调入东北人民大学（吉林大学前身）任哲学教授。1952年，加入中国民主同盟。1958年，创办吉林大学哲学系，任系主任。

【回首·峥嵘岁月】

1951年夏天，刘丹岩调入东北人民大学任哲学教授。1952年，被任命为哲学教研室主任。当时，学校缺少教师，尤其是能够讲授哲学的教师更是屈指可数。来到学校后，他便承担起繁重的教学任务，不仅给研究生和本科生讲授马克思主义哲学课程，还亲自为职工业余大学的学员上课。

1958年，伴随着我党教育事业的发展，学校决定在原哲学教研室的基础上，由刘丹岩负责，创办吉林大学哲学系。当时他已年近六

1952年，刘丹岩任哲学教研室主任

旬，且体弱多病，严重的胃痉挛经常发作。但是，作为第一任系主任，他仍以满腔热情和大家一起投入建系工作中。当时虽然正值"大跃进"时期，但全系师生排除万难，仍然坚持采取"单科独进""见缝插针"等办法积极开展教学。1959年，正式招收了第一届（五年制）哲学专业本科生，并开办了哲学研究生班。同时，调入、培养、选留十余名教员充实到教师队伍，组建了资料室。到"文革"开始之前，哲学系已建立了哲学、哲学史、自然辩证法、马克思主义政治学、心理学与逻辑学等教研室。

哲学系建立之初，刘丹岩承担着繁重的工作任务，既要完成哲学系的党政工作，还兼任着吉林省哲学研究所和吉林省哲学学会的领导工作。在他亲自主持下，哲学系制定了《哲学系教育方案》《1962—1967年哲学系教学工作方案》《哲学系1962—1967年科学研究规划》《哲学系教师进修提高计划》等一系列的发展蓝图，为哲学系的兴旺发展明确了办学方向。

刘丹岩注重选拔和培养人才，积极为青年教师创造条件，帮助他们快速成长，并以举办哲学讨论班的形式，迅速提升青年教师的教学与科研水平。经过他的辛勤努力，不久就组建出一支包括高清海等优秀年轻教师在内，教学、科研并行的高质量师资队伍。在教学建设上，教师们遵从"以教学为主"的原则，按照"重视基础、提高质量、循序渐进、逐步加深"的办学思想，优化教材，加强基础理论教学，将"美学""伦理

刘丹岩与青年教师交流

学""现代资产阶级哲学批判""中国现代哲学问题研究"等课程列入教学计划，规定必修课和必读书目，初步形成了学科齐全的教学体系。他还为每位教师制订了有目标、有任务、有措施的个人进修计划。一时间，全系教师钻研业务、苦练基本功蔚然成风，受到国内许多院校的瞩目。

繁杂的行政工作和社会活动虽然令刘丹岩每天事务缠身，但他却始终坚守在教学和科研的第一线。在担任系主任期间，曾先后讲授了《矛盾论》《实践论》《关于正确处理人民内部矛盾》等毛泽东的哲学经典著作，还讲授了"德意志意识形态""自然辩证法""毛泽东哲学思想研究""西方哲学史""现代哲学问题"等多门课程。在日常授课中，他擅用启发式教学，采取讲授、自学、讨论相结合的方法，强调重视基础理论、掌握精神实质，提倡独立思考，反对盲从教条，为哲学系的教学发展奠定了正确的方向。他坚持"从客观实际出发，全面发展看问题"，注重从思想体系上，掌握马列主义的精神实质，不简单地拘泥于字句，反对寻章摘句，这是他对待马列主义、毛泽东思想的基本态度。无论是在课堂上、讨论中，还是在分析问题上、指导学生学习中，他经常突出一个"根"字。他要求学生在学习和研究马列主义、毛泽东思想的时候，必须抓住最根本、最本质、最核心的东西。一次教学、一个认识、一篇文章，都必须抓住根本。如果没"根儿"，即使不是错误的，也是理解认识得不深刻。正因为他善于抓住马列主义、毛泽东思想的根本点，他对理论的理解，总是比较深

刻，对问题的解释，总是比较透彻。在1953年至1964年的十年间，他一边坚持教学，一边进行学术研究，先后发表、出版了《批判胡适的"实验主义"》《关于过渡时期经济法则问题》《论辩证唯物主义与历史唯物主义的关系》等一系列的论文和著作。

刘丹岩在认真准备教案

在刘丹岩的带领下，哲学系师生员工，经过几年的努力奋斗，奠定了哲学系初步的发展基础。后来，虽因"文革"爆发，导致哲学系的各项工作被迫中断，但许多教师在刘丹岩的影响下，秉持着对哲学的热爱，在逆境中仍然坚持专业求索，表现出哲学工作者的良知，成为哲学复兴的根基，才使得哲学系在"文革"结束后，能够迅速恢复招生。

【回忆·先贤故事】

1901年6月，刘丹岩出生在辽宁省北镇县一个农民家庭。在他6岁至8岁时，就开始在家跟叔叔读书识字。9岁进入北镇县小学读书，1914年小学毕业时，受到辛亥革命思想启蒙，立志要工业救国，以升入北洋大学研究工科为自己的奋斗目标。1915年，刘丹岩离开家乡，来到北京，进入京兆第一中学读书。在中学时代，他参加了五四运动并受其影响，决心要为实现教育救国而努力学习。1920年，夏他考入北京大学哲学系。读书期间，他更是受到了进步思想的熏陶，悉心攻读共产主义理论相关著作，这些都成为他日后坚定走共产主义道路的思想基础。

1926年夏天，刘丹岩大学毕业后，来到沈阳，开始了教学生涯。在沈阳教学期间，他在中国共产党的感召下，积极从事进步思想的宣传工作，并掩护了我党的秘密活动，在青年学生中产生了很大影响。1928年，为了宣传新文化，他和一些人集资开办了绿野书店，并出任书店经理。书店经销的书籍中，有很大一部分是鲁迅的作品和马列主义书籍，由于书店来往人员很多，刘丹岩由此接触到一些共产党员，绿野书店也逐渐发展成我党的一个地下通信联络地点。当时书店的一名职员小陶就是共产党员，1930年初，因地下党组织被破坏，小陶被捕了。刘丹岩因是书店经理，也受牵连被捕。但刘丹岩意志坚定，没有供出共产党人，还在狱中认识了陈子真（即张浩，中共党员）等同志，狱中党组织开会时，张浩同志也经常吸收他来参加。1931年出狱时，张浩同志曾把在上海的通信地址留给刘丹岩。刘丹岩也对党组织和张浩同志给予了力所能及的经济援助。他在后来回忆起狱中生活时也曾写道："1930年被捕后，在狱中得诸从事实际革命活动同志共同学习研究，在联系实际上进了一大步。"但那时刘丹岩对于参加共产主义实践，对于到苏区参加实际革命斗争，仍然采取了暂时保留的态度。1932年春至1935年底，刘丹岩出任铁道部育才科科长，后来因人事变动，被铁道部安置赴英国留学。在英留学期间，他除在伦敦大学政治经济学院旁听外，大部分时间就在大英图书馆钻研马克思主义理论，更加坚定了共产主义理想与信念。1937年抗日战争全面爆发，刘丹岩毅然回国，并开始积极寻求与党的联系。他带着妻小从安徽出发，直奔武汉八路军办事处，一路上历尽艰辛，多次躲过日寇飞机的狂轰滥炸和土匪的抢劫，徒步跋涉一个多月才到武汉，找到了住处。在八路军办事处负责处同志的指示下，他在武汉暂时安顿下来，在此期间，他进一步阅读了许多马克思列宁的著作，为日后自觉接受革命锻炼作好了充分的思想准备。1938年底，在党组织的安排下，刘丹岩与家人离开武汉，奔赴革命圣地延安，积极投身革命活动。1940年，刘丹岩终于实现多年的愿望，加入中国共产党，成为一名理论与实践活动统一的革命者，并最终迈上了马克思主义哲学理论发展研究的光辉道路……

张　烨

【回顾·人物生平】

张烨，曾用名张焕明，江苏南通人。汽车运用工程专家，我国高等学校汽车运用工程专业创始人。曾任九三学社长春市委员会委员，吉林省政协第四、第五届委员。

张烨（1909—2005）

1922年，张烨入南通师范学习。1927年毕业后，在南通任小学教员。1929年，进入上海劳动大学，后转入北平大学工学院学习。九一八事变后，张烨积极参加了学生会组织的"抗日救国会"和上海学联组织的"反帝大同盟"等抗日进步组织。1933年，在上海闸北水电公司任职。1937年，在上海交通大学任教。1946年，任国民政府经济部专员，并再次在上海交通大学任教授，其间兼之江大学教授。1954年，加入九三学社。1955年，调入长春汽车拖拉机学院（吉林工业大学前身），先后任副教授、教授，汽车系副主任、主任，组织创建全国第一个汽运工程专业，并担任首任汽运工程系主任。1982年，加入中国共产党。曾任国家考试委员会汽车专家委员会主任、全国汽车学会常务理事、全国公路学会理事兼汽车运输专业委员会副主任、中国汽车工程学会和中国公路学会名誉理事等职。

张烨曾获得吉林省人民政府颁发的人民教师荣誉证书，多次受到吉林工业大学、机械部、中国和吉林省公路学会的表彰和奖励。1992年，被国务院批准享受政府特殊津贴。

【回首·峥嵘岁月】

新中国成立后，为了快速实现工业化，我国的第一汽车制造厂开始在长春建设。亟待发展的汽车、拖拉机、内燃机等新兴工业所需的专门人才十分缺乏。为了配合汽车制造厂的发展，急需建立一所培养汽车设计和制造技术人员的高等学校。1954年底，高教部和第一机械工业部决定，从华中工学院、上海交通大学和山东工学院三所高校，抽调汽车、拖拉机、内燃机等相关方面的师生，组建长春汽车拖拉机学院。当年，张烨已是上海交通大学三级教授，在上海过着较为舒适的生活。可是，为了祖国的汽车教育事业，他毅然放弃了上海的优越生活，带领全家来到当时条件还很艰苦的东北，参加长春汽车拖拉机学院的筹建工作。

1955年7月，张烨来到长春，担任长春汽车拖拉机学院汽车系副主任。当时，我国的高等学校还没有设置汽车运用工程专业。长春汽车拖拉机学院建立之初，也仅有汽车维护与修理专修科。1957年，他带领学校师生创建了我国高校第一个汽运工程专业。

当年，教育部与交通部联合聘请苏联专家来到长春汽车拖拉机学院，在汽车系内帮助建立汽车运用与修理专业，学校决定由张烨负责专业筹建工作。张烨带领着从汽车、制图等教研室抽调的部分教师和汽车专业刚刚毕业留校的学生，组成了国内最早的汽运专业师资队伍，在汽车、拖拉机两个专业中抽出部分学生转入该专业，借助企业作为学生的实习场地，国内最早的汽车运用工程专业，就这样诞生了。

1958年，汽运专业从汽车系中分离出来，正式成立汽运系，张烨出任系主任。1959年，汽运专业第一批学生，通过答辩，顺利毕业。1961年，张烨开始在汽运工程专业招收研究生，到"文革"开始，他一共在这个专业招收培养了四届7名研究生。

说到"汽车运用工程"这个专业的名字，还有这样一段故事。1957年专业建立时，由苏联专家定名为"汽车运用与修理"，当时学生们对这个专业的名字都不理解，认为学成后只能做修理汽车的工人，不能成为技术人员，所以都不愿报考这个专业，影响了学校的招生质量。在此情况下，当时的系主任张烨便出了个点子，将专

业名称改为"汽车运用工
程"，培养目标也被确定为
"汽车运用工程师"。加上
"工程"两个字，对学生产
生了极大的吸引力，生源质
量有了很大的提高。在以后
相当长的一段时期，汽运工
程这个专业名字一直被沿
用。

1984年，张烨与学生在乌鲁木齐参加中国公路学会年会
（左起：陈唐民、张烨、高延令）

　　1981年，吉林工业大学
汽车运用工程专业成为国家
第一批硕士学位授予点。1986年，该专业又成为博士学位授予点，这也是我国该学科
第一个博士学位授予点。

　　1991年12月，经原机械
工业部与交通部批准，在汽
车运用工程和运输管理工程
两个专业的基础上，组建吉
林工业大学交通学院。2000
年6月，学院更名为吉林大
学交通学院，是我国高校中
成立较早、实力较强的交通
学院之一。

1992年，吉林工业大学交通学院成立大会

　　1997年，国务院学位委
员会对"授予博士、硕士学位和培养研究生学科、专业目录"进行了调整，将汽车运
用工程与其他相关学科合并，改为载运工具运用工程。

　　张烨从教几十载，呕心沥血，不仅为我国汽车教育事业培养了一批又一批优秀人
才，也为我国汽车运用工程专业及运输管理专业的建设和发展，做出了突出的贡献。

"文革"期间，张烨作为旧中国知识分子的代表，受到冲击，被迫退休，停止工作。1979年，他重返工作岗位，再次被任命为汽车系主任。1982年，又被任命为吉林工业大学学术委员会副主任。同年，他实现了自己多年的夙愿，光荣地加入了中国共产党。1987年退休。

晚年仍坚持工作的张烨教授

张烨总结自己一生在汽运工程领域所积累的丰富教学经验，著书立说。早在上海交通大学工作期间，他就编著出版了《高速柴油机之保修》《汽车技术丛书》，翻译出版了《汽车构造》《汽车保修及驾驶》等学术论著。之后又编著了《汽车发动机原理》《汽车保修及驾驶》《汽车电气设备》《汽车可靠性原理》等多部专业教材。在学校的学科建设上也提出了自己的意见和建议，晚年还将自己多年收集、保存的有价值的图书资料捐献给学校。

【回忆·先贤故事】

1909年5月27日，张烨出生在江苏南通骑岸镇东乡一个普通的农民家庭，父母为他取名焕明。因为他是家里唯一的一个孩子，所以父母省吃俭用供他读书。张烨少年时勤奋好学，是一名成绩优秀的好学生。高小毕业后，在同族的资助下，考入南通师范学校，毕业后在张家沙初小和石岗高小任教。但他不甘心仅在一所小学里任教员，心中还揣着更远大的梦想，所以他一边工作一边努力自学。

1929年秋，张烨终于考入上海国立劳动大学工学院机电系，离自己的梦想迈近了一步。1931年，学校由机电系分出部分师生，成立机械系，他也随之转入机械系学习。不久，命运又和他开了一个玩笑。1932年夏，上海劳动大学因为有许多进步师生被勒令停办，张烨被迫转入北平大学工学院继续学习。

1933年，北平大学工学院毕业后的张烨，考入上海市闸北水电公司工作。他不安于当时的生活，1937年，为了实现更高的目标，他离开水电公司到上海交通大学任助教，同时准备报考"庚款留学"项目。时逢卢沟桥事变，他出国留学的梦想又化为泡影，只好留在上海交通大学继续任教，并于1939年8月升任讲师。

在抗日战争动荡的年代里，生活使他无暇顾及其他。为了缓解家中经济困难，他只好一面在上海交大、之江大学和中国工业专科学校任教，一面经营一家小店，用以维持生活。1945年8月，抗战终于胜利，但他却因劳累患上伤寒，无奈地在家休养。

1946年初，病愈后，他又全身心投入工作中，来到国民政府经济部特派员办公处机械组复工委员会任专员兼科长。同时，在上海临时大学兼职授课。1946年8月，应老师黄书培之邀，重返上海交通大学，任副教授兼自动车实验室主任。在这期间，他还兼任了之江大学机械系的教授。1948年秋，组织创办了《汽车世界》杂志，并担任常务编辑。1949，该杂志与《现代公路》杂志合并，改称《汽车和公路》，他仍担任杂志主编。

上海解放后，张烨参加了中国教学协会上海分会，出任宣传委员。1952年，在上海交通大学动力机械系，任汽车及内燃机教研室主任兼自动车实验室主任。1955年7月，为了新中国汽车工业的发展，张烨放弃上海的优渥条件，来到北国春城，担任长春汽车拖拉机学院汽车系副主任，并最终成为我国高等学校汽车运用工程专业的创始人，在祖国汽车工业发展的道路上留下了闪光的印记……

俞建章

【回顾·人物生平】

俞建章，字瑞普，安徽和县人。著名地质学家、地层古生物学家、教育家，我国早石炭世生物地层学的主要奠基人。中国科学院院士。中国民主同盟会成员。吉林省、长春市第一届人大代表，全国政协第四、五届委员。

俞建章（1899—1980）

1918年，俞建章考入天津北洋大学预科。1920年，转入北京大学地质系。1924年，获理学学士学位后，到河南中州大学任教。1928年，在上海中央研究院地质研究所任助理研究员。1933年，任中央研究院地质研究所副研究员，并赴英国布里斯托尔（Bristol）大学留学。1935年，在英国布里斯托尔大学修业结束，获博士学位。1937年，受聘南京中央大学兼职教授。1939年，任中央研究院地质研究所研究员、重庆中央大学地质系教授。1941年，任重庆大学地质系主任兼重庆中央大学教授。1945年，任中央研究院地质所代理所长兼中央大学地质系教授。1950年，任中国科学院地质研究所研究员。1951年，任中国地质工作计划指导委员会研究员，中国科学院古生物研究所无脊椎古生物组主任。同年11月，调入东北地质专科学校（长春科技大学前身）任教授、地质科主任。1952年，任东北地质学院地勘系主任、地史古生物教研室主任兼中国科学院南京古生物研究所研究员。1953年，加入中国民主同盟。1955年，当选为中国科学院生物地学部学部委员（院士）。1964年，任长春地质学院副院长。

俞建章曾当选中国地质学会理事长，中国古生物学会理事，中苏友好协会理事，中国科学院《现代中国科学论著》丛刊地质组编审委员，国际石炭纪地层及地质分会委员，中国地质学会第32届理事会副理事长，国际石炭纪分会委员，吉林省暨长春市地质学会理事长。曾作为特邀代表出席1978年中国科学大会。吉林省民盟副主任委员，长春市科协常委。

【回首·峥嵘岁月】

随着新中国建立，社会主义经济建设全面展开。经济建设需要大量的自然资源，而发掘资源的前提是要培养大批的地质人才。1951年11月，在李四光的推荐下，久居南京身兼数职的俞建章，与喻德渊等人一起，为了国家的地质教育事业，义无反顾地接受使命，放弃了条件优越的地质研究所的工作，举家来到位于北国长春的东北地质专科学校，投身学校的筹建工作。当年，这是全国唯一一所可以培养高级地质人才的专门性学校。俞建章来到长春后，就投入紧张的建校工作之中，并担任学校教授和地质科主任。

1952年，全国院系调整，学校改为东北地质学院，后又更名为长春地质学院。俞建章任教授并兼任地史古生物教研室主任、地质勘查系主任。作为教学的组织者和领导人之一，他既承担着教学任务，又与学校领导一起抓教师队伍建设、教材建设和教学设备等多项工作。

学院创建初期，面临很多困难，教材不足，成为当务之急。面对困难，俞建章和其他教师一起，边教学边编写教材。用最短的时间完成了《古生物学》《古代珊瑚纲要》等教材的编写工作。后来，学院要开设"珊瑚专论"的新课程，没有教材难以开讲，他就亲赴南京查阅资料，并以最快速度写出了地质专业和古生物专门化教学所需的教材。为了上好这门课，还把自己积累了30多年的数百块化石标本和一些珍贵资料带到学校，供学生使用。

当时，俞建章虽已是著名的专家、地质界的前辈，但他却从不以学术权威自居，对待青年教师关爱有加，不遗余力地为年轻人的成长创造条件。为了提高青年教师的业务水平，他经常去旁听他们讲课，并把自己的意见记在手册上，课后，及时与任课教师交换意见，切磋教学经验。建院初期，任课教师虽然紧张，但教研室经他派出进修的中青年教师就多达10余人。

俞建章（右二）带领青年教师对晚古生代地层
及四射珊瑚化石进行研究

为了将刚跨入大学门槛的青年带入广阔的科学天地翱翔，俞建章总是亲自执教，欣然为乐。讲课时，他声音洪亮、鞭辟入里，枯燥乏味的概念与公式，经他的讲解和表述，变得既形象又生动。虽有长期的教学经验，但每次上课，他仍要认真备课至深夜。他常对同学们讲："治学要持之以恒，下苦功夫，对待问题要有追根问底的勇气。"他还特别关注学生的基本技能训练，经常到实验室了解实验内容、效果以及标本的情况，亲自指导学生做实验。

1957年，学院开始招收研究生，俞建章把主要精力转向培养研究生方面。他砥志研思、深稽博考，同时指导学生十分严格，不论是论文的选题还是修改，都亲自过问，对每项工作都认真负责。修改学生的论文时逐句逐字地推敲，甚至是一个标点符号的使用，也要反复斟酌。

20世纪60年代以后，学院的教学工作已步入正轨，俞建章也被任命为副院长，但他仍以一名普通教师的身份，勤耕育才。他从业30年，紧密结合教学、科研、生产实践相结合的方针，完成了许多科研成果，并用自己的心血培养了许多栋梁之材。他的学生遍布全国，其中很多人都成为专家、学者和学术带头人，共同为中国地质学科的发展织就了繁锦与荣华。

俞建章作为国内著名的地质学家，古生物学家，从20世纪50年代开始，就在祖国寻找地矿资源的调查和进行珊瑚化石的研究中，做了大量的基础工作。彼时，他已年过半百，仍和年轻人一道，翻山越岭，披星戴月地进行野外勘察工作。先后完成了包括发现鸡西至密山一带的中生代和第三纪大煤田，完成了大、小兴安岭和黑龙江流域的矿产资源调查和地质研究工作在内的多项研究任务。60年代，他系统研究了我国丰宁系统地层以及关于该珊瑚与六射珊瑚之间的亲缘关系，找到了生物演化的论据。另外，他还研究了我国青海、新疆的石炭纪珊瑚材料，在新疆东部地区开展生物地层的研究工作，对石炭纪地层和珊瑚做了全面、系统的工作，采集了大量标本。

"文革"期间，俞建章被下放到农村，但他从未放弃对事业的追求。1972年，劳改结束回到学校后，他已年逾古稀，却立即向学校提出恢复60年代因"文革"而中断的新疆东部早石炭纪地层和珊瑚的科研课题研究，继续向科研领域推进，实现自己要为开发边疆作贡献的夙愿。从此，他和助手们对我国新疆东部石炭纪地层做了详细的划分与对比研究，经过3年的艰苦工作，终于弄清了珊瑚群的面貌，发现了大量的异珊瑚的新属和新种，并超过了世界已报道的范围，填补了我国这个门类的研究空白。

新的历史时期，俞建章又把地质科学研究放在了晚古生代珊瑚分类系统方面，并准备针对自己60年代在珊瑚化石研究中所存在的问题进行总结，以供后人引用。晚年，他忍着病痛，致力于撰写凝注自己半个世纪心血的专著《石炭纪二叠纪珊瑚》。遗憾的是，该书在他去世3年后才得以出版发行。虽然他未能亲眼见证，但《石炭纪二叠纪珊瑚》一书却给祖国地质科学事业留下了珍贵的学术遗产。而他一生在地质科学与教育领域走过的征途，也将永远见证着他对祖国，对科学无比热爱的不渝深情。

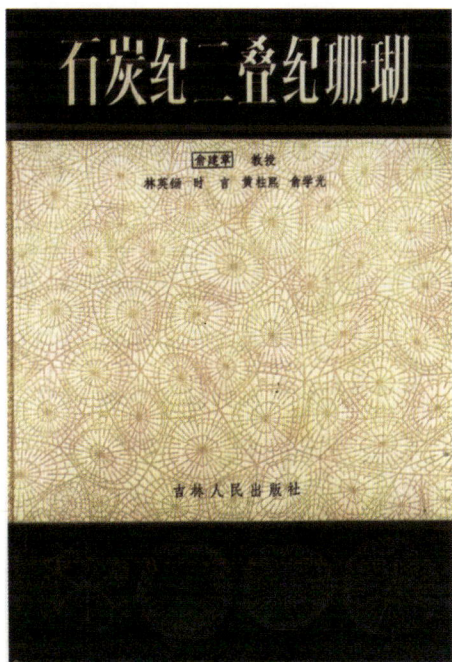

专著《石炭纪二叠纪珊瑚》，获得
国家自然科学四等奖

【回忆·先贤故事】

1898年春天，俞建章出生在安徽省和县历阳镇一个清贫的知识分子家庭，父亲是为人正直的学校教员，因而对他读书要求严格，而他从小也悟性极强，勤勉好学。

13岁小学毕业时，俞建章考入县立中学，其间，因父亲失去了工作，家里告贷无门，他被迫辍学。但他并未因此放弃学习，依然坚持刻苦自修。18岁时，他考入了南京私立钟英高中做插班生。在南京这座人文昌盛、物华天宝的古城，他从大自然妙成的艺术中得到了启迪，也培养了自身崇尚自然的情致。

1918年，他立志科学救国，考取了天津北洋大学预科；1920年，因参加爱国运动而被学校除名。同年8年，来到北京大学地质系，开始新的学习生涯，并与老师李四光结下了深厚的情谊。这种情谊直接影响了俞建章日后选择的科学道路。

大学毕业后，他先是在开封中州大学任教。1928年，经李四光的介绍来到上海中央研究院地质所，开始从事野外地质调查工作。不久，他被派往北平，专门进行头足类和珊瑚化石的研究工作，并与著名美籍地质学家葛利普等人一起，开始从事古生物研究，同时开展中国南方奥陶纪头足类化石及石炭纪珊瑚化石的研究，从此便与珊瑚结下了不解之缘。在不到5年的时间里，就取得了丰硕的成果。1933年，年仅35岁的俞建章，初露锋芒，发表了专著《中国下石炭纪之珊瑚化石》，创建了我国下石炭纪的珊瑚之分带，首次与西欧做了对比，为我国早石炭纪地层研究奠定了基础。同年10月，他被地质研究所派往英国公费留学。带着导师的嘱托，扛着满满一箱子从我国华南各地采集的珊瑚化石标本以及有关资料，他来到英国布里斯托尔大学，在著名珊瑚学家S.史密斯教授的指导下，向更深的研究领域进发。一天，俞建章在研究带去的我国湖南珊瑚化石标本的过程中，偶然发现泡沫内沟珊瑚属的隔壁生长与一般皱纹珊瑚不同。他敏锐地认识到，这可能预兆着将有一个新的珊瑚类型的产出。可是，由于当时所带材料不足，无法进行科学论证。他只好将疑问暂时搁置下来，待回国后再进行详细的研究。不曾想，这个想法在30年后才得以实现。在而后的几十年间，俞建章始终钻坚研微，孜孜不倦，在地质学科研究领域博学专攻，把学术研究集中在古生代石炭纪珊瑚学科领域。50年代末，他对泡沫内沟珊瑚属进行了系统发育和个体发生的研究，发现了珊瑚的新属，得到了国内外学者一致公认，并以他的名字命名为"建章珊瑚"。60年代，他搜集了遍布全国各地的下石炭纪珊瑚化石材料，补充了过去研究资料的局限性，依据珊瑚隔壁发生规律，为研

潜心研究的俞建章教授

究古生代皱纹珊瑚演变为中生代六射珊瑚的理论依据提供了重要线索。俞建章30年前的疑问终于得到了证实，但他的珊瑚研究却仍在拓进，毕生都在情系珊瑚、科学研究的道路上永不停息。

贾清汉

【回顾·人物生平】

贾清汉，字云衢，河北新乐县人。兽医内科学家、兽医高等教育家、兽医内科临床诊断学的奠基人之一。

贾清汉（1898—1971）

1922年，贾清汉毕业于保定陆军兽医学校正科第八期，其后在陆军26师、15师、冯玉祥部、孙连仲部任兽医。1936年，任南京陆军兽医学校教官。1939年起，在安顺陆军兽医学校先后任教官、研究委员、教务处处长、教育长、兽医监。1947年，任安顺陆军兽医学校教育长兼代校长。在陆军兽医学校期间，他带领全校师生护校护民，率队起义。1949年11月，任我军西南兽医学校（后改称中国人民解放军第二兽医学校）代校长。1952年，任总后勤部卫生部兽医处研究员。1954年起，在军马卫生科学研究所先后任临床研究科主任、研究员，军事兽医科学院军马卫生研究所（后隶属中国人民解放军兽医大学）研究员等职。1956年，被授予上校军衔。

贾清汉在现代兽医临床中建立"辨证诊断法"，在国内与同行率先确诊了牛甘薯黑斑病（牛气喘病）和霉玉米中毒病，查明了军马骨软症的病因，并提出了用南京石粉防治的方案，为我军军马科研事业的发展做出了贡献。1971年病逝于长春，终年73岁。

【回首·峥嵘岁月】

1950年10月，在贾清汉担任代理校长将近一年之时，中国人民志愿军进入朝鲜，正式拉开了抗美援朝战争的序幕。此时的美国，在经济和科技实力上，都强于世界其他国家，中美军队的装备更是有着巨大的"代差"。志愿军虽然装备落后，但前线指战员作战英勇，为支援前线，全国人民开展了轰轰烈烈的捐款支援抗美援朝的运动，大家有钱出钱，有力出力。贾清汉捐献了自己所有的稿费，全力支援前线。

贾清汉在陆军兽医学校任职期间，一直兼任兽医内科学、兽医内科诊断学课程的授课任务。他强烈的责任感和事业心，感染着每一位学生。在他的言传身教下，培养出一批批著名的兽医内科学家。南京农业大学的连文琳教授、兽医大学的钟兰宫教授、安徽农业大学的倪有煌教授等，都是他培养的优秀学生。

贾清汉既重视畜牧兽医科学理论，又注重实践教学。他在新中国成立前后的一段时期内，经常在兽医科技杂志上发表论文，所写的论文不但针对性、实用性很强，而且深入浅出、通俗易懂、理论联系实际。凡是学习畜牧兽医专业的人，都喜欢读他的论文或快板式的小品文。学员中还流传着贾校长特别重视临床经验病例记录积累的故事，据说他有成千上万张病历记录，都是他多年的心血和汗水的结晶。贾校长讲授家畜诊断学的神经系统部分时，把枯燥无味的神经系统诊断学讲得有声有色，生动活泼，通俗易懂。为了激发大家的学习热情，贾清汉还利用"猜谜"的方式鼓励大家学习，把病马的病史和症状写出来，贴在墙报栏内，让学生去猜，猜对了还发小奖品。同学们便在茶余饭后三三两两谈论不休，有的还为谜底争得面红耳赤。

当年贾清汉与崔步瀛教授均为第一代国内著名的兽医内科学专家，而他尤以重视临床实践而享誉兽医界。早期他著有《兽医内科学》《兽医内科诊断学》等教材，20世纪50年代又著有《实用兽医内科诊断学》，还连续发表了《兽医应当查马号》《马的阵发性心悸亢进与横膈膜痉挛》《马的食道阻塞临床观察》《马的内出血》《马的传染性脑脊髓炎综合报告》《诊断学几个问题解答》等学术论文。在防治军内外大面积发生的代谢病和中毒病过程中，他确诊了泛发于南方各地的马骨软症（纤维素性骨炎），并提出用南京石粉防治的措施。他还在国内确诊了甘薯黑斑病，对确诊大批发生于西北地区的马胸疫做出了重要贡献。60年代初，非洲马瘟已蔓延到我国周边国家，贾清汉率先翻译了有关资料并作学术报告，建议上级领导采取措施防止该病传入我国。中国人民解放军总后勤部主管部门对此极为关注。他的建议也同时引起了农业部的重视。在中印边境自卫反击战时，我军缴获的军马，主管部门决定就地全部扑杀，杜绝了该病传入我国境内。其后在总后勤部军马部主持编写的《军马多发病防治手册》中，他亲自执笔，将该病纳入其中，以资防患。农业部为了查清该病在我国周边国家蔓延情况，

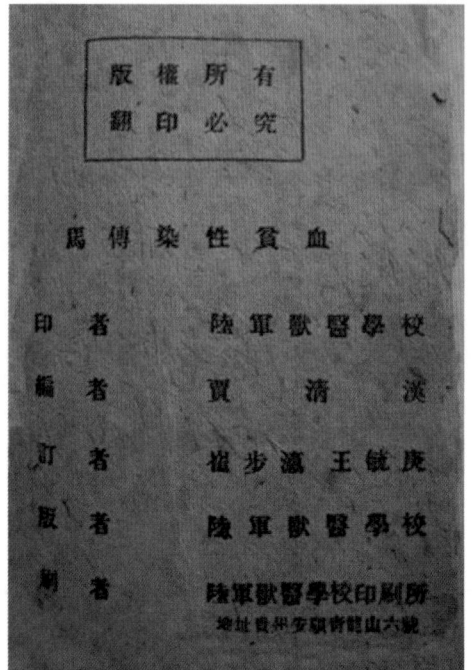

贾清汉编著的早期兽医教材

曾于1966年派出非洲马瘟考察团，赴伊朗、阿富汗和巴基斯坦进行考察。可以说，该病未能传入我国，贾清汉在防控该病传入我国的工作中的超前建议起到了重要的作用。

贾清汉对我国兽医事业赤诚奉献，把自己毕生积累的实践经验都留给了后世。在他身患癌症后，仍然坚持著书立说，临终前完成了《兽医内科诊断经验》一书。该书深入浅出地对60多个实际病例作了详尽剖析，阐述了辩证诊断的方法。在他生命垂危之际，嘱咐家人要在他逝世后将其最后的遗著献给党组织，并将自己一生收藏的中外兽医藏书全部捐献给兽医大学图书馆。遗著的第一部分，《临床实践应有的认识》在兽医大学出版的《兽医参考资料》上连载。他的事迹被载入了《中国科学技术专家传略》兽医卷中，为后人永久的怀念。

【回忆·先贤故事】

安顺起义在军需大学的历史上是一个具有里程碑意义的重大事件，虽然在校史上只有简短的介绍，但是背后却是在贾清汉带领下的全校师生不顾生命危险保护学校财产不受损失的英勇举动。

1949年的秋天，中国共产党领导的人民解放军向大西南进军，国民党政府命令安顺陆军兽医学校将物资、图书、器材先行装运重庆，教职员工等候迁移。当时身为代理校长的贾清汉按照多数教师和职工的意愿，冒着生命危险，没有执行这项撤退的命令。国民党33师师长说："贾清汉要是不撤走就枪毙他。"这话传到贾清汉耳朵里，他便在校本部门口架起了两挺轻机枪，加强门卫，以防万一。他一面审时度势，密令各处室佯装撤退准备，以掩国民党特务的耳目；一面借词拖延，抵制搬迁，并将散居各处的家属集中到校本部、医院和教研室等处，稳定人心，使学校人员、武器、器材、图书等均未受到损失。

安顺解放的前几天，贾清汉同安顺一些开明人士组织了临时维持治安机构，协同维持城里和学校的治安。人民解放军尚未到安顺的这几天，学校组织学生三百余人佩戴武器，日夜巡逻，维护社会治安。当解放军的先

陆军兽医学校总部旧址——贵州省安顺市崇祯寺三清殿

头部队抵达贵州平坝县城时，贾清汉又会同安顺各界群众代表前往迎接，在安顺东校场欢迎解放军入城，并腾出学校院内的房屋（此处是安顺城内的制高点）给一部分解放军驻扎。

他的这一举动为保护学校仪器设备的完好无损和安顺市民的生命财产安全做出了重大贡献。从此，陆军兽医学校投身人民的怀抱，开始了新生。

高瞻远瞩
治校有方

学校的发展离不开一位位头脑睿智、目光高远的领路人。在他们身上，集中体现了教育家高瞻远瞩、敢为人先、坚忍执着、求真务实的治校精神。正是有了他们的正确领导，吉林大学在致力人才培养，矢志科研创新，服务社会进步，引领文化发展等方面，取得了瞩目的成绩。

吕振羽

【回顾·人物生平】

吕振羽，名典爱，字行仁，学名振羽，化名柳岗，笔名晨光、正于、曾与。湖南邵阳县人。无产阶级革命家、著名历史学家。中国科学院学部委员（院士）。曾当选第一届全国人大代表，第三届全国政协委员。

吕振羽(1900—1980)

1926年，吕振羽于湖南大学电机工程专业毕业后，参加北伐战争。大革命失败后，赴日本求学。1928年归国，在北平任《村治月刊》编辑。1929年底，参与创办《新东方》杂志，并先后在中国大学和朝阳大学任教。1936年，加入中国共产党。1937年，九一八事变后，在中共北平市委领导下的"自由职业者大同盟"任书记。1935年至1937年，受中共北方局委派，赴南京与国民党进行合作抗日谈判。1937年秋，回到湖南，负责湖南省文化界抗敌后援会、中苏文化协会湖南分会的工作。1939年，在周恩来领导下，到重庆从事抗日统一战线、理论宣传和历史研究等工作。1941年，皖南事变后，调到新四军军部，参加苏北反"扫荡"斗争，并在中共华中局党校任教。1942年到延安，先后任刘少奇政治和学习秘书，并在中央马列主义研究院任职。1945年，抗战胜利后，赴东北工作，曾任中共热西地委副书记、冀热辽救济分会副主任、中共安东省委常委等职。

新中国成立后，历任中共中央历史问题研究委员会委员，大连大学校长兼党委书记，东北人民政府文化教育委员会副主任，东北人民大学（吉林大学前身）校长兼党委书记，中央党校教授及历史教研室顾问，中央军委顾问，全国人大民族委员会委员，国家民族事务委员会委员，民族历史指导委员会委员，中国社会科学院顾问等。

吕振羽是我国著名的马克思主义历史学家，是马克思主义历史科学的开拓者和奠基人之一。他运用马克思主义理论研究中国问题，广泛宣传马克思主义思想，为中国马克思主义史学的建立和发展，以及民族史研究做出了重大贡献。

吕振羽的一生，不仅是学术研究的一生，更是革命实践的一生。他积极投身中国革命，为中国人民的革命事业鞠躬尽瘁。新中国成立后在我国高等教育、社会科学研究等领域做出了重要贡献。

【回首·峥嵘岁月】

1951年，吕振羽被任命为东北人民大学校长兼党委书记。

为了学校的规范管理，吕振羽首先主持制定了《东北人民大学章程》，对学校的性质、任务、培养目标、机构设置、职责分工等，都做了明确规定，并经校务委员会讨论通过，由他亲自发

吕振羽校长主持校务工作

布实施。《东北人民大学章程》的制定和实施，对学校教育工作规范化、制度化发挥了重要作用。

为了发展教育事业，吕振羽十分重视教师队伍建设，为了建立一支强有力的教师队伍，他做了很多深入细致的工作。选拔出一批青年教师作为研究生，送到中国人民大学等院校进行培养，学成回来后充实到教师队伍，以提高学校的教学水平；为系统

提高全校干部的马列主义水平，由他担任校长的"马列主义夜大学"，于1951年9月正式成立。在他的带领下，学校领导们亲自上课。他还善于发掘人才，一次，他在《光明日报》上看到一个年轻人发表的一些文章，思想严谨、卓有见地，很快便决定聘请他来学校任教。他还曾在北京开会时，于会议结束当日便马不停蹄地亲赴上海招聘人才。

为了适应国家建设需要，1952年10月，党中央、国务院决定，东北人民大学由财经、政法性质的大学，改为综合性大学。吕振羽积极响应国家的号召，领导东北人民大学迅速行动起来，将原有的系合并、调整为法律系和经济系，新建了数学系、物理系、化学系、中文系、历史系、俄文系，在全校设置了八个系，初步形成了综合性大学的架构。他亲自从北京大学、清华大学、北京师范大学、大连工学院、东北工学院等院校，请来一大批专家学者。王湘浩、余瑞璜、

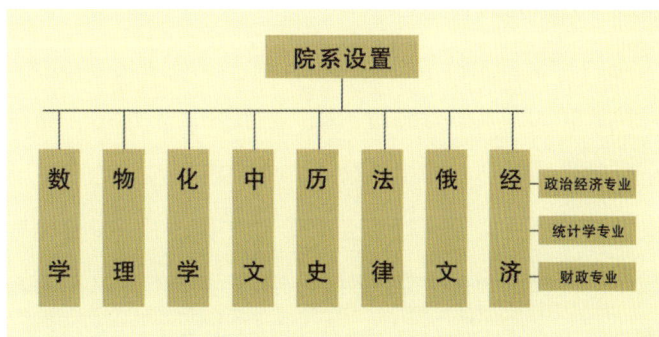

1952年，东北人民大学系科设置图表

朱光亚、蔡镏生、唐敖庆、杨振声、丁则良、赵西陆等当时在国内已享有较高声望的教授，纷纷来校任教，使师资队伍得以充实壮大。这一系列卓有成效的举措，都为东北人民大学和后来的吉林大学的发展打下了深厚的根基。

为了学校的发展建设，吕振羽号召全校师生员工，发扬自力更生、艰苦创业的精神，加快学校建设步伐。在教学上，他提出"理论与实际一致"，培养"知、德、健、美齐备的人才"的办学方针，以及"尊师爱生""教学相长""加强科研""分工合作"等主张，这些在学校日后教学与发展中都发挥了非常重要的作用。在管理上，采取分工合作的集体主义和责任制，使学校工作迅速实现了规范化、计划化、科学化。他强调教学要与科研相结合，鼓励教师进行科学研究，教师的科研工作取得了许多可喜的成就。到1954年，学校的办学规模，发展成为八个系，在校生人数达到2386人。学校的教师队伍、图书设备都成倍扩大。学校的教学、管理等各项工作逐渐

走向正规，呈现出良好的发展势头。1954年5月，吕振羽积劳成疾，到北京疗养。1955年7月，正式离开东北人民大学校长的职位。虽然他在任短短3年，却引领东北人民大学攀登上了一个崭新的高度，开启了学校发展新的起点。

【回忆·先贤故事】

吕振羽自幼便立志以救国为己任，在武冈县立中学读书时就写下"如国家危亡，当拜谢祖宗，舍身以赴，告黄帝轩辕于地下"的诗句，之后在多年的学习、工作中更是成长为我党的"红色教授"。

1919年，五四运动爆发，消息传到武冈，吕振羽便联络武冈的一些学生响应，曾集合3000多人举行游行示威，发传单，贴标语，呼口号，查抄日货。同年秋，组织全县师生联合会，并担任会长。中学毕业时，他产生了实业救国的思想，认为如果工业发达，国家富强，就不会遭受列强欺辱了，于是他考入湖南省立工业专门学校机电系。在他探索救国之路的时候，结识了共产党员夏明翰。经夏明翰介绍，与中国共产党创始人之一李达相识，并结下了师生之缘，开始接受进步思想。

1925年，吕振羽加入中国共产主义青年团。1926年，他随湖南省立工专并入湖南大学继续学习。后经湖南大学共青团组织决定，以中国共产主义共青团团员的身份加入国民党，任湖南大学工科国民党区分部常委。1926年夏，在湖南大学毕业即投笔从戎，参加北伐军转战各地。1927年，大革命失败后，在朋友的帮助下东渡日本，在明治大学研究院学习经济。1928年，吕振羽因经济困难回国，在北平《村治月刊》做编辑，同时在民国大学和朝阳大学教授经济学、社会学课程。这年，他对南京政府"修约运动"进行研究，出版了《中国外交问题》一书，直言不讳地指出，这次修约是"换汤不换药"，实际上是承认了列强在中国的权益，揭露了帝国主义的侵略本质和国民政府的软弱。

在北平期间，他博览群书，阅读了大量的马列主义书籍。他把马克思主义与三民主义、空想社会主义理论进行比较，渐觉马克思主义的深刻入理，开始倾向马克思主义。1930年，与共产党员郑侃等人一起，创办《新东方》月刊，成立东方问题研究会。其宗旨是"站在革命立场，根据社会科学原理及客观事实，研究东方各种问题，努力实现东方民族的解放，促进世界人类的平等。"受到国民党当局的胁迫，要求他脱离东方问题研究会和《新东方》月刊。在此期间，他撰写了《中国国民经济趋势之推测》等文章，力求运用马列主义思想去研究帝国主义、资本主义，指出"中国资本主义前途无望"，社会主义是必经阶段，但目前条件不够，应该以国家资本主义向社会主义过渡。

抗日战争爆发后，他积极宣传抗日救国思想，发表演说，并写出《中日问题批判》一书，揭露日本帝国主义的侵略本质。同时，还撰写出版了《最近之世界资本主义经济（上）》一书，论述了资本主义经济危机的根源和"资本社会之灭亡的必然性"，介绍和歌颂了苏联的社会主义制度。至此，他已由青年爱国者转变为马克思主义者。

1933年春，他结识了北平的几位中共地下党员，并支持他们的革命活动，在几位党员被捕后，更是利用关系营救他们出狱。在此期间经李达引荐，吕振羽受聘于中国大学，讲授中国经济史、农业经济、计划经济和社会科学概论，同年被晋升为教授。在授课过程中，他运用马克思主义的唯物史观，系统、详尽地讲授了

吕振羽著述

中国社会发展史和哲学史，在学生中产生了很大影响，一些同学也由此走上了革命道路。由此，人们便形象地称呼他为"红色教授"……

匡亚明

【回顾·人物生平】

匡亚明，原名匡洁玉，又名匡世，曾用名匡梦苏、匡润之，曾用笔名何畏、何晨、梦苏。江苏省丹阳人。中国共产党优秀党员、忠诚的共产主义战士、马克思主义理论家、教育家、社会活动家。第三届全国人大代表，江苏省第五、六届人大常委会副主任。

匡亚明(1906—1996)

1924年，匡亚明参加革命；1926年，在上海大学加入中国共产党；1927年，以共青团江苏省委特派员的身份领导指挥了声震江南的宜兴秋收起义；1932年，任中共江苏省委徐海蚌特委宣传部部长；1933年，任上海总工会秘书长兼宣传部部长。先后四次被捕入狱，备受酷刑，仍坚贞不屈。抗日战争和解放战争时期曾任中共中央山东分局机关报《大众日报》社长兼总编辑、中共中央社会部政治研究室副主任、中共中央山东分局宣传部部长、中共中央华东局宣传部副部长。新中国成立后，历任华东政治研究院党委书记兼院长、中共中央华东局宣传部常务副部长等职。1955—1963年，任东北人民大学（吉林大学前身）党委书记兼校长。1963年，任南京大学党委书记兼校长。"文革"中受到冲击，1978年复出，担任南京大学党委书记兼校长。1982年后任南京大学名誉校长。1983年夏，匡亚明等四位大学名誉校长联名给中共中央、国务院写信，提出了国家要重点投资一批重点大学的建议，即"八三五"建言，这也是"211

工程""985工程"的先声。1991年，任国务院古籍整理出版规划小组组长。

作为卓有建树的教育家和学者，匡亚明一生学而不厌，研精覃思，诲人不倦，高瞻远瞩，著有《孔子评传》《求索集》《匡亚明教育文选》，晚年主持编撰《中国思想家评传丛书》，被称为"20世纪中国规模最大的思想文化工程"，为弘扬中华文明做出重大贡献。在数十年的教育生涯中，以其深厚的马克思主义理论修养、学贯中西的渊博学识、卓越超群的领导才干和气度、恢宏的革命家胆略，勇于探索、不断创新，在现代中国高等教育的发展史上留下了浓墨重彩的一笔。

【回首·峥嵘岁月】

1955年，匡亚明任东北人民大学党委书记兼校长。在第一次全校大会上，就提出"办一个像样大学"的指导思想。办一个像样子的大学，就要有像样子的教师、像样子的科研成果，还要有像样子的办学条件和设施。在吉大8年，他把全部心血都倾注在"办一个像样子的大学"上。他的一些办学事迹，至今仍在广大教职工中传为佳话。

匡亚明依靠教师办学，建设实力雄厚的师资队伍，旗帜鲜明地提出了"标志一所大学水平的，是教授的数量和水

1955年，匡亚明任东北人民大学党委书记兼校长

平"。他亲自主持向社会招聘人才，凡爱国且有一技之长、学校事业发展需要的人，他都想方设法聘请其来校。著名古文字学家于省吾教授，就是他亲自去北京聘请来校的。于老被匡亚明求贤若渴之情所感动，欣然应聘。于省吾教授在校工作了近30年，成为吉林大学考古学科的奠基人，为吉林大学历史学科的建设、发展和人才培养，做出巨大贡献。而后，又有许多教授相继受聘来校，一时吉大校园硕学鸿儒云集。匡亚

明对青年教师中的拔尖人才，善做伯乐，慧眼识才，不拘一格。学校首批哲学社会科学资深教授高清海在年仅27岁时就被匡亚明破格提升为副教授，之后为繁荣和发展我国哲学事业做出了重大贡献。匡亚明还经常深入课堂，调查研究，挖掘人才，栽培人才，使用人才，对一位教学效果显著的青年助教，给以"授予讲师学衔，工资晋升三级"的奖励。正是由于匡亚明有识才的眼力、选才的勇气和用才的魄力，一批青年教师脱颖而出，迅速成长。1962年，学校党委通过了《关于重点培养提高教师工作的决定》，先后分两批确定78位重点培养提高的骨干教师，目标是在10年左右时间内，让他们达到当时国内学术造诣较深厚的教授水平。在此过程中，尽量减轻他们参加社会活动和劳动方面过重的负担，让他们有更多的时间集中精力钻研业务，快速成长。

匡亚明对教师不仅生活上关心，在政治上也尽最大限度去保护他们的积极性。如：在调整家属宿舍时给系主任宿舍安装电话；为教授配备助手，减少他们的行政事务性工作；设立粮食供应站，为教师送粮到家；副教授以上的教师的工资，由财务室送到家……。此外，20世纪50年代末期，学校党委还做出"榜上无名，内部通行"的规定，使一部分家庭成分、社会关系"不符合政审条件"的教师，得以继续参加国防尖端的科研工作，为学校后来的应用基础科学研究乃至80年代某些高科技研究奠定了基础。

匡亚明坚持教学、科研两朵花要一起开。1955年2月，吉林大学成立了自然和社会两个科学委员会，接着创刊出版了《人文科学学报》和《自然科学学报》。他积极支持和推动学校自然和社会科学学术委员会开展工作，制定学校长远的科学研究发展规划，不断加强与完善学校的科研机构与设施，增设新的专业和学科。从1956年下半年开始在数、理、化三个系筹建物质结构与特殊材料性能、高分子、化学动力学与催化剂、半导体材料及其应用、计算数学、基本理论问题六个研究室。学校还成立了尖端科研领导小组，匡亚明亲任组长。师生协力，攻下了许多重要科研项目。其中唐敖庆教授在分子内旋转课题方面取得的成果，引起国内外专家的重视，并荣获首届国家自然科学奖三等奖。1960年5月，在北京由教育部举办的"高等教育科研成果展览会"上，吉林大学有41项重大的研究成果在京展出。吉林大学在基础研究方面逐渐显示出雄厚的实力。

匡亚明致力于改善办学条件，创造良好教育环境。为了"办一个像样子的大学"，他精心指导大学校园规划，上马基建工程。1956年，在吉林大学建设理化楼时，他提出建设标准要是全国最像样的，不应搞短期行为。当年理化楼以其先进的内部设施和雄伟壮观的英

1959年5月，匡亚明校长参加理化楼建筑工地的劳动

姿，展示了高等学府的神圣，引起人们对知识殿堂的痴迷和向往，成为吉林省60年代有较大影响的建筑之一。在他的任期内，吉林大学的校园迅速扩张，周边的体育馆、服务楼、礼堂等用地，都被他以超前的眼光收入囊中。他还专门邀请专家参照哥伦比亚大学校园完成了牡丹园的设计施工，极大地改善了学校的办学条件和环境，为吉林大学的发展和腾飞奠定了坚实的基础。

匡亚明还主张办学要有特色，要树立良好的学风和校风。1955年，为了推动学校的精神文明建设，他提出要形成和发扬"四种空气"，就是高度的社会主义政治空气、高度的社会主义学术空气、高度的社会主义文明空气和高度的社会主义体育文娱空气。一时校园政治空气高涨，学术空气浓厚，文体空气活跃，文明空气成风。这"四种空气"，逐渐深入人心，成为鼓舞全校人员前进的精神力量。

匡亚明在吉林大学辛勤耕耘8年，提出要形成和发扬教学、科研并重的办学思想；在人才上搞五湖四海，尊重知识，器重人才；在学术上博采众长和团结协作，勇于创新，树立了一心办事业的良好风气，使吉林大学成为一所生机勃勃、奋发进取的学校。1960年10月，吉林大学被批准成为全国重点综合大学。从此，这所建校只有14年，成为综合大学不过8年的新兴学府，开始跻身于我国高等教育的主要骨干行列。

【回忆·先贤故事】

1981年，已是75岁的匡亚明退下领导岗位。但他仍以孔子"发愤忘食、乐以忘忧，不知老之将至"的精神自勉，开始撰写《孔子评传》。从此，他临池不断，笔耕不辍，直至生命的终点……

匡亚明在孔子基金会学术委员会暨《孔子研究》杂志首届春季学术讨论会上讲话

作为《中国思想家评传丛书》的主编，他领导编撰者从两千多年间在文、史、哲、农、工、医、政治等方面有杰出成就的人物中精选两百多人，以马克思主义的科学方法进行评述，由微见著地勾勒出这段历史中国传统思想文化的总体面貌。一个几乎与世纪同龄的老人，亲自主持20世纪规模最大的传统思想文化研究工程，并担任了国家古籍整理出版规划小组组长。他反复告诫丛书编撰人员："这两百部留给后人，留给历史的学术著作，一定不能有次品，最好都能是精品。"为从严把住丛书质量关，每部书稿他都亲自审阅。有一年他连续生了两次大病，前去探视的人们纷纷安慰他："您安心休息吧，丛书已出到三十部，够多了。"他却说："我想的不是三十部、五十部、一百部，而是二百部。"

1996年5月中旬，已出版的五十部思想家评传新闻发布会在北京人民大会堂举行。匡亚明不顾90岁高龄亲赴北京，并自己撰写发言稿。丛书在北京受到热烈欢迎，江泽民、乔石、吴阶平等都欣然为丛书题词。丁关根、李铁映先后专程看望匡老，并高度评价他为弘扬祖国优秀传统文化所做的贡献。同年11月1日，在南京考察工作的胡锦涛同志，专程到匡老家中看望，高度评价丛书"关系到建设社会主义精神文明，很重要"。

超负荷的工作，终于使这位意志非凡的91岁老人倒下了，他未能亲眼看到二百部评传丛书的出版，1996年12月16日，匡老带着深深的遗憾离开了我们。

唐敖庆

【回顾·人物生平】

唐敖庆，江苏宜兴人。理论化学家、教育家、科技组织领导者。我国现代理论化学研究的开拓者和奠基人，被誉为"中国量子化学之父"。中国科学院学部委员（院士）。中国共产党第十、十一、十二次全国代表大会代表，第二、三届全国人民代表大会代表，第六、七、八届全国政协委员，第七、八届全国政协常务委员。

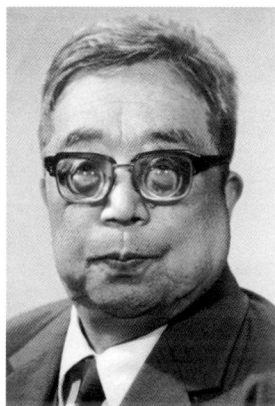

唐敖庆（1915—2008）

唐敖庆历任北京大学副教授、教授，东北人民大学（吉林大学前身）教授，吉林大学教授、副校长、副书记、校长、名誉校长，国家自然科学基金委员会首任主任。曾任中国化学会理事长、国际人才交流协会副会长、中国高等教育学会副会长。曾当选为中国科学院主席团成员、国际量子和分子科学研究院院士。被任命为国务院学位委员会委员、第二届国家自然科学奖励委员会副主任委员、第三届中国科学技术协会副主席等职。曾先后获得国家自然科学奖一等奖两次、二等奖两次、三等奖一次，获得1993年度陈嘉庚化学奖、1995年度何梁何利科学与技术成就奖。曾荣膺全国劳动模范，吉林省、长春市特等劳动模范，被授予全国优秀教师和全国高校先进科技工作者荣誉称号。

唐敖庆作为学识渊博的一代宗师和中国科学院院士，潜心科研，勇攀科学高峰，在化学领域取得了卓越成就；作为知名大学的校长，他治校有方、尊师爱生，为吉林大学的发展与建设鞠躬尽瘁；作为著名的教育家，他爱国敬业，饱含赤子情怀，为我国的教育科技事业奉献终生，创造了光辉的业绩，做出了彪炳史册的贡献。

【回首·峥嵘岁月】

1952年，留美归来不久在北京大学化学系任教的唐敖庆，响应国家号召，怀着满腔热忱来到长春，支援东北高等教育事业，开创了东北人民大学化学系。

化学系创建之初，在日伪时期修建的一座小楼内，几间狭小的办公室，30多名教职工挤在一起，没有像样的实验设备、仪器和药品。第一届学生做实验时，只能围着一个简易实验台，加热用的酒精灯是用废旧墨水瓶改做的。作为系里年轻的骨干教师，唐敖庆主讲了无机化学、物理化学、物质结构、热力学、动力学、统计力学等十几门课程，有时一周的课时达16小时之多。令人惊诧的是讲授如此多的课程，他却从不带任何讲义和讲稿，全凭一张嘴和几只粉笔。他的大脑就像一部精准的电子计算机，清晰地输

1952年，唐敖庆来到东北人民大学任教

出一个又一个复杂的化学公式、理论推导与计算。其独特的授课风格、严谨的思维逻辑，令听课者心驰神往。

唐敖庆作为闻名遐迩的科学家，是我国现代理论化学的开拓者和奠基人。他把自己坚实的数理基础应用于理论化学的研究工作中，形成了独特的科学研究风格，提出的"唐江定理"被国际化学界誉为"中国学派"。他所开创的诸多研究领域，奠定

了理论化学研究的基本框架，成为中国理论化学走向世界的基石。他本人也因此享有"中国量子化学之父"的美誉。1955年，唐敖庆当选为中国科学院学部委员。1956年，他的研究成果《分子内旋理论》获得中国科学院自然科学三等奖。在20世纪60年代，他率领物质结构班主要成员，开展了配位场理论及其方法的研究，创造性地发展和完善了配位场理论，为发展配位化学、稀土化学、工业催化剂的研究和激光材料的设计提供了新的理论依据。中英文版的科学专著《配位场理论方法》载入人类科学发展的史册。1982年，配位场理论研究成果获国家自然科学一等奖。1987年，他的另一项研究成果《分子轨道图形理论研究》，再次获得国家自然科学一等奖。他成为国内唯一连续两届获得国家自然科学一等奖的科学家，吉林大学也成为国内唯一连续两届获得国家自然科学一等奖的高校。1989年和2000年，唐敖庆的《高分子反应动力学统计理论研究》和《原子簇化合物结构规则研究》又先后获得了国家自然科学二等奖。

唐敖庆作为出色的科技组织领导者，在他治校期间，吉林大学作为全国重点综合性大学，知名度和美誉度不断攀升，综合排名不断提高，迅速跻身全国名校行列。1956年，唐敖庆出任吉林大学副校长，协助匡亚明校长带领吉林大学踏上新的征程。1960年，学校迈入国家重点综合大学的行列。1978年，他出任吉林大学校长，提出"坚持'两个中心'办学"的理念，并在《光明日报》上发表了《要按"两个中心"的要求办好大学》的文章，全面论述了把重点大学建设成为"教育与科研'两个中心'"对于国家建设事业及办好学校的重要意义。在唐敖庆的言传身教和支持鼓励下，吉林大学涌现出一批学有专长、能力强的专家型学者。在他的主持下，学校注重基础设施建设，购置了大量先进仪器和图书，新建了多个实验室和计算机室，建成了一批学生和教职工宿舍，逐步改善了全校师生员工的工作、学习和生活环境，保障了学校教学、科研工作的顺利开展。他还提出了建设吉林大学新校区的想法。在他的带领下，1978年，学校在物质结构研究室的基础上创建了理论化学研究所，唐敖庆出任首任所长。多年后，在他的建议下，学校又建立了理论化学国家重点实验室，他出任实验室学术委员会主任，这是当时我国唯一从事理论化学研究的国家重点实验室。经过不断努力，吉林大学理论化学研究所和理论化学国家重点实验室成为在国际上享有盛誉的理论化学研究中心，也成为吉林大学化学学科乃至整个学校的一面旗帜。在他的领导下，学校在专业设置、实验室建设和对外交流等方面都有了长足的发展，尤其在培养研究生的规模、层次和水平上都有了迅速的发展和提高。1984年，吉林大学成为全国首批试办研究生院的22所高校之一，这标志着学校为国家培养人才的工作已发展到一个更高的阶段，成为学校发展历史上的一座里程碑。

1984年，唐敖庆校长在研究生建院典礼上讲话

唐敖庆作为著名的教育家，热心教育事业、无私奉献、甘为人梯，以严谨的治学品格，赢得了桃李满天下的美誉。他身为人师所培养的学生之多，在教育界可谓首屈一指。1953年，他率先开始招收研究生，成为新中国成立后为数不多、最早培养研究生的科学家之一。1978年后，他又招收多名博士、硕士研究生。另外，唐敖庆还通过办学术讨论班和进修班等形式，将培养青年学者的工作从吉大校内扩大到全国。他先后举办过八次面向全国的各种类型的理论化学研讨班、研究生班和进修班，培养出一批批具有极高水平的研究人才。在这些研修班、讨论班中，最为著名的当数1963年教育部委托吉林大学举办的一个物质结构讨论班。在这个班里，来自全国各地的八位年轻人在他的带领下瞄准了配位场理论进行攻关，

1965年，唐敖庆在自家门前与物质结构讨论班学员合影
（前排左起：古正、刘若庄、唐敖庆、邓从豪、鄢国森，
后排左起：孙家钟、张乾二、戴树珊、江元生）

这个创建于20世纪二三十年代、一直无进展的难题，最终被他们攻克了。物质结构讨论班的八名正式学员，后来被人们称为"唐门八弟子"，他们中有五人成为中科院院士，有两人成为著名高校的校长，成就了"唐门八弟子，五位院士、两位大学校长的传奇"。唐敖庆主持举办的研讨班一直持续到1994年。即便是在他离开吉林大学后，仍利用暑假回到吉林大学或到其他高校举办各种讨论班。

离开吉林大学后，唐敖庆组建国家自然科学基金委员会，并出任首任主任，创建了中国自然科学基金制度，为后人建立了一整套行之有效的管理体制，支持培养了数以万计的青年科学家，对中国科学事业产生了巨大影响。唐敖庆用他所获得的五次国家自然科学奖的奖金，设立了一个量子化学研究生奖励基金，用于奖励其研究集体指导的、做出优秀学位论文的研究生。在获得百万元何梁何利科学与技术成就奖奖金后，他拿出大部分奖金建立了"唐敖庆基金"，用以奖励品学兼优的大学生，并将剩余部分分别寄给中国化学会和家乡的学校，用于发展基础教育和中国的化学教育事业。1988年，吉林大学前卫南区在长春市郊的双德乡开始动工建设。此时，他虽然已经离开学校，但依旧牵挂着吉林大学的发展。为解决新校区在建设中遇到的困难，他在全国人大、政协开会期间，会同吉大在京出席两会的代表和委员，就新核区建设问题向国家计委提出立项请求。国家计委经过全面考察和论证，决定将吉林大学新校区建设列入专项计划，有效地解决了新校区建设资金严重短缺的问题，加快了新校区的建设和学校发展的步伐。

为了纪念和传承唐敖庆精神，吉林大学先后以他的名字命名了唐敖庆研究所和唐敖庆楼，成立了唐敖庆基金会，启动了"唐敖庆特聘教授和讲座教授"计划，在优秀本科生中选拔组建了唐敖庆班（国家基础学科拔尖学生培养试验计划）等，以

2009年，唐敖庆教育基金会成立

吉大人自己的方式纪念着这位功昭校史的老校长……

【 回忆·先贤故事 】

唐敖庆在幼年读书期间，就表现出优秀的潜质，深得老师喜爱。因为家境贫寒，他考入费用全免的无锡师范学校。1936年，参加大学招生考试，以优异的成绩同时被三所高校录取。因仰慕北京大学化学系曾昭抡教授，他选择到北大学习化学。

七七事变爆发后，唐敖庆随学校南迁至昆明，在西南联大化学系继续学习。每天，他都在昏暗的油灯下挑灯夜读，由于用眼过度和营养不良，他的眼睛高度近视，镜片上的螺纹一圈圈地增加。上课时，即使坐在第一排，也无法看清黑板上的字，因此他练就了超强的记忆力。为了提高上课效率，他把教授讲的要点和复杂的化学符号、公式全都记在脑子里，课后打开记忆的闸门，迅速记在本子上。由此，他练就了过硬的记忆本领，受益一生。

1940年，唐敖庆毕业并留校担任助教。这期间，他洞察到量子力学的诞生引导着科学家把注意力从宏观世界转向微观世界，于是他以坚实的数理功底开始钻研量子力学，探索微观化学。1946年，他与李政道、朱光亚等一起以助手身份，随同著名物理学家吴大猷、数学家华罗庚、化学家曾昭抡等，赴美国考察原子能科学技术，并被推荐到美国哥伦比亚大学化学系学习，三年后获得博士学位，哥伦比亚大学赠予他一把象征着打开科学大门的金钥匙。

1950年，面对导师的挽留，唐敖庆诚恳地对导师说："我的事业在自己的祖国，我的祖国就是中华人民共和国，一个爱国者是不会嫌弃自己祖国贫困的。"1月，他克服了重重困难，从美国乘船辗转回到祖国。唐敖庆的挚友、国家最高科学技术奖获得者徐光宪院士曾说，以他的勇气、才智和勤奋，如果停留在一个固定的领域坚持不懈地搞下去，将会取得比现在更大的成果、获得更高的荣誉，可他总是为了祖国需要放弃个人的追求。

陆 锦

【回顾·人物生平】

陆锦，原名刘祖汉，曾用名刘光。吉林省农安县人，祖籍黑龙江省肇东县昌五城。曾任吉林省第四届政协常务委员等职。

陆锦（1914—2002）

1933年，陆锦到齐齐哈尔市天主教会办的华北中学读书；1935年，中学毕业后到北平求学。抗日战争全面爆发后，随平津流亡学生南下，到湖南湘乡县永丰镇南迁的东北中山中学子弟小学任教，并投身抗日救亡运动。1938年8月，到陕北公学。同年10月，在陕北公学加入中国共产党，其间，跟随由陕北公学等四所院校合并成立的华北联合大学赴敌后开展国防教育。曾担任晋察冀边区华北联大及群众干校宣传科科长，北岳区党委党校教育委员，中共河北省平山县委宣传部副部长，中共冀东区临扶、昌县宣传部部长，锦州地区《民生报》总编辑，热辽地委秘书主任、新东县委书记、新惠县委书记，天津市第一区区长，长沙市民政局局长、统战部部长、市委常委、副市长，国防工业部第一设计院院长，国防工业部第七局副局长，吉林省第四届政协常务委员等职。1957年9月，任长春汽车拖拉机学院（吉林工业大学前身）党委书记。1976年8月，任长春地质学院党委书记。1977年10月，任吉林工业大学党委书记。1978年3月，兼任吉林工业大学校长。

【回首·峥嵘岁月】

1957年，全国大中城市经过"大鸣大放"和反右派斗争，文化教育系统中的许多领导干部，都成了"反党反社会主义分子"，于是急需抽调一些干部充任这些岗位。9月，经中央组织部、宣传部提名，陆锦肩负重任、奔赴长春，受命任长春汽车拖拉机学院党委书记。

时逢反右派斗争后期，全校的教师中约有15%的人被错划为"右派分子"，70%左右的人成为"中间派"。所谓的"左派"只占15%，而且这些人的业务水平都比较低，在教学和科研工作中挑不起大梁。如何调动广大教师的积极性，团结被错划为"右派分子"的教师一道工作，是陆锦来到学校首先遇到的问题。他意识到：如何对待"右派"和众多的"中间派"，无疑是关系到教育兴衰的一件大事！为此，他在当年11月召开的中共长春市第二次代表大会上，以《在高等学校中为完成"建立一支宏大的工人阶级知识分子队伍"的任务而奋斗》为题，发表了自己的意见。指出"旧知识分子在高等学校中担负着培养新知识分子的任务，旧知识分子中的大多数是愿意进步的，是可以改造成为工人阶级知识分子的，我们应该注意帮助他们进步，并把他们中的优秀分子吸收到党内来"。陆锦的这篇讲话被列为大会文件之一下发，成了他接近、团结知识分子的诺言。随后，他尽量抽出时间，去接近那些老教师，同他们交朋友，表达党对他们的信任，做了大量的团结知识分子的工作。

被错划为"右派边缘分子"的荆广生教授，是一位爱国的知识分子。当年为了报效祖国，他放弃在美国舒适的生活，毅然投身祖国怀抱。但由于性格外向、心直口快，在反右派斗争中，说过一些"过激"的话，被错划为"右派边缘分子"。陆锦找他谈心，表示愿意与他做朋友，他以一种不信任的口吻说："你身为党委书记，和'右派边缘分子'交朋友，难道就不怕误入歧途？"陆锦说："你是立志报效祖国的人，和你交朋友不是误入歧途，而是殊途同归。"随着时间的推移，他们真的成了好朋友。陆锦鼓励他振奋精神、大胆工作，还给他创造有利的工作条件，不久为他摘掉了"右派边缘分子"的帽子。

　　为了进一步团结、教育广大知识分子，学校党委还拟定了在高级知识分子中发展党员的三年规划，计划用三年的时间，接收49名高级知识分子入党。

　　为了加强党对教育工作的领导，提高党在学校的威望，陆锦带领学校党委，把领导教学、科研列为党委工作的主要方面。仅1960年，在全年召开的32次党委会议上，专题研究教学、科研工作的就有10次。他还带领学校领导班子，改进工作作风，深入教学一线，加强了对教学工作的领导。他重视理论和实践相结合，把加强基础作为高等教育的百年大计来抓。他尊重知识、重视人才、注重培养一支过硬的教师队伍。在他的提议下，学校选出政治思想好、业务能力强的教师，送到有关院校、研究所进行培养，为学校后期的发展奠定了坚实的基础。他与师生结合在一起，开展调查研究，贯彻党的教育方针，提出了教育改革中的四个"三结合"：教育革命与思想革命、技术文化革命相结合；教学与生产劳动、科学研究相结合；学校机关与生产单位、科研机构相结合；干部与教师、学生相结合。并以《论教学改革中的四个"三结合"》为题，在《吉林日

20世纪六七十年代吉林工业大学校门

报》上发表文章，1960年8月9日，《光明日报》转载了他的这篇文章，推动了全国的教育改革。

　　在以后陆续召开的学校第三和第四届党员代表大会上，陆锦都继续当选校党委书记。在学校第四届党员代表大会上，陆锦在所作的报告中就教学方面的问题指出：第一，要坚持以教学为主的原则；第二，要按照循序渐进的规律组织教学；第三，要正确理解理论联系实际的原则。这一讲话，无疑为学校的改革与发展指明了方向。正当他带领全校师生积极推进教学改革，为培养适应社会主义建设的人才努力工作时，陆锦受到了无情的政治运动冲击，被迫停下前进的步伐。

1977年10月，机械工业部、中共吉林省委决定，陆锦重返吉林工业大学，任党委书记兼校长。

回校伊始，陆锦在抓揭批"四人帮"这一中心工作的同时，着重抓紧了学校的恢复整顿工作，拨乱反正，平反冤假错案，认真落实党的知识分子政策。仅1978年一年，学校党委就5次召开落实平反冤、假、错案大会，为239名教师、干部、工人和学生平反昭雪，一大批人在政治上获得了新生，使学校面貌发生了明显的变化，出现了安定团结、蓬勃发展的新局面。

机械系工艺教研室许金钊教授，在反右派斗争中时被错划成"右派分子"，被迫离职回乡闲居在老家江苏。陆锦亲自写信请他回校执教。许教授深受感动，表示自己虽年近古稀，但身体尚佳，将竭尽余年，为祖国的"四化"建设贡献力量。

党的十一届三中全会后，陆锦带领学校领导班子，认真贯彻执行党的路线、方针、政策，明确了把学校建成全国一流重点工科大学的奋斗目标。他在尊重知识、注重培养一支过硬的教师队伍，为学校长期发展奠定坚实基础的同时，还注重学科和专业建设，努力

陆锦在全校干部大会上讲话

创办新专业，改变学校学科、专业单一的局面，逐渐将学校建设成为一所以工为主，理、工、管相结合的综合性大学。在他的任期内，全国两次评定重点大学，吉林工业大学均榜上有名。

1982年，为响应中共中央关于领导干部年轻化的号召，陆锦主动申请从学校领导岗位上退下来，中央组织部批准他辞去学校党委书记兼校长的职务，聘请他为学校顾问。

陆锦在半个多世纪的革命生涯中，遵循党的指示，南征北战、戎马征尘、兢兢业

业、勤勤恳恳，为人民的解放和建设，为祖国的教育事业贡献了自己的一切。

【回忆·先贤故事】

离休后的陆锦在顾问岗位上，仍以一个共产党员对革命、对事业的高度负责精神来要求自己。任学校顾问一年后，为了让年轻干部能够放手工作，在征得机械部党组同意后，他辞去了顾问职务，离职休养。晚年的陆锦，不忘自己是党经过几十年培养锻炼出的老党员，在他的心中：共产党员永远不会退休！

1984年6月，教育部发出通知，要求各高校编写校史。学校根据这一精神，成立了校史编撰委员会。陆锦当之无愧出任主编。年过古稀的他，患有严重的老年白内障和青光眼，在编审校史稿件时，他戴着老花镜，一手拿着放大镜，一手执笔，一丝不苟、字斟句酌，像一

离休后的陆锦

头老黄牛，在校史工作这片土地上不倦地耕耘着……

1993年，吉林工业大学党委根据中共中央、国务院相关文件精神，提出全校教职员工团结一致、齐心协力，为实现学校进入国家"211工程"总体目标而奋斗！陆锦为了学校的发展，不顾自己年老体弱，陪同时任校长马成林，多次奔赴北京，向有关部委的领导汇报学校的建设与发展成就，争取各方的支持。耄耋之年的老书记，穿梭在机械部的办公大楼里，推动吉林省人民政府致函机械部，联合推荐、支持学校首批进入国家"211工程"。在全校师生的共同努力下，1997年，国家正式批准了学校"211工程"建设的可行性报告，吉林工业大学成为首批进入重点建设的院校之一。

殷希彭

【回顾·人物生平】

殷希彭，字希彭，河北安国人。中国人民解放军著名医学教育家。1955年，被授予少将军衔，获二级独立自由勋章、一级解放勋章。

殷希彭（1900—1974）

1900年，殷希彭出生在具有"药都"之称的河北安国小营村一个普通人家。他自幼刻苦读书，1920年，以优异成绩考入河北大学医科学习，毕业后留母校任外科助教。1928年，赴日本东京庆应大学医学部，在著名医学教授川上渐的病理学研究室学习。1931年，获病理学博士学位。同年回国，参加河北省立医学院的创建，任病理学主任教授。抗日战争时期，拒绝了日伪政权和国民党河北省政府的高官厚禄，毅然参加八路军，与白求恩、叶青山、江一真等人一起创建了晋察冀军区卫生学校（白求恩医科大学前身），为八路军培养了大批医疗干部。1942年，加入中国共产党。解放战争时期，任华北军区卫生部副部长兼华北人民政府卫生部部长，同时担任白求恩医科大学校长。新中国成立后，先后任华北军区卫生部部长兼医学院院长，中国人民解放军第一军医大学校长，军事医学科学院副院长、院长，中国人民解放军总后勤部卫生部副部长。

【回首·峥嵘岁月】

1937年7月7日，日本帝国主义发动卢沟桥事变，殷希彭由保定返回安国县老家。日伪政府要殷希彭参加安国县维持会，国民党政府请他出任河北省教育厅厅长，他都予以拒绝，因此被迫离开河北省立医学院，困居乡里。后来，吕正操司令员在这一带建立了冀中军区抗日根据地。殷希彭看到日本侵略者的烧杀劫掠，胸中燃起抗日的怒火，遂接受冀中军区卫生部部长张珍的邀请参加了八路军。

当时，八路军很需要医生，但更需要培养适应战时需要的医务人员。他建议部队赶快办学培训干部，并毛遂自荐出任教师，很快他便被任命为卫生训练处教务长兼冀中军区后方医院医务长。于是他把全部精力倾注在培养人才上，不仅组织教学，而且亲自授课，只用三个月的时间，就培养出一批初级医务人员，充实到部队，有力地加强了冀中军区卫生干部队伍的建设。就在这个时候，在冀中战场上，他见到了抗日援华的白求恩，白求恩也结识了热心医学教育的殷希彭。此时的白求恩在医治伤病员的繁重工作中，始终惦记着为八路军培养医务人员的事。然而战争年代挑选医务人员难，选拔培养医务人员的教员更难。所以当白求恩看到殷希彭等人受过高等教育，已是专家教授，既懂英语、日语、德语，业务水平又很高时非常欣喜，于是便把殷希彭等人的名字一一记下，报告给聂荣臻司令员，聂司令员欣然接受白求恩的推荐。1939年5月，殷希彭受命来到晋察冀边区，被任命为筹建中的军区卫生学校教务主任，和江一真、白求恩一起筹建军区卫生学校。

1939年9月18日，由江一真任校长，殷希彭任教务主任的晋察冀军区卫生学校正式成立。

殷希彭在担任教务主任时，学校在环境、人员、设备等方面都面临着重重困难，他经常和江一真、白求恩一起研究克服困难坚持办学的方法，制订教学计划，自编适应需要的教材，因陋就简自制教具。在抗日战争环境恶劣、时间紧迫、部队急需医务人员的形势下，提出了学校应该坚持"突出重点、适应对象、按需施教、急用先学"和"基础服从临床、临床服从战争"的办学思路。学制因时制宜，内容因需制宜，要做到学制不能太长，内容不能太多，要学得快、记得住、用得上。所以学校成立时，军医期学制一年半，调剂为一年，护士为半年，还有8个月、6个月的短训班，解放战争后期军医还有两年期。在教学内容上，除保留必要的基础课外，对其他课程进行筛选，重复内容合并，暂不需要的删去，有用的保留而且重点讲、重点

殷希彭（右一）在指导学生做研究工作

练。如火线抢救、包扎、止血、搬运、固定、防休克这些是必讲必学必练的内容。殷希彭求真务实，一切从实际出发的教育理念使学校走出了一条适应形势发展，适应环境条件，适应教学对象，适应部队需要，因时制宜的务实之路，使学员在较短的时间内学到了急用的知识，在战场上发挥了重大作用，取得了良好的效果。

白求恩牺牲后，学校更名为白求恩学校。1943年，殷希彭出任白求恩学校校长。从1939年学校成立至1945年3月，殷希彭在学校相继担任教务主任、副校长、校长。在这6年时间里，他为医学教育事业呕心沥血，竭尽忠诚，不仅承担着繁重的行政工作，还亲自讲授病理学、组织胚胎学等课程，并对学校附属白求恩国际和平医院病理专业给予指导和关注，为后来的临床病理学奠定了基础。

抗日战争胜利后，白求恩学校开始进入城市办学。为了适应形势的发展，学校在1945年春季扩充了编制，殷希彭调任军区卫生部部长。1945年10月，学校进驻张家口。1946年1月，学校更名为白求恩医科学校，并第一次公开招收地方知识青年报考。1946年6月，军区决定将学校与张家口医学院合并，命名为白求恩医科大学，当时任军区卫生部部长的殷希彭再次兼任校长。为使学校更快发展，他一方面积极吸收原张家口蒙疆中央医学院的医生、教师和其他卫生人员参军到学校工作，一方面组织招收地方青年来校学习。在他的努力下，经过多方工作，还有二十多名日籍教师、医生、护

士来到学校工作，在来校工作的日籍人员中，就有著名的病理学家稗田宪太郎。

新中国成立后，学校迁往天津，更名为天津军医大学，后改为第一军医大学。此时，殷希彭调任华北军区卫生部长兼华北行政委员会委员。

1954年，中央军委决定将第一军医大学与在长春的第三军医大学合并，重新组建第一军医大学，并将校址设在长春。殷希彭第三次出任校长。来到长春后，他提出军医大学的任务是"为国防现代化服务"，明确指出学校的办学方针是"培养政治坚定、具有军事素质的现代化国防卫生干部"。在他的指导下，学校健全了各项规章制度，加强了师资队伍和学科的建设；在他的主持下，学校建立了我国第一个航空医学系和第一个防原子放射医学系，为国家培养了第一批航空医学和放射医学人才；在他的领导下，第一军医大学得到了迅速发展，成为我国军事医学现代化建设的重要力量。

1958年，学校奉命移交吉林省，殷希彭被调到军事医学科学院任副院长。他一生从事革命工作36年，从事医学教育6年，担任我军卫生部门高级领导职务30年，为我军卫生教育事业的建设与发展做出了重大贡献。

【 回忆 · 先贤故事 】

在革命战争血与火的考验中，殷希彭和他的家人都做出了巨大的牺牲。他也由一个爱国主义者成长为一个共产主义者。在他的身上，不仅有着科学家求真务实、实事求是的理性精神，教育家仁爱为怀、甘于奉献的孺子牛精神，更有经受革命战争洗礼的老一代共产党员艰苦奋斗、严于律己的优秀品质……

殷希彭投身革命时，他的长子殷子刚已参加了八路军，长女殷珍也参加了抗战工作。1942年，五一大"扫荡"后，年仅15岁的次子殷子毅也参加了八路军。

由于殷家多人参加抗日，遭到了日伪军的多次威胁。为了避免麻烦，殷希彭的父母和嫂子被迫与他分家另过，殷希彭的妻子携带幼子殷子烈逃离家乡，流落到博野、蠡县一带乞讨。

1943年3月的一天夜晚，殷子刚带领武工队夜袭阳泉车站时不幸牺牲。9月，殷子毅在神仙山反"扫荡"中牺牲。

半年时间，连失两个儿子，殷希彭内心的痛苦是无法形容的。

在向次子殷子毅的遗体告别时，他鞠躬致哀后没有说话，流着眼泪匆匆离去。

同志们安慰他，他说："连丧二子，为父母者，要说心里不难过那是骗人的。请同志们放心，我能挺得住。国难之中，两个儿子为国捐躯，他们光荣，我也光荣。我只有加倍努力工作，才是对他们最好的纪念。"

两个儿子牺牲的消息，殷希彭一直瞒着妻子，直到1949年5月，再也瞒不住了才向妻子从实道来，两位老人痛哭了一夜。

虽然两个儿子都在革命中牺牲，但他也从不利用自己的影响对其他子女给予任何特殊照顾。1946年，白求恩卫生学校首次面向社会招生，殷希彭的大女儿在家乡执教多年，她向父亲袒露出想进白求恩卫生学校学习，将来像父亲一样当一名军医的想法。当时，军区卫生部领导也考虑殷希彭两个儿子在抗战中牺牲，应该借此机会安排好他的女儿。对此，殷希彭坚决反对。他说，正是为

殷希彭与夫人及三子合影

了适应战时需要，学校对这期军医班做出暂不招收女学员的决定，自己是军区卫生部部长，如果在子女入学问题上不能以身作则、秉公办事，将造成很坏的影响。就这样，他秉公办事、不居功自傲，使唯一的女儿殷珍错过了学习军医的机会，女儿最初的理想终未能如愿。

喻德渊

【回顾·人物生平】

喻德渊，江西萍乡市人。我国著名的区域地质学家，岩石学家，新中国地质教育事业的主要开拓者之一。曾任民盟中央委员，民盟吉林省委副主委，第一、二、三届全国人民代表大会代表。

喻德渊（1904—1971）

1919年，喻德渊就读于萍乡县立中学；1923年，夏考入北京大学理科预科，两年后转入地质系本科。其间，因参加爱国运动而中断了学业，流亡到上海。后经李四光介绍，1928年进入上海中央研究院地质研究所当磨片工人，兼研究院助手。1929年，返回北京大学地质系完成学业后，重新回到地质研究所从事地质工作，在岩浆岩、区域地质、矿产资源的调查研究方面取得了卓越的成绩。1938年，获得中国地质学会"赵亚曾纪念奖"。1945—1947年，在伦敦大学、剑桥大学、牛津大学和英国地质调查所、苏黎世大学从事变质岩、矿物学、矿床学、岩石学、构造地质等研究工作。1949年后，投身于新中国的地质科学事业，历任中国科学院研究员，政务院财经委员会矿产地质勘探局副局长，东北地质专科学校副校长，长春地质学院副院长、院长，中国科学院吉林分院副院长，地质部东北地质科学研究所所长等职。

【回首·峥嵘岁月】

新中国成立之初，百废待兴。喻德渊满怀着对祖国昌盛的殷切期盼，毅然服从国家的安排，积极组织并领导了中国科学院北满地质矿产的调查工作，走科学研究与新中国经济建设紧密结合的道路。

1950年至1951年，喻德渊在黑龙江省小兴安岭和完达山勘察过程中，深感社会主义经济即将蓬勃发展，急需培养大批地质人才以适应国民经济建设的需求。1951年7月，他致函东北人民政府，提议建立地质专科学校。他的建议很快得到了工业部的批复，并被邀请前往长春参加学校的筹建工作。

喻德渊接函后，毅然决定举家北上，奔赴长春。他即刻在南京呼吁、邀请数位久负盛名的地质学家共赴东北工作，并奔赴各地搜集教材，筹备图书资料和教学设备。在极端困难的条件下，仅用两个月时间就解决了师资、设备和图书资料等燃眉之需。1951年12月1日，东北地质专科学校举行开学典礼。喻德渊在开学典礼上宣读了校长李四光从北京发来的贺电，并做了办学指导思想、方针、任务的报告。

东北地质专科学校的工作刚刚就绪，一年后，全国高校院系调整，喻德渊又受命参加筹建东北地质学院的领导和组织工作。他日理万机，四处奔波，终日为建院的相关事务而忙碌不已。一次，他赶往沈阳亲自迎接东北局派来学院任职的高峰和郑国忠，回到长春已是深夜，他把两家人接至自家安顿下来，腾出床铺让妇幼休息，自己则与高峰、郑国忠商讨起学院的前景和办院规划，越谈越兴奋，不知不觉就已晨光熹微。

经过喻德渊等人的不懈努力，1952年，东北地质学院如期开学。学院成立后，喻德渊被任命为副院长，以后相继担任代院长、院长，至1966年，一直是学院教学和科研的主管领导。

办学伊始，喻德渊就明确提出新中国的地质教育要"三结合"，即"教育和爱国主义相结合""理论和实践相结合""建设和教学相结合"的办学方针。他治学民主，从不以权威自居，虚心听取各种意见，充分尊重教师的劳动和首创精神。他以身作则，春风化雨，总是用自己的言行带动师生员工，经常亲自审定、编写理论教材，亲临实验室指导教学。1953年，他就开始讲授"中国地质学"，成为我国开设这门课程的第一人。在他踏实严谨、刻苦勤奋作风的影响下，地质学院形成了浓郁学术氛围和民主工作作风，这种氛围和作风一直延续至今。

喻德渊为学生上"大地构造"课

喻德渊在办学过程中，十分重视建立一支理论基础雄厚、科研能力强的教师队伍。他团结了一大批专家教授来校任教，同时为加强青年教师的培养，亲自为他们开专题讲座。在最早的一批毕业生中选拔优秀者留校充当专家助手，向老专家学习知识和技能。以后相继在历届本院或其他院校的毕业生中择优留校，形成了合理的教学、科研梯队。在注重教学的同时，喻德渊还坚持教师不脱离科学前沿，强调教学和科研并重。他积极为开展科学研究做准备工作，亲赴云南、广西、辽宁、吉林等地，与相关的生产部门和单位进行商谈，交换合作进行科学研究的意见，还到有关矿区考察了解地质工作实际情况和问题，探讨联合科研的可能性。此外，还在地质研究室下设构造、地层、岩石、矿床四个研究组，完成了一批科研项目，取得了重要的研究成果。

喻德渊非常重视实践课和野外工作实验。他认为野外地质实践是贯彻教育方针、提高教学质量的重要环节。他常对学生和年轻教师说："地质学，就是要我们在野外用眼睛多观察，用锤子多敲打，用罗盘多测量，用手多记录。"为此，他亲自奔赴各地考察，与生产部门交换科研开展的意见，选择科研课题和基地，并相继建立了包括本溪、天师付、杨家子、净月潭等实验基地在内的一个系统完整的教学生产实习基地。每年实习前，他都亲自安排，编写教学实习大纲。即使在1959年身染重病后，还常拖着行动不便的身体到野外去检查学生的实习质量。在他的带动下，著名的地质学家业治铮、张寿常、董申保等人都主动带队实习，使学院的教学和科研走上了理论与实践有机结合的健康发展道路。

喻德渊带领学生在野外实习

　　喻德渊极力提倡推崇开拓地质学新领域。1958年，他与业治铮筹划建立了海洋地质专业，培养了一批海洋地质人才，为国家建立第一批海洋地质研究所培养了青年干部。在办学过程中，喻德渊十分重视地质教学中基础理论的研究。他曾说："地质学是一门探索性很强，与多种学科相关联的科学。地质规律错综复杂，没有深厚的理论做基础，便谈不上发展。"1962年，他向有关部门提出了将学院办成"三分理七分工"的建议，极力主张吸收现代科学技术的新成果来开辟我国地质学的新领域。在他的努力下，申请得到了批准。学院又陆续开设了地质专业、地球化学专门化和古生物学专门化等多个学科。

　　喻德渊热爱祖国，潜心科研。"文化大革命"时期，他遭受了极不公平的待遇，即便身陷囹圄，仍带病坚持编写了30多万字的专著《世界地质》，整理了他一生收集的地质资料，起草了多篇论文。直到1971年，他积劳成疾，旧病复发，告别了他未

喻德渊院长在长春地质学院建院十周年大会上讲话

竟的地质科研与教育事业。

喻德渊领导长春地质学院走过了近20个春秋，在他的带领下，长春地质学院发展成为新中国地质教育事业中的一颗明珠，培养了成千上万的地质人才。他的一生，刚正不阿、赤胆报国，在人生的舞台上，向世人展现了他与祖国和人民血脉相连的风姿与才华。

【回忆·先贤故事】

1929年春，喻德渊完成了北京大学地质系的学业后，回到中央研究院地质研究所，专心从事地质研究工作。

这一年，地质研究所由上海迁至南京，那里政治环境险恶，社会动荡不安，喻德渊看到灾难深重的祖国，坚定了埋头学术研究，用科学救国的信念。此后，他先随李四光赴庐山进行地质勘察，绘制了《庐山地质构造图》，并首次在中国发现了第四纪冰川遗迹。后又相继调查了南京镇江间岩石矿产、苏州地区地质构造，完成了多本著作。1931年开始，他只身深入淮阳山脉调查地质矿产，写出了多篇报告和论文，并参与绘制了第一幅由中国人独立测绘的《淮阳山脉地质图》。

时逢抗日战争期间，长江一带煤的供应特别困难，对煤田的调查成为当务之急。喻德渊为了寻找当时经济发展和人民所需的矿产资源，在1937年与湖北省建设厅合作，到鄂西勘探煤矿，在香溪河流域找到了可供开采的煤层，并协助当地政府开办了煤矿，大大缓解了该地区的煤荒。同年冬，他被资源委员会借调到湖南省金矿探采总队任勘探队队长，在湘西一带探查金矿，在群山之中，发现了冰积层中的金矿，直率地将这一消息告诉乡公所的官员，并打电报请县政府准备调运钻机开始勘探，然后回家过年。谁知次年开春回到勘察点时，他发现满山遍岭的人都在淘金。见他回来，当地豪绅又是请他赴宴，又是递金条，对他软硬兼施，让他"睁一只眼闭一只眼""大家发财"。喻德渊正义凛然，挺身而出，陈说利害，断然制止了抢金事件，保护了国家的金矿，展现了铮铮傲骨。

1940年9月，喻德渊被再次借调到经济部，任采金局贵州省金矿勘探队队长，先后赴湘西，黔东的黔阳、托口、江市街、天柱、黎平、锦屏、剑河等县及梵净山一带查勘金矿，并协助经济部采金局实施黔东金矿的探采工作。在湘西-黔东工作的6年里，他研究了这一地区地质构造与脉金之关系以及第四纪冰川沉积与砂金之关系，探索了湘西金矿的形成、分布及其富集的原因，为我国矿产资源的发展提供了有力的理论支撑。

新中国成立后，面对即将蓬勃开展的社会主义经济建设，喻德渊按捺不住内心为新中国开发矿业的激动心情，在《新华日报》上撰文表示要到实际中去把知识贡献给新中国的建设事业，他向地质研究所的全体人员倡议参加北满资源勘察工作，得到了全员的热烈支持。1950年，他组织并领导地质研究所的人员赴完达山及小兴安岭勘察矿产。当时交通条件较差，运送器材和给养也很困难。而且该地区人烟稀少，野兽出没，还有残余土匪，工作环境十分危险。有一次小分队在山中遇到了猛虎，大家迅速爬到树上才幸免于难。面对艰险，他和队员们不顾个人困难和安危，经过了长达5个月的野外跋涉，为国家找到了几个煤田和马蹄河铁矿，并使双鸭山煤田的探明储量扩大了两倍之多。 1951年，喻德渊作为中国地质工作计划委员会矿产地质勘查局副局长，再次带领东北资源调查总队赴东北调查矿产，勘定了元宝山等两个煤田，扩大了嫩江煤田的储量。就是在这次勘察过程中，喻德渊深深地思考了中国地质事业的发展与未来，而后提议创办地质专科学校，并将自己的余生无私地奉献给了新中国的地质教育与科研事业。

古大存

【回顾·人物生平】

古大存，原名古永鑫。无产阶级革命家，忠诚的共产主义战士。

古大存（1897—1966）

1919年，古大存参加五四爱国运动。1921年春，进入广东法政专门学校学习。1925年，参加广东革命政府组织的东征军，任战地政治宣传员、宣传队负责人。后在五华县组织领导农民运动，历任中共五华特别支部军事干事、五华县农民协会副会长兼军事部长、广东工农革命军东路第七团团长。土地革命战争时期，在五华与丰顺县交界的八乡山区创建东江革命根据地，历任五县暴动委员会主席、中共七县联合委员会书记、中共东江特委常委、军委书记、东江工农武装总指挥、东江苏维埃政府副主席、中国工农红军第十一军军长兼代政治委员、东江红军第一路军总指挥、中华苏维埃共和国第一、二届中央执委会委员，是东江革命根据地的开创者和领导者，对中央革命根据地的形成和发展作出重要贡献。

抗日战争时期，历任中共广东省委统战部部长，南方七省出席中共七大代表团团长兼临时党委书记、中共中央党校一部主任。解放战争时期，历任中共晋察冀中央局党校校长、中共中央西满分局常委兼秘书长、土改工作团团长、东北局委员、组织部副部长、东北行政委员会交通部部长。1949年3月至9月，兼任东北交通专门学校（长春邮电学院前身）校长。

中华人民共和国成立后，历任广东省人民政府副主席，中共中央华南分局常委，中共中央中南局委员，中南军政委员会委员，中南行政委员会委员，第一、三届全国人大常委会委员，广东省政协副主席、副省长，中共广东省委副书记、书记处书记。中国共产党第七、八届中央委员会候补委员。

【回首·峥嵘岁月】

1945年11月，古大存率领第三批赴东北工作的干部，从延安出发。他们跋涉数千里，绕过被国民党抢占的交通线，于翌年7月抵达齐齐哈尔。古大存被任命为中共中央西满分局常委兼秘书长，随后又任西满分局土改工作团团长，率队在肇州县搞土改试点。古大存坚定地按照党的政策办事，土改试点工作搞得既轰轰烈烈，又扎扎实实。西满分局将试点经验推广后，使西满地区的土改运动得以快速发展。

1947年9月西满分局撤销。古大存调任东北局委员、组织部副部长。1948年11月东北解放，东北行政委员会在沈阳成立，古大存调任东北行政委员会交通部部长。在激战刚刚结束，百废待兴的复杂困难情况下，他任劳任怨，充分调动各方面积极性，使东北地区的交通、邮电事业得以迅速恢复和发展。

1949年3月，东北邮电学校奉命由长春迁至沈阳。当时东北地区已全部解放。东北行政委员会决定将东北邮电学校与葫芦岛辽海商船专科学校合并成立东北交通专门学校，由东北行政委员会交通部领导，古大存部长兼任校长。

学校成立时，商船部分有辽海商船专科学校从北京

1949年，古大存（前排中）与东北行政委员会
交通部的同志们在一起

返回东北的学生161名，邮电部分有尚未毕业的机务班和报务班学生84名，接受沈阳市原东北交通中学及东北青年中学一部分学生320名，另有各地介绍来校的学生30名，共595名。商船部分设有航海、轮机两科，邮电部分设有电机、通信、邮政、会计四科。校址在沈阳市北陵（原东北交通中学旧址）。

　　此时由于东北刚解放不久，学校的大部分学员对中国共产党及其领导下的中国革命还很不了解，思想较为混乱。古大存校长针对这种情况，将提高学员思想政治觉悟作为学校教育的首要任务，组织各班学员集中进行了四个多月的政治学习，主要学习《社会发展史》《中国革命与中国共产党》《新民主主义论》以及国内国际形势。他采取讲课与讨论相结合的方式，在讨论中解决学员存在的具体认识问题。在此期间，他还发动学生参加校园建设和生产劳动，培养他们工农阶级的思想感情、集体主义观念和为革命而艰苦奋斗的精神。古校长的教育方法收效显著，学员们经过这一段时间的学习，普遍提高了政治思想觉悟，树立起为革命而学习的思想。

　　1949年9月，东北交通专门学校分设两个学校，原辽海商船专科学校迁到大连，改为东北商船专科学校（大连海事大学前身）；原邮电部分在原址改为东北邮电高级职业学校，古大存不再兼任学校校长。

古大存（后排右二）与东北局同志合影

【回忆·先贤故事】

　　古大存在东江战斗的数年间，身经大小数十次战斗，多次受伤，却仍领导着小分队坚持战斗，不仅为我党保存了一批革命火种，也使粤东大地上高擎着不倒的红旗……

　　1932年8月，东江特委把古大存调回大南山，任东江红军第一路军总指挥，带领红军在丰顺、揭阳、梅县一带开展游击斗争，打了不少漂亮仗。1933年，国民党反动派为配合蒋介石向中央苏区发动第四次"围剿"，再次集结重兵，企图一举铲除东江"红患"。由于古大存等人的正确意见受到排斥，王明"左"倾路线强行推动，日益发展的东江革命受到严重损失。东江苏区到1934年底，只剩下大南山一块立足地。这时古大存调任东江特委常委、政治保卫局局长。

在敌军"围剿"大南山时，针对古大存的"劝降信"四处皆是，但都失灵了。于是，敌人到处张贴"生擒古大存赏银两万元""击毙古大存赏银一万元"的布告，但深得群众保护的古大存丝毫不为敌人的疯狂所吓倒。有一次，古

国民党标语"生擒古大存赏银两万元"

大存路过一座大山，见一块大石上有一首劝降诗，他微微一笑，沉思片刻，顺手捡起一块木炭，在旁边也写了一首，其中两句："解带结缰牵战马，扯袍割袖补征旗。雄师百万临城下，且看先生拱手时。"这充满革命豪情的诗篇，不仅抒发了古大存忠于党、忠于人民的胸臆，也表达了他矢志革命的坚定信念。

1935年，是东江革命根据地最困难的时期。10月，新任的东江特委书记李崇三叛变，十几支游击小分队又先后被敌人打垮。最后仅剩下古大存和他带领的17名战士，并和上级失去联系，在丰顺桐梓洋孤军作战。在险恶的环境里，剩下的同志也开始沮丧了，大家心情都十分沉重，但古大存却意志坚定，态度乐观，鼓励大家要战胜困难，坚持下去。他说："现在跟党组织失去了联系是暂时的，只要党还在，我们就一定要联系上。"同时，他还教育同志们："革命好比炼钢炉，杂质跑掉了，剩下的就是好钢材。只要大家团结战斗，革命就一定能成功。"就这样，古大存团结了同志，把这支仅存的小小队伍秘密转移到大埔山区，坚持战斗，大家也在古大存的教育鼓舞下，下定决心克服暂时的困难，夺取革命胜利。此间，他们曾多次派人到闽西南找

党，中共南方工作委员会也曾派人来联络，但均未接上头。得不到党的指示，古大存带领大家在大浦尖山一带独立地坚持革命活动。他鼓励大家要和群众取得联系，深入群众中去，打好群众基础，并向群众宣传革命道理，发展革命力量，还秘密组织贫民团、陶瓷工会，开展对土豪地主的斗争。通过组织群众武装队伍，他经常袭击敌人和散发革命传单，号召群众起来斗争。在难以想象的困境中，经过两年多不屈不挠的奋斗，这18颗革命种子又以燎原之势发展壮大，先后建立了13个中共地下党支部，使粤东大地上的革命之火得以传承！

数年后在延安，毛泽东同志对古大存在东江地区坚持战斗、高擎红旗不倒、不随波逐流的精神十分赞赏，也对他从事革命斗争的出色业绩给予了高度评价。

何济林

【回顾·人物生平】

何济林，湖北省沔阳人。无产阶级革命战士。1955年，何济林被授予少将军衔。荣获二级"八一勋章"、二级"独立自由勋章"、二级"解放勋章"，抗美援朝中获朝鲜二级"自由独立勋章"。

何济林（1914—1983）

1929年，何济林加入中国共产主义青年团。1930年，参加中国工农红军。1933年，转入中国共产党。曾先后在湘鄂西独立团3营7连当战士，警卫师2团7连当班长、排长。1932年12月起，任红三军军部通信队队长，龙桑独立团营长、团参谋长，红二方面军第2军团5师15团参谋长等职。1935年11月，参加长征。1936年11月，进入陕北抗日红军大学学习；次年5月，进入延安摩托学校学习。抗日战争时期，先后任八路军第129师冀南军区独立支队、第一军分区、第1支队、东进纵队第2团、新编第7旅20团参谋长。1942年4月，进入中共北方局党校学习。1942年12月，参加冀南区军民反"扫荡"作战和邢台作战。解放战争时期，历任晋冀鲁豫野战军第10纵队28旅副队长、桐柏军区第三军分区副司令员、第二野战军第58军174师师长等职，参加了邯郸、信阳、唐河、邓县、襄樊、花园等战役。新中国成立后，任河南军区第174师师长。1950年7月，进入长春第二航空学校学习。1951年7月毕业后，任空军第9师师长。1954年2月起，历任中国人民解放军兽医大学校长、长春农业学院院长。1962年4月，复任解放军兽医大学校长。1980年1月后，任军械技术学院顾问。

【回首·峥嵘岁月】

1952年，全国高等学校院系调整。9月，全军第二届兽医行政工作会议提出要集中人力、物力办好一所兽医大学的建议，并报请总参、总后批准。中央军委遂于1953年1月1日，以军令字第001号命令，公布了"中国人民解放军兽医大学建校方案及全军兽医人员培训计划"。根据军委命令，第二、三、四兽医学校要于1953年2月20日之前，相继迁到长春与中国人民解放军高级兽医学校一起，组建中国人民解放军兽医大学。至此，中国陆军兽医教育在中国共产党领导下掀开了历史新的一页，开启了新中国高等军事兽医教育的帷幕。中国人民解放军兽医大学的建成，也标志着我军兽医养成教育由普及进入提高的历史阶段。1953年5月14日，中国人民解放军总司令朱德挥毫写下了"中国人民解放军兽医大学"十一个苍劲的大字。

1954年2月，根据国家和军队建设需要，中央军委任命何济林为中国人民解放军兽医大学校长。作为一名久经沙场的战将，转而从事兽医教育工作，领域跨度巨大，但他并没有退缩，而是知难而进，服从命令，听从指挥。来到学校后，他组织扩大军事兽医教育培训规模，开创了新中国成立后我国首批军事兽医专业本科和专科教育，开设了早期兽医大学军事兽医研究生班，同时依托苏联专家制订教学计划、教学大纲，对当时的教学改革起了积极的推动作用。

1956年，我国开始进入全面社会主义建设时期。为了更好地支援国家经济建设，当年7月，国务院、中央军委决定将中国人民解

1958年8月，何济林（前排中，持花者）与吉林省经济动植物考察团到苏联沿海地区参观访问

放军兽医大学移交给农垦部，全校教职员工集体转业到地方，改名为长春畜牧兽医大学，何济林继续担任校长。在那段时间里，学校为农垦部和吉林省的畜牧业发展培养了许多建设人才。1958年4月，北安农学院、长春农学院、长春畜牧兽医大学合并，改名长春农学院，周恩来总理亲笔为学校题写校名。中共吉林省委做出决定，任命何济林为长春农学院院长。为了适应地方高等教育的需要，吉林省组织了经济动植物考察团，同年8月，他随考察团到苏联沿海地区参观访问。

1959年1月，长春农业机械化专科学校并入长春农学院，6月，学校更名为吉林农业大学，何济林继续担任校长。在此期间，学校经过调整、合并与建设取得了很大发展。

由于地方院校培养的学员不能适应部队建设的实际需要，为了更好地为军队培养训练兽医，1961年11月，国务院将中国人民解放军兽医大学交还军队，归属中国人民解放军总后勤部领导，何济林仍担任中国人民解放军兽医大学校长。在随后的十多年里，他主张扩大办学规模，调整教学内容和教学设置。根据军队建设需要，学校增设了军马保健课，还增加了猪、马、羊、鸡等家禽疾病防治的教学内容，加强了师资队伍建设，注重学员技术能力的开发和培养，为我军培养了大批优秀的军事兽医人才。

作为一名参加过长征老干部，何济林经常教育学生"应发扬吃苦耐劳的光荣传统"，"军队学员上课要尊师重教，下课要站岗放哨，保持军人本质"，"军人要热爱祖国，为人民工作，就任何任务都能完成，什么艰难困苦、什么冤屈误解都能经受得了"，"虚荣心只注视着自己的名字，光荣心则注视着祖国的事业"。作为校长、开国少将，他平易近人、和蔼可亲、身体力行，一点架子都没有，带领着全校师生翻旧房修旧楼，拔房

何济林与来校学习的外国留学生打乒乓球

钉再利用，手指扎破流血受伤也不下工地。他积极响应国家号召，组织学生参加东北地区辽河水灾等救灾以及支农活动。抗洪护坝、铲地收割、种菜育苗，何济林样样都干，样样都行。他用实际行动践行了忠心为国、矢志教育的理想信念，也激励着一代又一代的兽医人砥砺前行，忠贞兽医教育，为兽医大学的起步、恢复和发展，做了许多开创性的工作。

何济林任解放军兽医大学校长近20年，呕心沥血，成绩显著，为我军兽医教育事业做出了卓越贡献。作为我国开国少将，他戎马一生、出生入死、战功显赫，为无产阶级革命、社会主义建设立下了卓著功勋，诠释了一名无产阶级革命战士的忠诚。

【回忆·先贤故事】

1955年，中国人民解放军首次实行军衔制，授予798位将领少将军衔。因为他们为创建中华人民共和国做出过重大贡献，所以被人们称为"开国少将"，何济林就是其中一位。他曾在长征中爬雪山、过草地，克服重重困难艰难前行，也曾因为战绩显赫受到刘伯承、邓小平的通令表彰……

1928年，红军来到洪湖地区，年仅14岁的何济林参加了赤卫队。经刘吉介绍，1929年他加入中国共产主义青年团，从此走上了革命道路。

1935年11月，根据上级要求，何济林带领部队开始走上长征的道路，随后突破敌人大庸河、沅江两道封锁线后，经过湘西辰溪，贵州石阡、余庆、黄平、累节等县，与国民党军队周旋月余。在完成休整、整补和扩兵任务后，部队继续前进，于黔西、大定阻击前进之敌，掩护主力西上。1936年4月，他任15团参谋长，率领部队顺利渡过金沙江，到达人烟稀薄的少数民族地区，翻雪山、过草地、打硬仗。从德荣到白玉之间的道路都是大山，山路狭窄，一不留神就会掉下山崖，山顶常年雪封，空气稀薄、气候多变，忽而为云，转而为雪，加之粮食缺乏，造成部队严重非战斗减员。何济林和战友们克服重重困难，经西康、德荣、白玉到达甘孜县，与红四方面军会合，继续向陕北推进。部队经天水南下，在攻克了城县、徽县后，过渭河与红一方面军会合。

1946年9月，正值解放战争之时，伤未痊愈的何济林被任命为28旅副旅长，指挥部队先后两次攻克邓县。邓县城位于河南省西南部，是联结南阳、襄阳的军事重镇，分内城和外城，城池间均有面宽水深的护城壕环绕，城周围筑有比较坚固的防御工事。其守军226团，属国民党整编第9师建制，是蒋介石嫡系部队，全部美械装备，另外还有国民党军11个保安团配合守城。1948年1月，解放军桐柏军区司令员王宏坤、政治委员刘志坚为开创桐柏根据地，以何济林所带第28旅为主攻部队，对汇集在邓县县城的国民党军发起进攻。在敌众我寡的情况下，他指挥得当，战术灵活，与各部队密切配合，勇猛顽强，终于以少胜多，取得胜利。此战歼灭敌军六千余人。1948年1月31日，毛

1946年，何济林任副旅长

泽东主席以中共中央名义致电刘伯承、邓小平、李达："庆祝你们攻克邓县歼敌六千余。"后来中共中央还来电表扬说：这不亚于消灭蒋介石一万正规军。何济林本人也受到刘伯承、邓小平的通令表彰……

嘉言懿行
风雨耕耘

在学校的发展历程中，一批批优秀教师在这片沃土上立德树人担使命，不忘初心铸师魂。他们以为党育人、为国育才为己任，呕心沥血投身于学校的教育科研事业之中。在他们身上集中体现了师者勤奋敬业、严谨认真、诲人不倦、甘为人梯的精神风貌。他们学高为师，德高为范，精心哺育桃李，脚步踏实走出了师者的风范与神采。

于省吾

【回顾·人物生平】

　　于省吾，曾用名于宗泽，字思泊，号双剑誃主人，又号泽螺居士、夙兴叟，辽宁海城人。我国现代著名古文字学家、训诂学家、古器物学家。吉林大学考古学科奠基人。曾任吉林省政协常务委员，九三学社第七届中央委员会顾问。

于省吾（1896—1984）

　　1919年，于省吾毕业于沈阳国立高等师范。历任奉天萃升书院院监，辅仁大学讲师、教授，北京大学教授，故宫博物院专门委员。新中国成立后，先后任燕京大学名誉教授、教授，东北人民大学（吉林大学前身）历史系教授、古文字研究室主任兼吉林大学学术委员会委员，中国古文字研究会理事，中国考古学会名誉理事，中国语言学会顾问兼学术委员，中国训诂学会顾问，国务院古籍整理出版规划小组顾问等职。他毕生致力于中国古文字和古代经典的研究，对中国文字的起源提出过突破传统"六书说"的创见。对甲骨文、金文的研究与考释多有贡献，被誉为"新证派"代表。生前曾出版13部专著，发表近百篇学术论文，为中国古文字学的发展做出了杰出贡献。20世纪50至70年代，他还将自己珍藏的珍贵青铜器和古书画分别捐献给故宫博物院和辽宁省博物馆，为我国文物保护事业做出了重要贡献。于省吾的藏书，在东北三省位居私人藏书第一。逝世后，其家属将这批珍贵图书捐献给吉林大学图书馆，为了纪念其捐书和对吉林大学所做出的贡献，吉林大学图书馆特辟"于省吾图书专藏纪念室"。

【回首·峥嵘岁月】

九一八事变之后，于省吾离开了沈阳到北京，曾先后被辅仁大学、燕京大学聘请作名誉教授，后来燕京大学合并于北京大学，甲骨文和金文课程取消，于省吾赋闲在家，潜心研究手里的藏品。

1955年，匡亚明校长亲自来到北京，诚请赋闲在家、在国内考古学界颇具声望的于省吾，到东北人民大学历史系任教。同年6月，于省吾放弃了北京优越的生活，正式奉调长春，来到了条件艰苦的东北，把自己的后半生，贡献给吉林大学的考古学科。从此，他在长春生活、工作了近30年。

1955年，于省吾任东北人民大学历史系教授

在吉林大学期间，于省吾主要是培养研究生和从事著述、研究工作。1956年至1966年间，他先后招收三届6名研究生。1978年，恢复研究生招考制度后，他不顾自己年迈体弱，于82岁高龄又招收研究生5名。1981年，他继续指导博士研究生3名。1980年和1983年，受教育部委托，他主办了全国具有讲师以上水平的古文字进修班两期，先后招收20余名学员，为全国高等院校及文博单位培养了一大批专业人才。

于省吾在培养人才上，一是因材施教，二是既教书又育人，对学生的学习和言行要求十分严格。在教学上，他采用自学和辅导相结合方式，将授课与研究、讨论、答疑相结合，培养学生既有基础理论，又有阅读原始材料的基本功。经过一段时间的训练后，于省吾让学生们自拟题目作小型学术报告，其他人员提出各自的意见和建议，最后由他做出总结、评定。这样，不仅提高了学生们发现问题、解决问题的能力，而且也为他们撰写毕业论文打下了良好基础。他还经常勉励学生们要有青出于蓝的雄心壮志，既要有自信心又要谦虚谨慎。

于省吾一面培养研究生及进修教师，一面继续从事古文字和古文献的研究。他把绝大部分精力用在了古文字，尤其是甲骨文、金文的研究与考释，以及对古代典籍的考证上，在半个多世纪的研究与教学中，取得了令人叹服的成果，为我国古文字和古代史的研究做出了突出贡献。

来到吉林大学后，于省吾又对田野考古的新发现和民族学知识下了一番功夫。他集中精力利用古文字数据去研究商周时代的社会制度、阶级斗争、经济生活等方面的问题，相继发表了一系列研究论文。在这些研究中，他进一步体会到，地下出土的古文字数据和其他考古数据是原始的最可靠的数据，因此在学术研究中，要以地下数据为主，典籍为辅，才能得出真正符合客观实际的结论。通过对甲骨文所记商人祖先"上甲六示"庙号的研究，他明确提出了我国成文历史开始于距今约3700年左右的夏代末期。

于省吾以"学到老，学不了"为座右铭，不断学习新知识。在学习的过程中，他认识到不能孤立地研究古文字，需要从社会发展史的角度，从研究世界古代史和少数民族志所保存的原始民族的生产、生活、社会意识等方面来追溯古文字的起源，才能对古文字的造字本义有正确的理解，同时也有助于正确释读古文字数据。对于"羌"字的造字本义，他通过对少数民族社会所保存的原始风俗习惯的研究，在大量少数民族志参证的基础上，提出了本象人戴羊角形，并以为声符，应属《具有部分表音的独体象形字》的范畴，从而突破了传统的"六书说"。商代后期的《玄鸟妇壶》铭文中的"玄鸟妇"三字，过去被误释为"鸹妇"，或误认为是鸟篆。他从原始氏族社会图腾崇拜的角度去研究，并结合典籍中"玄鸟生商"的记载，发现壶上铭文的正确释读应为"玄鸟妇"，它标志着作壶的贵族妇人是以玄鸟为图腾的商人后裔。这一研究结果不仅正确释读了壶上的铭文，更重要的是为研究商人图腾找到了实物依据，从而使过去一向被认为是怪诞不经的"玄鸟生商"问题得到了合理解释。

于省吾一生，撰写和出版了大量的学术论著。其中有代表性的专著有《商周金文录遗》《双剑誃诸子新证》《甲骨文字释林》《泽螺居诗经新证》等，并发表学术论文60余篇。直至生命的最后一息，他都没有停止从事著述及教书育人的工作。1979年由中华书局出版的《甲骨文字释林》，是于省吾在古文字研究方面的经典代表著作。书中共考释前人未识或虽释而不知其造字本义的甲骨文约300字，占全部已识甲骨文字的

1979年，于省吾在给学生讲课

四分之一还多。该书在撰写过程中，充分体现出他治学的严谨周密，在中国古文字、古器物研究和古籍整理研究领域取得了卓越的成就，尤其是在甲骨文、金文考释方面，贡献极大。同时，书中运用古文字学研究成果及出土文物数据，对先秦典籍进行校订和诠释，为研究古代典籍开辟了新的途径，由此，他成为"新证派"的代表人物。

【回忆·先贤故事】

于省吾在吉大执教近30年，在学术上不断取得成果，一方面源于他对学术的献身精神和高度负责、认真专一的品格，还有一个重要原因是他以"学到老，学不了"为座右铭，锲而不舍，不断地充实自己。

在于省吾来吉林大学任教时，已经是全国知名学者，但他仍然刻苦学习。单是为了不再用文言文而改用语体文写文章这件事上，他就下了惊人的苦功夫。他把报纸杂志上的好句子一一抄录，集成了不少笔记，直到晚年还保持这一习惯，看到什么地方有好句子，立即摘录下来，有时甚至信手摘抄在废信封反面。即使在十年浩劫中，他的全部藏书都被查封，自己也搬到一间门房去住，仍坚持天天读书。年过八旬

之后，仍不间断。每天凌晨3点，他屋子的窗户上就亮起了灯光。他还很有诗意地给自己起了个"夙兴叟"的别号。因为上了年纪，他的手在写字时开始发颤，写出来的笔画也成了波浪线。但他仍然一个字一个字努力写清楚。经过努力，他竟练到笔杆虽然随着手不断摇颤，但写出来的字却能保持

1981年，于省吾创作书法作品

平直的笔画。他常常说："不怕慢，就怕站，站一站，二里半。"他正是以这种坚韧的毅力，在粉碎江青反革命集团后，连续出版了《甲骨文字释林》和《泽螺居诗经新证》两书，修改编定了《于省吾文集》，并着手撰集《金文释林》，还写了许多单篇论文。虽然他说"不怕慢"，可是因为愈加感到效率降低，便暗暗增加了工作时间。本来他午睡后是不从事紧张脑力劳动的，只是接待来访者、复复信。但后来他逐渐开始在下午也看书、写作了，有时吃饭时也会经常出神地用筷子在桌上画古文字。甚至有时夜里已经上床睡了，他脑子里还在考虑着研究的问题，半夜也会爬起来去搬动书籍，查找资料。

于省吾晚年间一直和衰老作斗争，身体力行地践行着"学到老，学不了"这句座右铭。他一边坚持著述，一边带研究生，还先后主持了两期教育部委托的讲师以上资历的古文字进修班。在1982年发表的一篇自传的结尾，他这样写道："只要一息尚存，就要学习不止，奋斗不止。我在有生之年，还要为四化建设添砖加瓦，为国家、为人民多做贡献。"

公 木

【回顾·人物生平】

公木，本名张松如，河北辛集人。原名张永年、张松甫，笔名公木、龚棘木、席外恩、四名、魂玉等。我国著名诗人、学者、教育家。《中国人民解放军军歌》《英雄赞歌》《吉林大学校歌》的词作者。

公木（1910—1998）

1924年，公木进入河北正定第七中学学习。1928年，进入北平师范大学学习。1930年，秘密加入中国共青团，参加左翼作家联盟。1933年至1936年，先后在山东省立第四乡村师范学校和河北正定中学任教，参加左翼教师联盟。七七事变后，投笔从戎，赴晋绥前线参加敌后抗日游击队，任宣传股长，开始以"公木"为笔名。1938年，到延安抗日军政大学学习，同年加入中国共产党。1939年，任抗大政治部宣传科干事，与郑律成合作完成《八路军进行曲》（现《中国人民解放军军歌》）。1941年后，历任军委直属队政治部文艺室主任，延安鲁迅艺术学院文学系教员。抗日战争胜利后，参加东北文工团，任中共本溪市委宣传部部长。1946年至1951年，在东北大学（东北师范大学前身）历任教育长、支部书记、教育学院院长、校党委委员、中文系教授等职。1951年至1962年间，曾任鞍山钢铁公司教育处处长，中国作协文学讲习所所长，吉林省图书馆馆员。1958年，被错划成"右派分子"开除党籍。1962年，到吉林大学中文系做教师，从此开始从事中国古典文学的教学和研究工作。1979年，恢复党籍。此后，相继担任吉林大学中文系主任、教授、副校长，吉林大学文学院名誉院长。

曾任吉林省作家进修学院院长，吉林省社科联副主席暨文学协会主席，中国文联委员暨吉林省文联副主席、名誉主席，中国作家协会理事、顾问暨吉林分会主席、中国毛泽东文艺思想研究会会长、中国诗经学会名誉会长等职。

【回首·峥嵘岁月】

1958年，公木被错划成"右派分子"下放到农场接受劳动改造。1959年春，他回到长春，被安排到吉林省图书馆，半劳动改造半工作。劳动之余，他便在书的海洋中畅游。这期间，他阅读了大量的马列经典著作以及《中国哲学史》《中国思想史》等。由于受当时的外在环境与内在心境影响，他开始迷恋上大家哲学，潜心研究《老子》《庄子》，这为他以后成为著名的"老庄"研究专家打下了坚实的基础。

1961年，对公木的文学素养早有耳闻，且求才若渴的匡亚明校长，得知他在吉林省图书馆时，立即做出了邀请他到吉林大学中文系做代理主任的决定。就这样，51岁的公木来到了吉林大学，出任古典文学教研室教员兼中文系代理主任。公木不但一心扑在教学上，还热情地辅导学生办墙报、搞创作，并热心地为一些文学爱好者看稿、改稿，同时还编写了几十万字的"毛泽东诗词"讲义。在教学中，他强调重基础、开思路，重视学生知识面的拓宽和能力的提高，并以自己的切身感受告诉学生，语言文字是人们表达

1961年，公木来到吉林大学

思想的重要工具，语言文学课程也是理科生必修的基础课，纠正了学生在学习上偏科的错误倾向。

20世纪60年代初，中文系的学生创办了名为《耕耘》的系刊，公木出任刊物名

誉主编，还亲自为创刊号题诗一首。他鼓励学生们办好系刊，要学生们在系刊上撰写文章、发表评论，提高写作水平和评论能力。他提倡学生在系刊上发表不同见解的文章，指出"作为系刊，应该允许不同观点的文章发表，百花齐放百家争鸣嘛！发吧，一切都由我负责！"在他的支持下，《耕耘》从1962年秋到"文革"前，每月按时出刊，一直坚持了3年多。

为提高全校学生的文学素养，公木还举办专题讲座。讲座开讲时，报告厅里坐满了全校慕名而来的师生。学校放映电影《白毛女》，当屏幕上出现词作者"公木"时，全场立刻响起了热烈的掌声，这对刚刚摘掉"右派分子"帽子的公木是最大的鼓励！

"文革"期间，公木再次受到不公正的待遇，但他没有消沉，在那动荡的年代里，他完成了《老子校读》的初稿。1979年，恢复党籍后的公木，虽年事已高，且担任着校、系的领导职务，但仍亲自带研究生，直至重病缠身依然坚持在家中授课。

他还为曾经工作过的东北师范大学和深深热爱的吉林大学撰写校歌歌词。1996年，吉林大学迎来了学校建立的第50个年头。学校领导会商决定在50周年校庆之际，创作一首脍炙人口的校歌，用以凝聚人心、鼓舞斗志、树立形象、远播声名。在学校的常委会上，常委们一致认为，公木是创作校歌歌词的最佳人选。学校领导找到他，说明情况，公木欣然受命。几经修改，《吉林大学校歌》诞生了——"白山迎旭日，黑水泛金光，我们崛起在祖国的北疆。吉林大学啊吉林大学，哺育英才的摇篮，探求知识的殿堂。攀登科学高峰，我们的目标，造福人类社会是我们的方向。求实创新，励志图强，艰苦创业，奋发向上，跨越黄河，跨越长江，跨越太平洋。人比山高，脚比路长，跨越新世纪去迎接轰响的红太阳。"这雄壮有力的歌词，概括了学校发展壮大的历史，描绘了学校的远大理想、坚定信念和宏伟目标，展现了吉大人的宽阔胸怀、豪迈气概和雄心壮志。歌词创作完成之后，刘中树校长亲自请时任中央歌舞剧院院长、中国音乐家协会副会长、《长江之歌》的曲作者、著名作曲家王世光，为《吉林大学校歌》谱曲。2005年12月，《吉林大学校歌》被正式写入《吉林大学章程》。

公木是一位多产的作家。他的一生，主要著作有《中国文字学概论》《鸟枪的故事》《哈喽，胡子》《中华人民共和国颂歌》《公木诗选》《先秦寓言概论》《公木

旧体诗抄》《老子论集》
《陕北民歌选》《老子校
读》《老子说解》《中国诗
歌史》等。他还创作了许多
脍炙人口、至今仍广为传唱
的歌曲歌词，《中国人民解
放军军歌》《英雄赞歌》就
是其中的代表之作。

公木深入基层，与部队士兵交流

【回忆·先贤故事】

"向前！向前！！向前！！！我们的队伍向太阳……"每每提到人民子弟兵，
我们耳畔都不禁响起这首豪迈激昂的《中国人民解放军军歌》，它反映了中国人民解
放军的性质、任务、革命精神和战斗作风，激励和鼓舞着一代代革命军人为了民族的
独立和祖国的强大而一往无前，而在这首歌的背后是它的词作者公木"不以诗篇为生
命，而以生命做诗篇"的倾心付出……

1939年初，公木留在抗大政治部宣传科担任时事政策教育干事，同在一个科里的
郑律成任音乐指导。一天，郑律成无意中发现了公木在笔记本里写的一篇短诗《子夜
岗兵颂》，就悄悄拿去谱成一首独唱歌曲，公木听后非常高兴，说："一首诗变成
一支歌，那确实是一个质的飞跃。"从此，一个写诗、一个写曲儿，两人结为合作
伙伴。

抗战时的延安，是一个歌声起伏的天地。唱歌，早已远远超出了文化娱乐的范
畴，被列为政治工作的重要组成部分。而此时随着大合唱在延安越来越受欢迎，以
及两人合作的默契和友谊的加深，公木与郑律成商量也写一个以歌颂八路军为主题
的大合唱——八路军大合唱！他们决定"声为乐体，诗为乐心"，要写八路军，就写
八支歌！

1939年夏季，公木坐在延安西山坳的一个昏暗的窑洞里，相继写出《八路军军歌》《八路军进行曲》《快乐的八路军》《八路军与新四军》《骑兵歌》《炮兵歌》和《军民一家》的歌词，加上原来的《子夜岗兵颂》一共是八首歌曲，用了一周多的时间。当时，延安的条件十分艰苦，抗大既没有钢琴，也没有风琴，郑律成只能摇头晃脑、打着手势，用嘴哼哼着谱曲儿。后来，谱还没制完，郑律成就调到鲁艺任教，他利用鲁艺音乐系的条件将乐曲谱写完成，这时已是1939年的10月。这年冬天，鲁艺将《八路军大合唱》油印成册，在各机关、部队和学校开始传唱，延安掀起了大合唱的高潮。

1940年，《八路军军歌》和《八路军进行曲》被刊登在军委主编的《八路军军政杂志》上，得到了中央军委的正式认可。1946年，解放战争爆发后，八路军、新四军、东北民主联军等中国共产党领导的人民军队，陆续改称为人民解放军，公木将《八路军进行曲》的歌词稍做改动，使其更加符合解放战争的实际，将歌曲改名为《人民解放军进行曲》，但那高昂进取的主旋律没有变，唱起来依然雄壮豪迈。人民军队高唱着它进行了三大战役！高唱着它百万雄师过大江！高唱着它迎来了新中国的诞生！

1951年，《人民解放军进行曲》被改名为《人民解放军军歌》。1965年更名为《中国人民解放军进行曲》。1988年7月25日，中

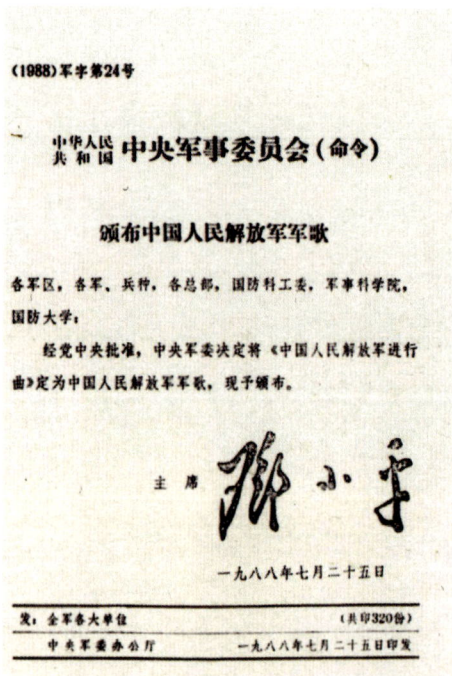

1988年，邓小平签署的《颁布中国人民解放军军歌》的命令

央军委决定，将这首歌正式确定为《中国人民解放军军歌》，从此这首歌成为中国人民解放军的标志，也成为公木一生最亮眼的标签……

金景芳

【回顾·人物生平】

金景芳，字晓邨，辽宁省义县人，著名历史学家、文献学家、易学大师、国学大师。是国内较早用马克思主义的理论与方法从事《周易》研究的学者之一。

金景芳（1902—2001）

1923年，毕业于辽宁省立第四师范学校。毕业后先后任家庭教师、小学和中学教员、县教育局局长、省教育厅股长。东北沦陷后流亡关内，辗转于陕西、江苏、安徽、湖北、湖南、四川等省，在豫鄂交界的鸡公山、湖南邵阳桃花坪、四川威远宁静寺等地的东北中学任教。1940年，考入乐山复性书院，师从马一浮、谢无量等先生从事儒学研究。1941年，在流亡于四川三台的东北大学工作，曾任文书组主任、中文系讲师、副教授、教授。1949年新中国成立后，任东北文物管理处研究员、东北图书馆研究员兼研究组组长。1954年，金景芳调入东北人民大学（吉林大学前身），曾任历史系教授、历史系主任、名誉系主任，古籍研究所教授、顾问等。同时，兼任国家古籍整理出版工作领导小组顾问、中国孔子基金会顾问、国际儒学联合会顾问、东方易学研究院顾问、中国先秦史学会顾问、吉林省史学会顾问、吉林省周易学会顾问。主要学术著作有早期的《春秋释要》《易通》，新中国成立后撰写的论文如《论宗法制度》《中国古代史分期商榷》《孔子的思想有两个核心》以及著作《论井田制度》《周易讲座》《孔子新传》等，主要研究领域有易学、孔子研究、马克思主义史学理论、古代思想文化等。

【回首·峥嵘岁月】

1954年1月，在东北文物管理处（后改为东北文化部文物处）任研究员的金景芳积极响应国家号召，调至东北人民大学任历史系教授，从此，便将自己毕生的精力与心血奉献给了他热爱的历史学科研究。

金景芳没有上过大学，是依靠刻苦自学而成名的。他读的书遍及经史百家，早年曾潜心于经学研究，到东北人民大学工作后则转攻史学。当时的他虽然已年过半百，

金景芳（前中）与于省吾（前左）等在学校图书馆门前

学术思想近乎定型，但是他仍以常人难以想象的毅力和精神，刻苦自学马克思主义经典著作，并由此完成了学术道路的一次重大转变，从一名出入经史的传统学者，跃升为新型的马克思主义史学家。

虽然没有师承，金景芳治学却常能"于时贤之外而有独立见解"。他注重独立思考，在学术上不迷信，不盲从，坚持说自己的话，走自己的路，从不依草附木，随波逐流。他还曾教育学生：治学贵在不断创新，要敢于向权威挑战。

金景芳取得的史学成就与他早年开展经学研究密不可分。早在20世纪30年代，他就开始有意识地接受马克思主义唯物史观，扎实的古代典籍基础和马克思主义理论指导，使得金景芳能够抓住关键问题深入研究，在中国古代史领域取得了突出的研究成果。来到东北人民大学工作后，他开始转攻史学。由于他的学术兴趣相当广泛，因此在易学研究、孔子研究、古代社会制度研究、古代思想文化研究、马克思主义史学理论研究、古代典籍研究等方面，都卓有建树。

"文革"后，学术研究迎来了新的春天，宽松的环境使已过古稀之年的金景芳的学术生命焕发出更强劲的活力，他加紧学术研究，并撰写了一系列重要论文，对有关中国古代史研究的重大理论问题均提出了与权威论点不同的看法，对于当时学术研究的思想解放产生了巨大的推动作用。党的十一届三中全会后，他更是迎来了自己研究与教育生涯的又一个高峰。虽然已进入耄耋之年，但他仍然昕夕握管，笔耕不辍，勤奋甚至有过于少年。他的大多数论著就是在这一时期完成的，虽然接近百岁，仍为学校的历史学科建设和中国史学研究的发展下上求索。

从事学术研究和进行学科建设的同时，金景芳从未放松对所指导学生的培养，并一直遵循四个准则：坚持标准、严格要求、教书育人、认真培养。金景芳的研究方向是先秦史，他要求攻读先秦史的学生必须读古书，但是年轻的学生们多半不读或很少有耐性读古书，并且不善于独立思考。针对这些问题，他采取了不少有力的措施督促学生

金景芳与专业教师一起讨论学术问题

进步。例如，指定学生阅读马列著作和古书目录，要求每人都要坚持撰写学习笔记和心得，由他定期检查。平时有意识地布置研究小论文，帮助学生逐渐养成良好的学习习惯。在指导学生完成学位论文时，他格外认真严谨，拟题、大纲、初稿、定稿等各个环节都是亲力亲为，在学生的努力之上再注入自己的心血，每一位学生的论文，最后都是经过年逾古稀的金景芳1600度近视的双眼一字一句过滤出来的。他的一生虽担任过很多职务，获得了很多荣誉，但他最重视的身份仍然是教师，并总是谦虚地说自己只不过是一个地道的教书匠。他一生中的绝大多数时间，也的确是在教书育人中度过的。他在自己95岁寿辰的庆典上曾风趣地对来宾和他的学生说："除了幼儿园外，所有各级学校的学生，我都教过。"经历了近80载教坛的风风雨雨，可谓桃李满天下。仅他所指导的先秦史方向的博士研究生，就有23名之多，其中，不少已成为国内学术界的知名学者，他们都在各自的教学与科研岗位上为祖国的学术繁荣贡献着自己

的力量。

金景芳在吉林大学执教40余载，培养了无数人才，当年栽下的幼苗，如今早已长成栋梁之材。他毕生潜心学问，晚年仍在从事中国古代思想史的研究，除撰写了大量论著外，还积极致力于将这一研究与古代文献学研究、经学研究和古代社会史研究融为一体，从而为吉林大学历史学科建设、中国思想史研究的方法论研究做出了创造性的贡献。金景芳的一生，正可谓是"经世通研一世纪，苍松翠柏育英才"。

【回忆·先贤故事】

1902年，金景芳出生在辽宁义县的一个贫苦家庭。1918年，他被锦西高桥的省立第四师范学校录取为半公费生，在学校学习期间就成绩优异。1923年，他虽读完师范，但是由于家庭生活困难未能上大学继续深造，便回到义县教小学、初中，并担任学校训育主任。1929年，辽宁省教育厅通过考试选拔教育局局长，金景芳考试合格，任通辽教育局局长，后调任省教育厅股长，并得到了时任辽宁省教育厅厅长、著名学者金毓黻的赏识。1931年九一八事变后，金景芳回到家乡义县，此后辗转到达过沈阳、西安、武汉、四川，最终得到金毓黻照顾，于1938年任职于流亡至四川的东北中学。

1940年，因为限制"三青团"在东北中学的派系活动，金景芳被国民政府教育部下令撤职，责令立即离校。离开东北中学后，他前往乐山，积极投身复性书院学习深造。当时书院的导师，包括马一浮、谢无量、张真如等当时著名学者、思想家，金景芳通过这一时期从事儒学研究的经历，开阔了视野，丰富了思想，也为日后形成自身独特的学术风格与流派奠定了基础，并由此成为他学术道路发展的重要转折点。

金景芳在随东北中学流亡于湖南与四川期间，偶然得到了傅子东翻译的列宁著作《唯物论与经验批判论》，书中附录有《谈谈辩证法问题》一文。他读后，立觉此前读《周易》所遇到的一些难题涣然冰释，于是废寝忘食加紧研究，于1939年将多年对《周易》的理解写成《易通》一书，用辩证法的观点对《周易》一书的基本思想进行了阐述，成为最早用马克思主义理论指导研究《周易》的著作之一。这本书也成为金景芳的成名作，凝聚着他20年的心血，同时他也在此书序言里为自己定下了治学的八个戒条，即：不自欺欺人，不枉己徇人，不立异，不炫博，贵创，贵精，贵平实，贵客观。后来，他调至吉林大学工作，在几十年的学术生涯中，也始终秉持着这"四不"与"四贵"的治学精神，潜心学问，陆续发表20余篇易学论文，并出版了《学易四种》《周易讲座》《周易全解》《〈周易·系辞传〉新编详解》等四部易学著作，在对易学源流、易经的深邃内涵，特别是对孔子与《易经》关系等方面的研究更探幽阐微，尤多创获，形成了海内外易学研究领域独特的见解与风格。

金景芳博学笃志，坚持真理，并勇于向权威挑战，在关于中国奴隶社会和封建社会分期问题的学术研究方面，做出过巨大贡献。当时，学术界关于中国奴隶社会和封建社会分期问题，成为20世纪后半期我国史学界议论最多、分

金景芳给研讨班学员和博士生讲授《周易》

歧最大的一个问题。主要有以郭沫若为代表的战国封建说，以范文澜、翦伯赞为代表的西周封建说。此外，还有春秋封建说、西汉封建说、东汉封建说、魏晋封建说等。其中，郭沫若的战国封建说得到毛泽东的认同，遂成教科书及通行的说法，已被大家广为接受。但是金景芳并未人云亦云，通过自己的刻苦研究，先是在《中国奴隶社会的几个问题》（1962）一书中述及自己关于古史分期的看法，1978年，又在《历史研究》《社会科学战线》召开的中国古代史分期学术讨论会上，对郭沫若的战国封建说提出异议，首创秦统一封建说，后经修改，以《中国古代史分期商榷》为题，发表在《历史研究》1979年第二、三期上，引起了学术界的关注。当时他虽已在学术上取得了许多成就，但其地位是无法与郭沫若相比的，在这样的情况下，他仍然敢于质疑、批驳战国封建说，体现出了不懈的探索精神和挑战权威的可贵勇气。也正因他毕生从不随波逐流，敢于坚持真理，最终开创了具有鲜明学术特色的史学流派——"金景芳学派"，成就了"金派"独树一帜、超越前人的精辟研究。

高清海

【回顾·人物生平】

高清海，黑龙江省虎林县人，我国著名哲学家，吉林大学哲学社会科学资深教授，优秀的教育家。

高清海（1930—2004）

高清海的父亲是一位爱国抗日将领。他虽然出生在东北，但少年时代和青年时代的大部分时间是在新疆度过的。后来在新疆学院设立的师资专修班修习历史。抗日战争胜利后，随家人离开新疆，于1947年回到沈阳。1948年，考取东北行政学院（吉林大学前身）教育系；1950年，被保送中国人民大学研究生班攻读逻辑学和哲学；1952年，回到东北人民大学（吉林大学前身）哲学教研室任教。1956年，年仅26岁的他因教学科研成绩突出被匡亚明校长破格晋升为副教授。1978年，晋升为教授并任哲学系副系主任。1981年，出任哲学系主任，并受聘成为国内首批博士生导师、首届国务院学位委员会学科评议组成员。1982年，任吉林大学副校长。1987年，任吉林省社会科学联合会副主席兼党组书记。2003年，任吉林省社会科学联合会顾问、吉林大学哲学基础理论研究中心顾问。2004年，被聘为吉林大学首批哲学社会科学资深教授。

高清海一生发表专著近20部、学术论文200余篇，获省级以上优秀著作和论文奖励20余项，其中包括全国高校社会科学优秀著作成果一等奖、国家优秀教材奖、国家图书奖、全国性评选的优秀论文奖等。此外，还获得国家和省级优秀教学成果奖，香

港伯宁顿（中国）教育基金会"孺子牛"金球奖，省级先进工作者，吉林省从事哲学社会科学研究工作四十年突出成就奖等荣誉。

【回首·峥嵘岁月】

1948年年底，高清海考入东北行政学院，也就是后来的吉林大学。18岁的少年此时不会想到，今后自己的命运将会与这所大学紧紧联系在一起。

当时的东北行政学院实行的是苏联式教学，对学生的要求异常严格，往往得把整本书都背下来才能通过考试。用高清海的话说："每次考试，不扒层皮也要掉几斤肉。"在这样的压力下，他苦练基本功，为今后的学习和工作打下了扎实的基础。1950年，学业突出的高清海被保送到中国人民大学研究生班攻读哲学。1952年，毕业后回到母校东北人民大学，在哲学教研室刘丹岩教授指导下担任逻辑学和哲学的教学工作。

20世纪50年代开始，苏联教科书哲学的僵化模式，一直占领着中国的哲学阵地。高清海将思索的目光锁定在了这一领域。在当时举国上下对苏联模式哲学无比推崇的大环境下，他已经开始认识到其中潜伏着教条主义的阴影，并为此忧心忡忡。但即便如此，他也完全可以从更微观的角度切入，以更审慎的态度阐释，但不走捷径的高清海，直接以革命导师的观点做靶子，亮出自己的推论。这种孤身犯难的理论勇气，独立思考的治学态度，锐意创新的学术追求，堪称当代中国哲学研究的典范。1956年，当时年仅26岁的高清海，经匡亚明校长的提名和推荐，被高教部批准破格提升为副教授。

1959年，受当时政治因素的影响，高清海被取消马克思主义哲学的教学资格，被调至欧洲哲学教研室，在当时的环境下，这并非普通的调任，更类似于"发配"。"文革"开始后，他不但彻底失去了教学的资格，还一度被关进黑屋，遭受批斗，接着又是全家下放到农村接受改造。从1969年到1972年，他白天下地干活，晚上青灯独守，故卷常翻。马恩的著作，被他一遍又一遍地精读。高清海执着于内心的真挚与学术良知，严守住自己的精神阵地。后来回忆起那段时光，他经常对学生说："你既然选定了这样一条道路，就应该勇于坚持真理走下去。"正是凭着这样的信念，他熬过了十年浩劫，迎来了新一轮学术的高峰。

1978年，高清海被评为教授；1980年，加入中国共产党；1981年，出任哲学系主任；1982年，被任命为吉林大学副校长；1983年，成为国内首批博士生导师。不久他又迎来了更大的学术荣誉，成为国务院学位委员会学科评议组第一届委员。因此，在他身上除了繁重的科

高清海（中）对学生进行学业口试

研任务之外，又多了许多行政领导职务。而他对待行政领导工作，也像对待他的科研和教学工作一样，兢兢业业、勤勤恳恳、认真负责、任劳任怨。后来由于身体原因，他辞掉了学校的领导职务，专心研究，为吉林大学打造了一个国内领先的哲学学科团队。

从1980年起，高清海用了6年的时间完成了《马克思主义哲学基础》一书的编写，这是一项庞大的工程。此书被认为是"开创体系改革的先河""为哲学的改革和研究创出了一条新路"，是一部令人耳目一新的著作。

高清海不仅在研究上成绩卓著，教学生涯同样有声有色。他以"为学做人"的典范和大道理感召、教育学生，以独立思考、史论结合、理论和实际结合的方法培养学生，为中国马克思主义哲学界培养了一大批知名的中青年学者。他的教学方式和希腊哲人、先贤孔子等人大致相类。在日常生活中师生们问答互动，渐渐触及哲学的深层。在高清海的"哲学沙龙"里，那种无拘无束、飞扬灵动的气氛更为强烈。他学识渊博又平易近人，只要有人愿意和他讨论哲学问题，他就像一座从不设防的城市，随时为对方敞开心灵大门。智慧与热忱，如同磁铁一般，形成了无形又强大的引力。他生前在谈到一生中最为得意的事情时曾说："我有一批遍及全国各地的、在各自领域

成就不凡的好学生。"每一位师从高清海的学生，提及师生因缘时，都能动情地讲述类似的故事，之后总是忍不住泪光盈盈，感叹一句"师恩难忘"。他的40多名博士如今都已经成为国内著名的哲学教授，孙正聿、孙利天、邴正、孟宪忠、刘少杰、陆杰荣、高文新、胡海

高清海和弟子们（左起：秦光涛、孙正聿、高清海、邴正、孙利天）

波、贺来、王福生……他的学生遍布全国，在各自的领域里努力闯出了一片天地。

2004年，一向身体硬朗的高清海病倒了，在病榻上他自言自语，"我的一生只想为人服务"，"如果我不能再搞哲学了，活着还有什么意义"。他嘱咐妻子，"如果听到我向单位提什么要求，一定要向学校解释，那是病人已经神志不清了，不要当真"。这些话充分体现了高清海先生两袖清风、无私奉献的精神品质。

作为吉林大学哲学学科的创始人之一，"文革"后马克思主义哲学学科的学术带头人，高清海通过努力使吉林大学马克思主义哲学学科以其鲜明的特色和优势崛起于祖国东北，并于1981年首批获得博士学位授予权，于1988年成为首批国家重点学科。2004年，哲学基础理论研究中心被确认为教育部人文社会科学重点研究基地。他本人被载入伦敦国际名人传记中心出版的《世界名人录》。长春电视台《发现长春》栏目组遍访高清海的弟子，拍摄了一部名为《远行者》的专题片。吉林大学哲学系创设了一门以国内学者为名的本科课程："高清海哲学思想讲座"。吉林大学成立了第一个以人名命名的科学研究机构：吉林大学高清海哲学思想研究中心。学校在东荣大厦一楼大厅里矗立了高清海塑像。人们通过各种各样的形式怀念他，将他的学术思想和学术精神一代代传承下去。

【回忆·先贤故事】

当年，吉林大学的校长匡亚明空闲时喜欢到教学楼里面走走转转，与同学聊天，到教室里听课，搜集些教学信息或意见。一天，他走到一间正上课的教室，课堂上讲的是本应枯燥乏味的哲学。但当他坐下来，仔细听的时候，却被深深地吸引住了。讲台上的青年教师正在用清晰的语言，生动活泼的事例诠释着晦涩枯燥的哲学理论，匡校长与教室内的同学一起听得津津有味，如醉如痴。下课铃一响，他强抑制着内心激动的心情大步地走到了哲学教研室主任刘丹岩教授的办公室，开口就问："这个青年教师是什么职称？"刘教授向匡校长介绍了这位青年教师的基本情况，说这位青年个人能力强，已发表了3篇论文，出版1部个人专著，反响极好。但当他听说匡校长打算提这位青年为副教授时，还是沉吟片刻，表示些许担心。匡校长没有让刘教授把话讲完，便说："在大学里教书，学术水平才是最重要的。我就是要树立一个榜样给青年人看看。"他表明了支持培养新生力量的态度。回到办公室后，匡校长又把这位年轻人的论文看了又看，这更加坚定了他提这位青年为副教授的决心。此事，自然在整个吉大校园内引起了轩然大波，有人认为他太年轻，有人认为他不是党员，只专不红，总之是反对。为此，匡校长特地来哲学教研室开了一场大会，他开门见山地说："我今天来有两件事。第一，提他为副教授是我特批的，谁有意见可以直接找我谈，不要在私下议论。第二，在座各位谁有他那样的学术水平，也可以评副教授，可以评教授。如果没有就散会吧。"最后，匡校长力排众议提这位年轻人为副教授，要知道1956年整个吉林大学的副教授又有多少呢？据说，匡校长就此事还特地给高教部写信说明情况，这位年轻人就是时年仅26岁的著名哲学家高清海先生。

年轻时的高清海

关实之　陶慰孙

【回顾·人物生平】

关实之，曾用名桐华，北京人。无机化学家
和教育家，吉林大学化学系奠基人之一。

关实之（1897—1990）

1919年，以优异成绩取得公费赴日留学资格。1928
年3月，在日本京都帝国大学化学系毕业。1931年8月，
于上海私营中华化工研究所任研究员。其间，翻译一本R.Lespieun 著的《化学分子》
专著，这是我国早期的一本很有影响的教学参考书。同时，在上海暨南大学和大同大
学任教授。1946年春，国民党镇压爱国学生运动，曾冒险营救我党地下党员和学生。
1950年，与爱人陶慰孙教授一起到东北工学院工作。1952年来到长春，与蔡镏生、唐
敖庆等人一起创建东北人民大学（吉林大学前身）化学系。1986年1月，加入中国共产
党。生前与爱人陶慰孙立有将全部积蓄捐赠给国家的遗
嘱，吉林大学为此设立"陶慰孙奖学金"。

陶慰孙，江苏无锡人。有机化学家，生物化
学家，吉林大学化学系奠基人之一。曾任吉林省第
四届政协副主席、九三学社社员、第三届全国人民代
表大会代表、第五届全国政协委员、吉林省妇女联合
会名誉副主任、中国生物化学学会名誉理事等职。

陶慰孙（1895—1982）

1930年，在日本京都帝国大学理学部获博士学位，成为中国在日本的第一个理学女博士。日本人曾在日文报刊上以"中国第一女性"为题登了褒奖陶慰孙的文章。其间，与在京都大学从事研究工作的关实之结为伉俪。次年，回国任上海大同大学教授，兼任上海自然科学所研究员。1950年，任东北工学院教授。1952年，任东北人民大学（吉林大学前身）教授，为建立化学系、生物系（于1984年更名为分子生物学系，并于1997年与酶工程实验室合并建立吉林大学生命科学学院）、化学系生物化学专业做出贡献。1964年，制成"赤豆蛋白"和"大豆豆酪素"。著有《蛋白质分子基础》。1970年，下放到吉林省舒兰县。1972年，任生化教研室主任，为吉林大学酶工程实验室的建立奠定了基础。

【回首·峥嵘岁月】

在初创的东北人民大学化学系有这么一对学界伉俪。他们夫妻二人携手同心，为创建吉林大学化学学科做出了重要贡献，也谱写了一段化学界的伉俪传奇。

1950年夏，关实之夫妇响应党支援东北的号召，放弃了在上海的舒适生活，来到东北工学院工作。院系调整时，他们夫妇来到长春，投身筹建东北人民大学化学系的开创性工作。当时，关实之担任无机化学教研室主任，陶慰孙担任有机化学教研室主任。

东北人民大学的前身是东北行政学院，是东北解放区培养党政干部的学校，只有文科没有理科，在他们来这所学院之前，这里连数理化课程都不曾开过，实验室和化学实验教学用的基本仪器和药品自然更是无从谈起，当时，要建化学系，一切都要从零开始。那时的关实之虽已年过半百，但是却焕发出

关实之与青年师生在一起

为新中国教育事业大干一番的青春与活力。他与蔡镏生、唐敖庆和陶慰孙一起，带领着来自清华、北大、燕大、交大、浙大、中山、复旦、金陵和东北工学院、东北师范大学等高校的青年教师，开创了东北人民大学化学系。

1952年，化学系招收了第一届学生共三个班90人，开学即需要上无机化学课程及相关的实验课。系里决定无机化学由唐敖庆主讲，关实之教授担任普通化学主讲，并主持筹备化学实验教学。那时全系只有三四十名教职工，还没有现在一个较大的教研室人数多。实验设备、仪器和药品都很奇缺，第一届学生的实验场所，就是后来改为食堂的地下室。几十名同学围在像卖肉案板似的条桌前，点着墨水瓶做的酒精灯，安装起简单的仪器，进行着一个又一个的基础化学实验。东北人民大学在那一时期，不仅有从全国调来的学术大师和青年才俊，更有一幢全中国搞化学的人都羡慕的理化楼。1956年，匡亚明任校长，关实之任系主任，东北人大终于在长春解放大路的北侧建成了理化楼。大楼里的内部结构，实验室的布局、通风设备和水电煤管道的分布无不凝结着作为大楼设计顾问的关实之教授的心血。大楼里宽敞明亮的实验室被先进的仪器设备装点一新，此时，化学系已经建成了6个专业和近百个现代化实验室。在这期间，关实之在科研和教学方面也取得了杰出的成绩。他在铁镍元素分析以及稀有元素钒化学方面做了系统的研究工作，使钒化学的研究工作一度居于全国领先地位。

在培养人才方面，关实之知人善任、因材施教。在建系初期，他和唐敖庆一起负责培养青年教师，关实之从每章每节的内容结构，到章节的学时安排，以及课前课后的导语和总结都严格把关，更是字斟句酌地帮年轻教师修改课堂讲稿，仅用了一年的时间就将青年教师培养成可以担任主讲的教师。他还创造一切条件让青年教师到校外进修，使这些人迅速成长为能挑重担的骨干教师。学校化学系无机化学领域的业务骨干和学术带头人、原系主任徐如人院士，无机合成研究室原主任、博士生导师庞文琴教授，无机

关实之（中）与徐如人（右）、庞文琴（左）合影

教研室原主任曹锡章教授，以及环境科学系主任、博士生导师杜尧国教授等都曾是他的学生。

在提到关实之教授的时候，总会提起另一个人，那就是他的夫人陶慰孙教授。他们不仅是亲密无间的伴侣，更是事业上的好伙伴。人们喜欢用"关陶"来作为二人的称谓，这两个难以拆分的大字，也正说明他们夫妇在人生和事业方面是紧密联系在一起的。

陶慰孙精通日语、英语，德语水平也很好，还自学了俄语，是我国屈指可数、造诣精深的女科学家。当年，陶慰孙跟随丈夫来到东北人民大学，同几位建系元老一起，先是创办化学系，继而又创办生物系和生物化学专业。20世纪60年代初，她开展了植物蛋白质的结构和功能方面的研究工作，制成"赤豆蛋白"和

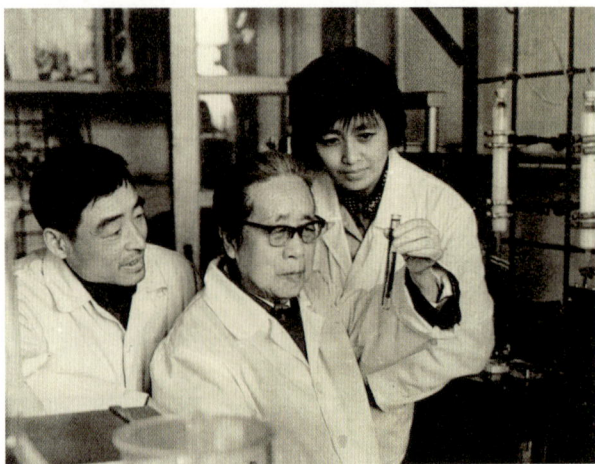

陶慰孙指导学生做实验

"大豆豆酪素"。1970年，她被下放到舒兰县农村，却不改对于祖国科学和教育事业的初心，即使在农村寒冷的小屋里，仍然坚持查阅固氮研究方面的文献。1972年，自农村一回来，她就积极要求工作，继续担任化学系生化教研室主任，立即投入国家重点项目——"生物模拟固氮"的指导工作中，取得了一系列高水平的固氮研究成果。她晚年的研究工作，为吉林大学酶工程实验室的建立奠定了坚实的基础。她主导创建的吉林大学生物学系，1984年，更名为分子生物学系，1997年，该系与酶工程实验室合并建立吉林大学生命科学学院。

1982年12月11日，陶慰孙教授在长春病逝，享年87岁。在她去世的前几天，她还徒步登上五层楼的实验室去指导研究工作。1990年1月3日，关实之在长春逝世。他们夫妻二人从事教育与科研事业60余载，不仅为祖国的科教事业培养了许多的人才，留下了诲人不倦、助人为乐的光辉形象，还把一生从简朴生活中节省、积累的遗产捐赠

给了学校，为学校留下了一笔受用不尽的精神财富和物质财富。

【回忆·先贤故事】

关实之、陶慰孙夫妇平时一向以生活简朴著称。多年来家里连彩电、冰箱、洗衣机和电风扇这些常用的电器都舍不得添置，甚至连日常生活所需的油盐酱醋和水电煤气也都精打细算，曾让很多人认为他们"小气"，殊不知这种对个人的"小气"正是对国家教育事业无私奉献的一种表现。

1982年，陶慰孙教授去世后，关实之教授在家人的搀扶下来到学校，根据陶慰孙生前的遗愿，把她留下的1万元捐献给学校，支持国家的教育事业。对于关老的决定，学校考虑到他年事已高，生活更需要保障，便请他再考虑。关老却坚持自己的决定。1983年七一前夕，关老又来到学校，捐款1.4万元，并

关实之、陶慰孙夫妇合影

在给学校捐款的信中写道："多年来，我在党的抚育下愧无建树，今已年老体弱，力不从心……因此，将个人存款1.4万元贡献给学校，希望用以充实化学系陶慰孙奖学金的基金，同时，也是用此纪念党的生日。这样我在有生之年总算做了一点有益于人民的事。"1985年，已88岁高龄的关老对党的信仰始终不渝，用颤抖的手执笔写信给系党总支，申请加入中国共产党，圆他多年的梦想。1986年1月11日，党组织讨论通过了他的入党申请，年近九旬的关实之教授终于实现了他多年来梦寐以求的政治夙愿。1990年，关老逝世，两位老人的骨灰遵照他的生前意愿撒入了松花江，永远留在了他们挚爱的这片白山松水间……

戴桂蕊

【回顾·人物生平】

戴桂蕊，字子骥。湖南湘乡人。著名内燃机学者、农业机械专家。曾任第三届长春市政协常务委员，江苏省人大代表，第三届全国人大代表。中国民主同盟盟员。

戴桂蕊（1910—1970）

1931年，戴桂蕊毕业于湖南大学电机系。1933年，赴英国考察。1936年，于英国伦敦皇家学院航空系研究生毕业。1937年回国，先后任湖南省公路局工程师、湖南大学教授、成都航空学校高级研究班高级教官。新中国成立后，历任湖南大学工学院、华中工学院、吉林工业大学（原长春汽车拖拉机学院）、江苏工业大学（原镇江农机学院）教授、系主任、科研处长、副院长、院长等职。1958年，成功研制内燃机水泵，在全国农业机械展览会上展出，荣获特等奖。曾任中国农业机械学会常务理事，农田排灌机械委员会副主任委员，农业机械部科学技术委员会委员。一生编写多部全国通用教材，发表和出版学术论文、专著40余篇（部）。其中《航空发动机学》系国内最早的自编航空学教材。主要代表专著有《活塞环的研究与制造》《重锤式线双缸内燃水泵》《并列双缸短程内燃水泵》等；重要学术论文有《论我国农田提水排灌的特点及排灌机械的发展过程》《农用内燃机的论文分析及其设计方法》等。

【 回首 · 峥嵘岁月 】

1955年6月，当时在华中工学院机械系任主任的戴桂蕊调往长春，在长春汽车拖拉机学院先后担任汽车系教授、学校科研处处长、机械系主任兼水力学教研室主任。

新中国初期，在我国华东、中南地区，由于围田地势低洼，每逢雨季江河涨水、内涝成灾，常常造成农业减产。而一些地势较高的农田，不能进行自流灌溉，只能靠人、畜力量浇水，无法满足农作物的生长需求。于是，研发农用水泵，满足广大农民的迫切需求，成为摆在广大科技工作者面前的

戴桂蕊教授（前排居中）在内燃水泵评选会上的合影

课题。在了解到这一情况后，戴桂蕊挑起了研制"农用内燃水泵"的重担。1956年，他与北京第一机械工业部农机所合作，组建了研究小组，开始对内燃水泵的理论进行研究。1957年9月，一种适合我国国情的新型排灌机械——农用内燃水泵，在北京开始试制。为了尽早完成任务，戴桂蕊经常带病工作，有时睡到半夜突然萌发出一个新构想，便立即起床伏案画出草图，并请保姆找来技术负责人，交代第二天一定要画出正式工作图交工厂立即试制。由于当时物资紧张，买不到好的橡胶和牛皮，为了解决内燃水泵进气阀门漏气的问题，他拿出自己的皮鞋充当原材料制作垫圈。在农用内燃水泵试制过程中，周恩来总理也亲莅试制现场，接见、慰问了全体工作人员，并与全体试制人员合影留念。周总理在百忙之中抽出时间单独接见戴桂蕊，在一起畅谈了近两个小时，并提出了革新改进排灌机械是我国农业发展的关键点之一，这更给广大工作人员以极大的鼓励。

1958年5月，在戴桂蕊的指导下，我国第一部农用内燃水泵试制成功。这种水泵具有结构简单、操作方便、制造容易等特点。尤为重要的是这种水泵无需机油，它的"食材"主要是无烟煤、木柴、木炭、沼气等，在广大农村非常普遍。且其经济性远远超过当时需要煤气机、柴油机和锅驼机所带动的水泵。研究实验的结果还表明，它不仅可用于农业灌溉，还可发展成为一种无活塞"液压传动式"发动机，为广大农村提供更为经济和简便的能源动力，用来推动水轮机进行多种农副业加工，还可以改装到船上，成为"喷水式"轮船。考察实验的专家指出：这种内燃水泵，跳出了世界上现有的两大类（活塞式、涡轮式）热力发电机的旧圈子，用液体（水）传动代替了复杂的机械传动。就发动机的传动构造而言，这是一次"革命"。

这项科研成果，在1958年举行的全国农业展览会上被授予国家科技进步特等奖。1958年5月22日，《人民日报》以"排灌机械的大革命"为题，报道了这一消息，并发表了长篇访问——《访戴桂蕊教授》。文中指出："一种最适合我国农业使用的经济而简单的排灌动力机械——内燃水泵，已经研究试制成功。这是我国排灌机械上的一次重大革命，它的广泛使用，将要大大加速我国农村水利机械化事业的发展。"试制成功后，国家主席刘少奇、副总理兼国家科委主任聂荣臻、中共湖北省委第一书记王任重等中央和地方的领导人前往参观。苏联、印度、罗马尼亚、波兰、捷克斯洛伐克等国专家纷纷来函索取资料。

农用内燃水泵研制成功后，戴桂蕊进行了全国排灌机械生产和使用情况的调查，并向国家科委提交了专题调查报告。报告从我国农业生产需要出发，指出了发展排灌机械事业的紧迫性，并建议成立排灌机械研究机构，开办农田水力机械专业以培养专门人才。他的建议受到了党和国家的重视，时任国家科委主任的聂荣臻元帅亲自做了批示，责成农业机械部办理。1959年，由国家科委批准，农业机械部决定在吉林工业大学建立排灌机械研究室，同时在学校设置了我国高校第一个排灌机械专业。

1963年2月，为了加强排灌机械的研究，农业机械部决定，将吉林工业大学的排灌机械专业和排灌机械研究室，一并迁往镇江农业机械学院（现江苏理工大学）建立水利机械专业，使镇江农机学院成为全国水利机械方面的研究中心。戴桂蕊出任镇江农机学院副院长。

戴桂蕊毕生致力于教育和科研事业，不仅为我国排灌机械事业的发展呕心沥血，做出了重大贡献，还以高度的责任感和强烈的事业心为中青年科技教育工作者树立了光辉的榜样，成为我国排灌机械事业的先行者。

【回忆·先贤故事】

1910年3月12日，戴桂蕊出生在湖南省双峰县（现湘乡）青树坪一个铁路职工家庭。少年时他在家乡读乡塾，后入长沙市雅礼中学学习。他在12岁时，就制造出了"切辣椒机"，机器在使用时运转自如，省时省力，见者无不称奇。

1928年，仅读完一年高小和半年初中的戴桂蕊，以优异的成绩考入湖南大学工学院电机系，从此打开了他通向科技发明的大门。在湖南省公路局汽车大修厂和伦敦皇家学院航空工程学院的工作、学习经历，更为他日后的科技发明之路打下了坚实的基础。1937年，他怀着科技报国之志，回到了祖国。1940年的中国，石油奇缺，当时任中国煤气车运输公司主任工程师的戴桂蕊，主持改制了"普用碳"汽车，解决了国家缺油的困难。1943年，他研制成功"正圆式活塞环"，并在贵阳创建了正圆涨圈制造厂。由于生产的涨圈质量很高，深受国内各地欢迎。1945年，他在出任毕节—川滇公路运输公司顾问期间，提出了改进西南公司公路运输的方案，使西南公路运输畅通。

1946年，他回到湖南大学任教授。同年，正圆涨圈制造厂迁至长沙，他又发明了简易的生产工艺和制造方法，使产品质优、价廉、性能好，并且可与当时先进的美国产品相媲美。新中国成立后，长沙正圆涨圈制造厂生产的产品，在国内市场广泛应用，克服了美国在此类产

戴桂蕊创办的正圆涨圈制造厂后发展为长沙正圆动力配件厂

品上对我国的封锁。后来，该厂发展为长沙正圆动力配件厂，产品畅销国内外。

1947年，受联合国救济总署中国湖南公署之邀，戴桂蕊出任邵阳乡村工业示范处总工程师，主持所属十余家工厂的技术和科研工作。这些工厂被人民政府接管后，凭借多年累积的实力都有了很大发展，成为湖南省地方工业的重要基地。

1949年冬，湖南解放，戴桂蕊出任湖南大学工学院院长。他更加努力地工作，钻研新理论与新技术，很快编写出多种教材，其中《内燃机学》被第一机械工业部推荐为全国同类专业通用教材。

1956年，戴桂蕊来到长春。他看到国家在农田排灌方面的需要，潜心研究农田排灌机械。在他的指导下，我国第一部农用内燃水泵试制成功。

1964年，戴桂蕊又研制出了动力水泵……

1965年，在研制热球机的基础上，戴桂蕊提出了"残气点火内燃机"的新设想……当他把所有的精力都投入新的研究之际，"文革"开始了，身患重病的戴桂蕊被迫参加重体力劳动。1970年3月28日，戴桂蕊终因体力不支而离世，新设想的进一步实践也戛然而止。

陈秉聪

【回顾·人物生平】

陈秉聪，山东省黄县人，国际著名拖拉机和地面机器系统专家，农机专家和农业工程教育家，中国工程院院士。曾当选第六、七届长春市政协副主席，第六、七届全国人大代表，第三届全国科协代表，九三学社第七、八、九届中央委员会委员。

陈秉聪（1921—2008）

1943年，陈秉聪毕业于国立西北工学院机械系；1944年7月，在成都空军机械学校高级班毕业，获空军机械工程师称号；1947年7月，在美国空军机械学院高级班毕业，获航空工程师称号；1948年12月，在美国伊利诺州立大学航空与机械工程系获硕士学位。先后参与筹建山东工学院和长春汽车拖拉机学院，是我国拖拉机专业的创始人。曾先后任吉林工业大学农机工程系主任、副校长，国务院学位委员会工学科评议组成员，中国农业机械学会副理事长、名誉理事长等职。

陈秉聪开辟了"松软地面行走机械"新技术领域，在国际上最先提出"畸变模型理论"，首创"半步行概念和理论"。研制了"半步行轮"和"可转换式步行轮"，得到应用并获全国科学大会奖。他发明的"机械式步行轮"获国际发明博览会金奖。开辟了"地面机械仿生技术"跨学科的新研究方向，并取得重大理论与技术进展。

1990年10月1日，陈秉聪获首批国务院政府特殊津贴奖。1993年，获机械工业部重大贡献奖。1995年6月，当选为中国工程院院士。

【回首·峥嵘岁月】

1954年，国家为适应汽车工业的发展，决定建立长春汽车拖拉机学院。1955年，陈秉聪随山东工学院自动车系来到长春，任长春汽车拖拉机学院汽车系副主任。

"国家的需要就是我的需要。"陈秉聪为了祖国新时期的建设，毅然放弃了自己擅长的航空和汽车专业，凭借坚实的机械学基础，挑起了筹建我国第一个拖拉机专业的重任。工作初期，他担任汽车系副主任，同时兼拖拉机教研室主任。为了尽快建立起我国拖拉机工业专业队伍，他从实际出发，借鉴苏联经验编写出适合中国国情的教学大纲，并积极协调各方力量，在短时间内建立起专业实验室和实物教学资料室，还编写了我国高校拖拉机专业的第一部教材——《拖拉机理论》。这部教材，在日后相当长的一段时期里，成为许多高校该专业的基础教材。

长期以来，国内外存在着水田拖拉机行走效率太低的问题，直接影响了生产的经济效益，于是陈秉聪便开始了对水田拖拉机理论、设计及"土壤-车辆"系统力学的研究。这一课题不仅有很大的理论价值，而且具有深远的社会经济效益。但在自然界的各种介质中，土壤是最为复杂的一种物质。因此"土壤-车辆"系统力学比流体力学、空气动力学更加难出成果。而且在20世纪50年代，我国农业机械研究是一片空白，"土壤-车辆"系统力学在世界上也鲜有人研究，陈秉聪等于是在零的前提下开始工作。1956年，他首次提出了在拖拉机上应用减少滚动阻力及增进推动力的方法，但当时他的工作并未得到社会的支持。相反，一些不懂专业的外行，甚至有些同行，对他的工作嗤之以鼻，但他没受任何人的干扰，毅然放弃航空专业，转向农业机械专业，并选择了"土壤-车辆"系统力学这一研究方向。

60年代初，他又在自己的研究领域里，把航空中成熟的实验方法运用到拖拉机行走机构中。正当陈秉聪信心百倍进一步深入研究的时刻，"文革"开始了，他被关押审查了3年，被夺去了从事研究的条件和权利。但是，这些并没有打消他对事业的追求，在繁重的劳动和令人窒息的审查间隙，他仍在思考着他的事业。在农村劳动期间，他看到在水田里耕作时，牛的工作效率比马要高很多，究其原因发现：牛的蹄子是两瓣的，而马蹄是整体的，在泥泞的水田里踩踏过程中，牛蹄子分瓣，不但减小了阻力，还增大了压强。受到这一启发，他想：拖拉机的轮子是整体的，就像马蹄子一样，如果把生物进化的优点运用到拖拉机行走中，将拖拉机的轮子由整体改成能跨步的轮脚，那么问题不就解决了嘛！

　　1970年，他一回到学校，就顶着各种压力，带领着教研室的同事们，经过几年的艰苦努力建成了国内一流的土壤—拖拉机系统力学实验室。

　　1972年，根据我国农村地区实际耕作情况，陈秉聪建设性地提出了"半步行概念"。该理论有效地解决了

陈秉聪在土壤—拖拉机系统力学实验室指导青年教师

农业机械作业中"人机结合"的瓶颈难题，使传统作业方式实现了向半自动化过渡的实质性跨越。

　　1974年，他带领着科研团队，开始了对水田拖拉机行走机构的研究。他通过调查走访积累了大量资料，形成了利用仿生学原理，将"滚动式车轮变成能跨步式轮脚"这一具有重大意义的设想。在"半步行概念"基础上，他创造性地研制出"半步行水田轮"，将生物原理应用于水田机械设计中，有效地解决了"拖拉机不能进入水田作业"的难题。他还相继提出了半步行、仿生步行和仿生脱附理论，为日后该领域的研究奠定了理论基础。1976年，他将动物步行原理应用在水田轮行走机械设计中，在国内外首次提出了"半步式水田轮"的新构思，有效地解决了轮式拖拉机难以下水田的问题，为我国水田行走机构提出了新的发展途径。

　　1984年，泰国引进了陈秉聪研制的"可转换半步行轮"。1987年，他的研究成果先后在第一机械工业部和吉林省科技大会上获奖。同年，他还获得了第三届全国发明展览会银奖和加拿大蒙特利尔国际发明博览会金奖。"半步式水田轮"很快在全国推广。1990年，他研制的"新步行机"取得国家专利。

　　陈秉聪不仅是一位有名望的农机专家，还是一位有影响的教育家。他在担任吉林工业大学副校长期间，主管科研和研究生工作，经各方面的积极工作和准备，使学校

硕士点由原来的11个增加到28个，博士点由4个增加到10个。1987年，在他的主持下，学校建立了我国农业机械设计制造第一个国家级重点学科和博士后流动站，陆续培养出16名硕士生、27名博士生和2名博士后研究人员。从这里毕业的硕士和博士，有的已成为博士生导

陈秉聪在教育部"211"小组汇报会上

师，有的被评为长江学者特聘教授。他指导的博士后出站即被破格评为教授。许多企业用"一将难求"来评价他培养出来的学生。

　　陈秉聪作为我国地面车辆学术领域和汽车、拖拉机专业教育的开拓者，开创了我国"仿生软地面行走机械"的新领域，奠定了该领域的理论基础，为我国水田机械化和农业机械化做出了重大贡献。

【回忆·先贤故事】

　　童年时期的陈秉聪勤奋好学、兴趣广泛。初中毕业后就考取了德国人兴办的青岛市礼贤中学。这所中德双语教学的学校，严谨求实的校风让他受益终生。七七事变爆发后，陈秉聪随父母迁往西安，并考入迁至西安的北京师大附中。入学后，他与父母失去了联系，学习和生活陷入异常艰苦的困境。奋发图强报效国家的强烈信念，支撑着他投入刻苦的学习中，并考取了保送西北师范学院和西北医学院的资格。

　　颠沛流离的生活，激发了陈秉聪不做亡国奴，以及工业救国的强烈爱国热情，于是他放弃保送，选择了发展空间更大的西南联合大学，后来又转入西北工业学院机械系学习。学习机械，使他离自己的理想又近了一步。时值抗日战争焦灼时期，目睹众多同胞惨死于敌机的狂轰滥炸，他决心继续在航空技术领域进行深造，以拯救苦难深重的祖国。于是他毅然报考了成都空军机校高级班，以优异成绩毕业后，他担任了

"中美混合团空军第一大队"机械长。每当看着自己亲手维护的战机呼啸腾空，痛击敌寇时，他感到自己的理想，正在一步步走向现实。

1946年，为了能掌握更多的工业领域知识和技能，陈秉聪又考取了由航空委员会提供的赴美留学资格，到美国陈留特空军机械学院学习。从美国空军机械学院研究生班毕业并获得航空工程师资格后，他又转至伊利诺州立大学航空系继续深造。在获得硕士学位后，怀着工业救国的梦想回到祖国。

1946年，陈秉聪在美国陈留特空军机械学院

然而回国后，当看到在国民党统治下，百姓生活在水深火热之中时，他内心的希望彻底破灭了。1949年2月，国民党政府开始有计划地向台湾撤离技术人员，作为航空机械工程师，他毫无疑问地出现在名单上。已经对国民党政府失去希望的陈秉聪，暗下决心留在大陆。他巧妙躲过了国民党特务的跟踪，经广州到澳门。当时政府存有记录的航空工程师，在全国范围内寥寥可数，他一到澳门，很快便引起了各界人士的注意。国民党特务也随之而至，他厉声对尾随的特务说："除非你们把我打死，否则我是绝对不会去台湾的。"几天后，当地著名的机械企业也慕名而来，以高薪邀请他共同合作。同时，他还接到了香港大学邀他到校任教的邀请……

1949年夏，陈秉聪盼到了家乡的来信。父亲在信中说："党的地下工作者田丹（陈秉聪小学同学）委托我，动员你尽快回来。你的好友仲曦东也让我转告你，新中国即将建立，希望你回来参加祖国的建设。"

1949年6月的最后一天，红星号渡轮乘风破浪驶过海峡，站在甲板上的陈秉聪迎着徐徐的海风回到了亲爱的祖国……《香港日报》记者梁大方站在他身边按下快门，激动人心的瞬间被定格成温暖的永恒。照片中的陈秉聪双肩开阔，腰背笔直，一只手微曲身后，一只手侧握栏杆，坚定的目光迎着海风眺望着祖国大陆……

宋玉泉

【回顾·人物生平】

宋玉泉，河北省张北人，著名的金属材料超塑性专家，教育家，中国民主同盟盟员，中国科学院院士。曾任吉林省知识分子联谊理事会名誉会长，吉林省发明协会理事长，长春市专家协会理事长等职。

宋玉泉（1933—2018）

1951年8月，考入北洋大学物理系；1952年，全国院系调整转入南开大学；1955年，毕业于南开大学物理系，随即由国家统一分配到长春汽车拖拉机学院（吉林工业大学前身）工作。1955年至1979年，先后在吉林工业大学物理教研室、金相教研室、锻压教研室任教。1979年，晋升为讲师，次年晋升为副教授，1985年，晋升为金属塑性加工专业教授。1987年，任吉林工业大学应用物理系兼职教授。1993年，被评为博士生导师。1988年，筹建超塑性研究室。1994年，筹建超塑性及塑性研究所。1997年，当选为中国科学院院士，兼任《中国科学》《科学通报》《机械工程学报》《航空制造技术》和《锻压技术》等学术刊物的编委。曾任吉林大学超塑性与塑性研究所所长、材料科学与工程学院教授、吉林大学国家重点学科"材料加工工程"的学术带头人和学科建设负责人。

宋玉泉在超塑性拉伸、胀形和挤压变形及其成形规律方面均进行了系统的研究，在理论和实验上不断创新和突破，解决了一系列高科技难题，形成了自身的理论体系和研究特色。在超塑性研究领域曾获国家自然科学四等奖、国家教委科技进步一等奖、二等奖和机电部科技进步三等奖各1项。

【回首·峥嵘岁月】

1955年，刚刚大学毕业的宋玉泉接受了组织的分配，满怀着对党、对人民奉献的一腔热忱和希望来到长春汽车拖拉机学院工作。

同年，宋玉泉在物理教研室任教，当时刚刚建校，师资不足，他主动要求过额承担教学工作，除了讲授10个班的实验课和6个班的习题课外，每周还有3个晚上值班答疑。为了搞好教学，他不但经常向老教师请教，还专门跑去和学生们一起听其他专业授课经验丰富的教师讲课，以便学习教学方法。1956年，他被调至金相教研室，依然承担着物理教研室繁重的教学任务。为保证教学质量，制定教学计划，他几乎每日都忙到凌晨3点左右才睡觉。

正值宋玉泉施展青年才华，勤奋工作之际，一场政治风暴席卷而来。1957年，年仅24岁的他被错划为"右派分子"，被下放到校实习工厂劳动改造，但是他从未向命运低头，白天接受劳动改造，晚上回到宿舍，在床头点起一支小蜡烛，偷偷地翻看有关金属物理方面的书籍。1959年，学校成立锻压专业，教研室里缺少教师，宋玉泉戴着"右派分子"帽子，边劳动改造，边在教研室任教。他为实验人员、预备教师、青年教授、中年骨干教师、本科生、研究生讲授过物理学、金属学、金属物理、金属力学性质、范性形变、高等数学、复变函数、数理方程、热力学、无线电子学、机械电工、金属与合金的超塑性、超塑性力学13门课程，每接受一门新课，他都高兴得不得了，通宵达旦地认真准备。1960年，就在他刚摘掉了"右派分子"的帽子，再次开始拼搏与奋斗的时候，1964年的"四清"运动又把他卷了进去，"四清"运动结束没多久，"文化大革命"又来了。在近20年的历次政治运动中，他无一幸免地遭到冲击。就算身处逆境，他也始终信心未泯，仍然坚持研习数理基础理论，并给师资培训班授课。在劳动之余结合创办热加工新专业，潜心钻研金属物理、塑性力学及弹塑性理论等，还进行了"场致塑性""金属力学性能测试"等研究，这些都为他日后从事超塑性理论研究奠定了基础。

1977年，阳光驱散了乌云，已经44岁的宋玉泉终于迎来了"科学的春天"，他留在了原锻压教研室从事教学工作。由于当时辊锻研究室的分立，锻压教研室一时没有科研方向。1979年，宋玉泉经过查阅大量的科技资料，赴京与北京机电研究所超塑性研究室的相关同志进行深入交流、沟通，又与先开展超塑性研究的吉林大学金属物理专业、长春光机所十室进行了学术交流和协作后，在此基础上确定了重点对超塑性的变形机理和成形规律进行研究。

当时，北京机电研究所在超塑性研究方面处于国内领先，宋玉泉决定去学习。由于没有进京介绍信，他只能住在离机电研究所很远的鲁公村。为充分了解情况，他在北京进行了3个多月的学习和收集资料工作，每天从早6时工作到晚11时，途中要换乘4次公共汽车，往返需4个多小时。天热、路远，加上过度的劳累，宋玉泉常常感到眼冒金花，肝部疼痛，经检查已患了严重的肝炎，必须马上离京。他一下火车就被推进了医院，手提兜里还装着270余篇复印的国内外有关超塑性研究的资料。出院后，他怀揣着诊断书，便开始了系统的研究。他始终坚信"中国人不比外国人笨，外国人能做的我们能做，外国人不能做的我们也能做"。

功夫不负有心人，辛勤的耕耘终于结出了丰硕的果实。从1984年开始，宋玉泉共在国内外学术刊物上发表论文128篇，在超塑性研究方面走出了一条由理论到应用的道路。他所建立的超塑变形力学解析理论，不但揭示了变形的力学规律，而且有明确的应用背景，在国内外产生了广泛的影响，得到了同行专家学者的赞誉。1997年，他当选中国科学院院士后，在对超塑性进行深入研究的同时，对回转塑性精密成形领域的变形规律、成形工艺、专用设备及测量仪器等进行了系

1998年，宋玉泉（右）与陈秉聪院士（中）、郭孔辉院士（左）交流工作

统性的研究，很好地支撑了材料加工工程专业国家重点学科的建设。其间，他荣获中国发明专利23项，国际发明专利2项，2004年，被评为吉林省"十佳专利发明人"。2007年之后，他介入中国高速铁路动车组的研究，获授权中国发明专利4项、美国发明专利1项，在高速电气化铁路的斜面无缝焊接、无负序供电、再生制动、高能储电和提高大容量蓄电池的温度适应范围等方面，形成了较系统的研究思路。

宋玉泉作为著名的超塑理论专家，将自己毕生的智慧和才华献给了科学教育事业。他从教63载，几乎全年无休，夜以继日、严谨治学、潜心育人。多年来，他共指导过博士、硕士研究生81名，博士后3名，并作为项目负责人承担国家科技攻关计划引导项目、国家自然科学基金项目、吉林省科研重点项目和铁道部等多项科研任务，他的学生很多都已成为国内材料行业的业务骨干。

在教学过程中，他非常注重对人才的培养，并强调"德才兼备、以德为主"。他经常说教师的任务就是培养学生，他的使命就是要学生超过自己。他不仅指导科研，还培养学生进行科学工作的基本思维。不单单帮助学生打下坚实的理论基础，还着重培养他们的独立性和创造性思维。他不仅思想超前，勇于创新，对学生要求也非常严格。每一个研究生的论文题目都是他根据研究生的优势和研究所的需要来确定的，论文的研究方案更是反复商讨制定。生前近10多年间，他积劳成疾，断断续续住院治疗，却仍然坚持工作，学生的论文都要亲自审阅、批改多遍，甚至连标点符号、图标格式都不例外。

宋玉泉一生历经磨难，晚年他根据自身的经历，曾提出"六个强度与韧性"，即思想强度韧性、工作强度韧性、肌体强度韧性、精神强度韧性、感情强度韧性、理智强度韧性。他还提出了"三个勇气"，即自我批评的勇气、接受批评的勇气和批评大家的勇气。这不仅是他人生经

宋玉泉在指导博士研究生

历的缩影，更是激励后昆的精神财富。他用一生践行着科学报国的光荣传统，真正把个人理想自觉融入国家发展伟业，在科学前沿孜孜求索，在重大科技领域不断取得突破，更用坚忍顽强的意志品格，向世人印证了他曾经的豪言"激流更掀千层浪，策马横越万重山！"

【回忆·先贤故事】

1933年仲夏，乌云蔽日的张北草原，一个幼小的生命诞生了，全家人围着他高兴了一阵，随即起了一个好听的名字——玉泉。

宋玉泉生在草原，他有着草原人的粗犷，倔强的性格。这性格给他后来的事业带来了成功，也给他生活的道路带来了许许多多的磕绊。他五六岁时比马腿高不了多少就敢骑马，七八岁就已成为敢于制服草原烈马的小骑手了。不幸的是，九岁那年，他从马背上跌了下来，摔脱了左腿髋关节，从此留下了终身残疾，但是他天生就有一股决不服输的劲。上初中时，他迷上了篮球，却因左腿的残疾，遭到同学的讥笑，于是他暗下决心，一定要和四肢健全的同学一样飞奔在球场上。从此，他每日早晚就利用上下学的时间，偷偷练习打球。后来在南开大学读书时，他竟然成了物理系的篮球队员，硬是创造了一个奇迹。

早在少年时代，宋玉泉就有过当侠客的梦。那时，正是中国人民在三座大山的重压下陷入水深火热的年代。他每日清晨骑车上学都要看到几具因冻饿而死的僵尸横在店铺的屋檐下，因此对课堂上老师讲授的那一套陈腐的课程不感兴趣，却热衷于《水浒传》等侠义小说，敬佩书中的人物，崇拜花和尚鲁智深。他曾经背着家人偷偷地拜过师，学过武，希望有一天也能成为一个侠客，为国为民做出贡献。

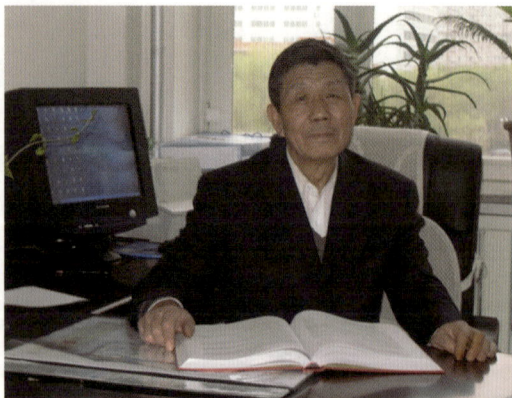
宋玉泉院士

　　1949年，新中国成立了，人民当家做了主人，社会不再需要侠客了，祖国发展急需人才。宋玉泉这才开始寒窗苦读，他从小就很聪明，再加上那股倔劲，1951年，以优异成绩提前一年考上了北洋大学物理系。1955年，大学毕业，他满腔热血就为报效祖国，理想就是去支援祖国的边疆和故乡草原的建设，虽然最后他未能如愿去边疆工作，但是欣然接受了组织的安排来到北国长春，将自己的一生信念与抱负无私地献给了东北这片沃土，在迈向科学高峰的征途中始终逆境求变、刚毅坚卓、攀登不息，用毕生诠释了一代知识分子的曲曲人生路，拳拳报国心。

董申保

【回顾·人物生平】

董申保，北京人，祖籍江苏常州。著名地质学家、岩石学家、地质教育家，中国变质地质学的奠基人之一。中国科学院学部委员（院士）。

董申保（1917—2010）

董申保早年曾就读于上海东吴第二中学、浦东中学。1936年，就读于北京大学地质系，后辗转到昆明西南联合大学地质地理气象学系学习。1940年，毕业后，在国家资源委员会西南勘测处任技术员。1941年，回到西南联大攻读研究生。1944年，获硕士学位并留校任教。1946年，考取公费留法生（法国政府交换生）。去法国前，曾帮助地下党的同志传递消息。1948年，赴法国巴黎大学攻读博士学位，后转入克莱蒙非朗大学学习，在巴黎他积极参加中共地下党组织领导的革命活动，并担任在法华侨联合会出版的《侨联》刊物总编辑。1951年2月，学成回国，在北京大学地质系任副教授，同年加入中国民主同盟，次年加入中国共产党。1952年，调到东北地质学院（长春科技大学前身）工作，历任地质勘探系副主任、主任，院长助理、院长。1980年，当选中国科学院学部委员（院士）。1984年，调到北京大学地质系任教授，同时兼任长春地质学院教授。曾任国务院学位委员会第一届评议组成员、吉林省地质学会理事长、中国地质学会理事、中国矿物岩石地球化学学会常务理事等职。

董申保在1978年的全国科学大会上被授予先进工作者称号，曾被国家教委、长春地质学院和北京大学授予全国高等学校先进工作者、优秀共产党员荣誉称号。中国科学院曾授予他"为中国科学事业做出贡献"的荣誉奖章。1989年，获国家自然科学二等奖。1995年，获李四光地质科学奖。2007年，获北京大学第二届"蔡元培奖"。

【回首·峥嵘岁月】

董申保与东北颇有缘分。新中国成立之初，国家在长春成立了东北地质调查所，当时的所长佟城就曾邀请他到所里工作。1951年8月，中国地质工作计划指导委员会决定在长春建立东北地质专科学校，再次邀请他来校工作。那一时期，新中国的建设迫切需要地质方面的人才，而能够培养地质人才的教师却十分缺乏，能够开岩石学课程的人，更是屈指可数。1952年10月，北京地质学院成立，董申保由北京大学调入北京地质学院，讲授岩石学。此时与北京地质学院相继成立的东北地质学院（长春地质学院前身），也急缺教授岩石学课程的教师。1952年11月，地质部领导找他谈话，希望他能再次到长春参加东北地质学院的建设工作。组织上原定借调他到长春工作一年，带出几个"徒弟"后再回北京。一年后，当组织上就他的去留问题征求他本人意见时，他说："我没有意见，组织上决定我在哪里就在哪里。"就这样，他留在了长春地质学院，这一留就是32年，把他人生最美好的年华奉献给了东北这片热土。

董申保在长春地质学院工作期间，从担任地质勘探系副主任到院长、党委常委，一直倾心致力于长春地质学院的建设与发展，为学校做出了重要贡献。

学院建立之初师资非常短缺。他深知，只有培养和建设好一支高水平、高素质的青年教师队伍，才是学校不断发展壮大的基础。于是他主动请缨，承担起培养青年教师的重担。为了夯实青年教师的理论基础，他给大家补数学、讲量子力学、开物质结构等课程，用与地质学相关的基础理论来武装他们，还开设了地质专业课程，强化他们的专业基础。

在担任学院领导期间，他秉承科学的办学理念、求实的办学精神、严格的质量要求这三大法宝办学。在重视基础理论教学、强调基础理论与专业相结合的同时，重视野外实践，注重野外地质与实验、物理、化学相结合；在重视课堂上理论教学的同时，重视实验室建设与实验教学。工作中他不仅有想法和思路，更是能将其付诸实践，使各系、所以及野外实习基地的建设办出各自的特色。同时他在变质岩、岩浆岩岩石学研究等方面，也取得了突出的成就，特别是在变质岩岩石学方面的学术造诣精深，是我国变质

1983年5月，董申保（中）在四川甘孜州带研究生野外考察

岩岩石学学科的开拓者之一。变质地质学研究团队的人，既是董申保的学生又是他的助手，而他在这支团队中的身份是亦师亦友。在工作中，他严格要求、一丝不苟、言传身教，平日的耳濡目染使这支科研队伍很快便成为一支高素质的变质岩研究的专业梯队。为了加强学校与国际地质学界的交往与联系，他还想方设法提高中青年教师的外语水平。在校内，他组织有针对性的外语培训，并亲自研究培训方案，督办培训进程，为中青年教师营造了良好的外语学习氛围，同时还选派中青年教师出国进修。许多亲历者回忆起当年学习外语的情景，都不胜感慨，对董申保在自己成长中所倾注的心血充满了感激……

1984年，董申保从长春地质学院院长的岗位上退了下来。在他任职期间，在全院师生员工的努力下，1979年，长春地质学院进入国家重点大学行列，成为一所学科专业齐全、基础理论厚实、专业基础扎实、人才培养质量不断提高的国家重点大学。

【回忆·先贤故事】

早年在北大读书期间，董申保就研究过昆阳群浅变质岩。在国外读书时，他又研究了法国中部高原的变质岩系。此后，他的一生都在与"石头"打交道，以变质地质学为自己的主要研究方向。

早在20世纪五六十年代，董申保就在胶东、辽东、吉南、燕山等早前寒武纪变质岩的四个大面积分布区域内，组织学校师生开展地质调查，提出了一套适用于"1∶20万区测"变质岩研究和填图的工作方法——《前震旦纪变质岩区的几个基本问题和工作方法》，对

董申保（右一）在川西北考察

整个华北陆台变质岩区第一轮"1∶20万区测"工作起到了指导作用。首次建立了四个地区早前寒武纪区域变质地质构造框架，为这一区域以后的地质研究和矿产普查奠定了基础，并确立了变质地质学这一研究方向，提出来"变质岩石组合"和"混合岩矿床"等假说。

20世纪70年代，董申保组织学校师生在华北陆台地区早前寒武纪变质地质作用和成矿规律上，对全区前寒武纪地质演化历史及铁、硼、铅等矿产的成矿规律开展研究，第一次对中国早前寒武纪地质及成矿作用进行了系统总结，取得了理论创新成就。在此基础上，他们还对华北陆台以外的华南加里东变质带、滇西康定杂岩和鄂西崆岭群等区域，进行了大量的研究，取得了重要成果。

进入20世纪80年代，董申保在做好教学、科研工作，指导研究生的繁重工作之余，为了完成编制中国第一代"变质地质图"的任务，每年还要坚持用4个月的时间到野外进行实地考察。他走遍祖国的大江南北、长城内外，踏过除台湾、西藏以外的所有省、自治区、直辖市，从西北的阿尔泰山到东南沿海的闽浙丘陵，从华北平原到澜沧江盆地，行程两万多公里。在巴颜喀拉山海拔4500米以上的地区，年逾花甲的董申保连续工作了半个月。同去的中年同志出现高原反应，常常感到头疼难受、呼吸困难，夜晚要靠药物才能入睡。他也是忍受着高原反应带来的痛苦坚持工作。每到一个省、自治区，他都会谢绝入住高级宾馆和高级招待所，坚持住在普通的招待所，谢绝

单独为他准备的饭菜,同其他同事一起到食堂排队打饭。在大西北的戈壁荒漠里,他常常一天要连续工作十几个小时,深夜才能回到住地,第二天一大早又要连续工作。有时工作太晚了,赶不回宿营地,他就在公路养护段的窝棚里,与同事们挤在一张破旧的床上过夜,没有被褥只能和衣而卧。

董申保组织领导的"中国变质地质图"的编制与研究,系统地提出了中国区域变质作用类型及时空分布,区分了变质域和变质巨旋回及其与大地构造的联系,填补了我国在这一领域的空白。1989年,历时5年时间,《中国变质地质图(1:400万)及其说明书(中英文两种版本)》终于出版了,《中国变质地质图(1:400万)及中国变质作用及其与地壳演化的关系》获得了国家自然科学奖二等奖。

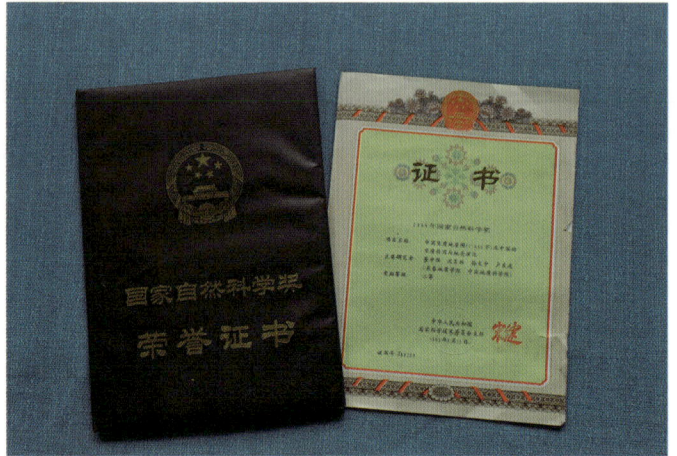

1989年,《中国变质地质图(1:400万)及中国变质作用及其与地壳演化的关系》获国家自然科学二等奖

殷　震

【回顾·人物生平】

　　殷震，原名殷之士，江苏省苏州市吴县人。兽医学家，教育家，中国兽医病毒分子学开拓者之一，我国动物病毒学研究的奠基人，我国重点学科传染病与预防兽医学学科杰出的带头人，中国工程院院士。

殷震（1926—2000）

　　殷震于1956年5月入伍，1965年11月加入中国共产党。历任华东军区兽医学校教员，中国人民解放军兽医大学、农牧大学、军需大学助教、讲师、副教授、教授、校专家组组长，中国人民解放军基因工程实验室主任。先后兼任国务院学位委员会学科评议组成员，国家攀登计划项目专家委员会顾问，国家科学技术奖励生命科学学科评委会评审委员等职。主编了我国第一部《动物病毒学》专著，编著、译著、专著20余部。率先在国内同类院校中开展了基因工程和细胞工程等高技术研究，在国际上首次于实验室内实现了不同属病毒基因的细胞内重组，并在国际上首创转基因家兔的自体植入技术。他主持建立的具有国内领先水平的基因工程实验室，在转基因动物研究领域形成了独有的特色和优势，他领导的预防兽医学学科始终保持国内领先，并在国际上占有优势地位。

　　1990年，殷震首批享受国务院政府特殊津贴，并被国家科委授予"全国优秀科技工作者"称号。1995年，当选为中国工程院院士。1996年，被解放军总后勤部评为

"一代名师"。1999年，荣获军队"专业技术重大贡献奖"。2000年7月18日，在赴哈尔滨公出途中遭遇车祸，不幸以身殉职。

【回首·峥嵘岁月】

1949年6月，殷震于江苏南通学院畜牧兽医系大学毕业。许多单位相继到校园征召应届毕业生，他和几位志同道合的同学一起，踏进了人民军队的大门。殷震入伍后的第一个单位是创建于1946年3月的华东兽医学校。当时正是解放战争全面铺开的艰难岁月，1949年春天，华东野战军整编为第三野战军，学校划归三野后勤部卫生部领导，定名华东兽医学校。在华东兽医学校，殷震最初负责解剖学和微生物学两门课程的教学。他虽然初出茅庐，但他边学边教，十分用功，也十分投入。备课时，他总要阅读大量的参考资料，编写出详细提纲，找来各类实物标本和挂图。讲课时，他更是一丝不苟。有一点儿课余时间，也要用借来的马骨头练习绘图，或拉来一匹马实际操作……他还经常用课余时间到南京农业大学等高等学府向教授们请教，到南京总医院等单位去进修。正是由于对科学的坚持与坚守，殷震与原安顺兽医学校内科专家、贾清汉教授的得意门生迮文琳一起找资料、查数据，无数个日夜的努力之后，合作翻译出厚厚的英文版《兽医内科诊断学》。

1953年，殷震离开江南的故乡随学校来到北国春城，被任命为兽医大学的讲师。新中国初建，苏联派遣了大批各行各业的专家来中国支援社会主义建设。当时的兽医大学，也根据总后勤部兽医局的要求，在苏联专家的指导下，学习苏联的教学经验，翻译苏联的教科书，拟订相应的教学大纲和教学计划。因为工作需要，殷震开始学习俄语，并仅用23天就基本掌握了俄语的阅读能力，不久便担任了编译科长，先后翻译出版了十多本俄语教材和参考书，为教学提供了便利。20世纪50年代，殷震临危受命担任《兽医微生物学》教材的主编，这是一部几十万字的长篇巨著，工作量绝不轻松。他一章一章地统稿，对有些不够理想的内容就自己重新编写。得益于多年来扎实的专业基础和较好的文字功底，他终于使这项大工程在1961年圆满完工。这部《兽医微生物学》，是中国第一部系统讲述兽医微生物学知识的专著，直到今天，仍然是许多兽医必看的教科书。他凭借求真务实、精益求精的工作态度，30多岁就评上了副教授，在当时的职称晋升体制下，可算是令人惊叹了。

1981年，殷震得知当时世界上掀起了一股研究转基因动物的潮流，他敏锐地意识到基因工程，应当被视为生物工程的核心。于是他率先在国内同类院校中开展了基因工程和细胞工程等高技术研究。在他的主持下，兽医大学成立了中国人民解放军基因工程实验室和动物病毒实验室，它们都是国家重点学科——传染病与预防

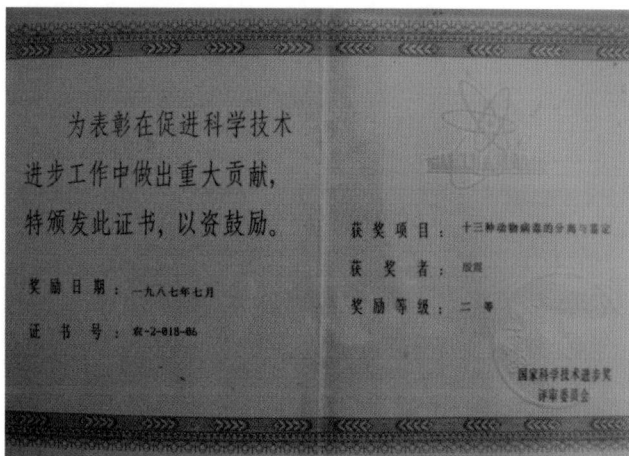

为表彰在促进科学技术进步工作中做出重大贡献，特颁发此证书，以资鼓励。

奖励日期：一九八七年七月
证书号：农-2-018-06

获奖项目：十三种动物病毒的分离与鉴定
获奖者：殷震
奖励等级：二等

国家科学技术进步奖评审委员会

1987年，"十三种动物病毒的分离与鉴定"
获国家科学技术进步奖二等奖

兽医学的重要组成部分。同时，兽医大学也成为国家首批具有博士、硕士学位授予权的单位。许多军队、地方名牌大学的博士生都慕名前来做课题。在殷震的领导和主持下，学校在病毒分子生物学研究、基因疫苗和转基因动物反应器这几大世界前沿学科课题中都取得了令人瞩目的成果，他领导的预防兽医学学科也始终保持国内领先，并在国际上占据科学前沿……他先后取得二十多项科研成果，其中七项获国家和省部级科技进步一、二等奖，七项获军队科技进步一、二等奖，承担国家"863"计划、国家攻关、国家攀登计划项目等重大课题十余项。

殷震科研精尖，却始终名淡如水，甘当人梯。他认为自己一个人的作用毕竟是渺小的，只有当好"人梯"，使一批又一批学生通过自身的培养攀上科学高峰，国家的兽医事业才有希望。因此他总是竭尽所能地为学生创造更多的学习机会，毫无保留地为国家培育人才。自己编书所得的稿费以及荣获全军教学成果一等奖的奖金全都用来给学生购买资料或交到所里作为优秀青年科技干部的奖励基金。甚至为了给学生研究、出国创造条件，他把父亲留下的珍贵书法作品，以及家里珍贵的工艺品都拿出去送给对中国文化情有独钟的国际友人，用来联络感情，请人家帮忙提供信息和资料，

协助学生们出国深造。在与学生进行研究和实验的过程中，出现了问题都是由他来承担责任，而取得成果，他又总是把学生的名字排在前面。

殷震爱才如命，育人有方。他从来都是鼓励学生们大胆地去探索，每一步进展都不是命令式，而是商讨式、研究式。他培养出我国第一个兽医学博士，创立了"培养高科技人才群体立体式教学"，为高科技人才培养做出了杰出贡献，1989年，获全国教学成果军队级一等奖。他先后培养了16名博士研究生、29名硕士研究生和50多名进修生。其门下相继产生了两位知名"兽医"，中国工程院院士——夏咸柱院士（2003年当选）和金宁一院士（2015年当选），创造了学术界同一研究室同宗同门"十年一院士"的佳话。他先后荣立二等功一次，三等功四次，两次被评为全军优秀党员，一次被评为全军优秀教员。1996年，被总后勤部评为"一代名师"。

2000年7月，殷震在去往哈尔滨出差的路上，因车祸不幸以身殉职。 他曾说过："人只要活着，总应该创造点什么，为社会和历史留下点什么，而不应该是过客一场……几十年来，我做了一点工作，略有一些成绩，所获得的奖励和荣誉也不少。我想，只有在人生的最后一段路程中，加倍努力，争取为我国的科学和教育事业再做一些贡献。"茫茫宇宙，空间无际，时间无终，但在殷震70余年有限的生命里，他用辉煌的业绩见证了自己的一生不虚此行！

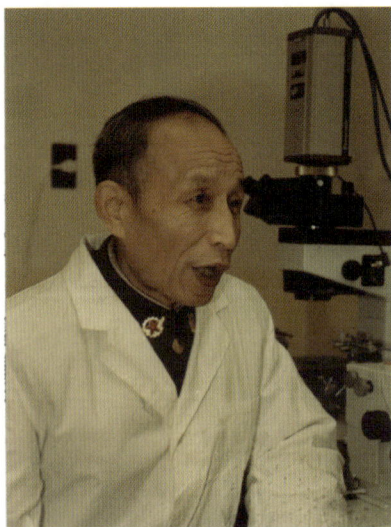

殷震在实验室工作

【回忆·先贤故事】

殷震培养出新中国的第一个兽医学博士。在研究生的培养上，殷震非常用心，也颇具战略眼光……

当他招收第一个博士研究生熊光明时，由于是第一次招考博士研究生，本来就十分认真的殷震就更加严谨。他不光看熊光明的考卷成绩，还"微服私访"，认真了解熊光明的学术水平、为人处世、吃苦耐劳精神，等等。直到确认这是个各方面都不错的小伙儿，他才拍板说："这个博士生，我要了！"

　　以往，有不少教授在给自己带的研究生选课题时，爱选容易突破、容易出成果的选题。因为倘若学生论文答辩受阻，老师也会受到影响。但是殷震"明知山有虎，偏向虎山行"，在研究生的课题选择上始终坚持三个观点：第一，要着眼于国内和国际学科发展的前沿进行选题；第二，要和世界发达国家同类研究课题相比，看它有没有独到之处，有没有竞争力；第三，要看课题完成后，其学术意义、经济效益有多大。于是，1985年春天，殷震给熊光明选了"不同属小RNA病毒的基因重组"的研究课题。这个课题不仅当时在国内是"只此一家，别无分店"的"独一份"，就是其他发达国家也没有突破性的进展。不少好心人劝殷震，这是您第一次带博士研究生，这样的课题，很可能一个人一辈子都搞不出什么名堂。如果您的学生几年后万一没有什么进展，您的名声不就"砸"了么？殷震也晓得他帮熊光明定这个选题的风险，也知道万一不出成果，自己和学生都会一道"栽"了，但他还是坚持选择了这个有风险的课题。因为殷震想得最多的不是自己的荣誉得失，而是在基因工程方面，我们的国家还很落后，帮熊光明选定的这个研究课题，倘若能研究成功，那就能够从一个侧面为自然界的病毒变异提供实验证据，也为新型疫苗研制开辟新的途径，具有非常重大的学术意义和实际应用价值。

　　在研究过程中，殷震对实验数据极为重视。他认为这些东西虽然枯燥乏味，然而却最能说明问题。如果有哪一次实验得出的数据不够准确合理，殷震一定要重新再做，直到结果准确时为止。"有志者事竟成"，经过两年的艰苦研究，这一课题终于取得了明显的进展，

殷震（左）与全国第一个兽医学博士熊光明（中）
和外国兽医学家进行交流

熊光明也在导师殷震的指导下，顺利地通过了博士学位的论文答辩。

殷震在为学生架设通往科学技术高峰的阶梯时，也注重为学生提供各种机会，使他们能够成为视野开阔、具有世界竞争力的人才。一次，德国科隆大学遗传研究室的主任杜奥雷教授到天津市访问，市里想找个懂行的专家帮助接待。他们很快想到了殷震，但殷震却把这个难得的机遇交给了熊光明，正是由于这次的机遇使得杜奥雷了解了熊光明，并主动帮助他申请洪堡基金。申请到洪堡基金的人在全世界为数寥寥，无论在哪个国家都是宝贝。毕业后熊光明留在德国继续做研究，经常打国际长途电话与恩师进行交流，汇报自己的近况，就像他所说的那样，因为无论他身在哪里，永远也忘不了他的老师……

王惠岩

【回顾·人物生平】

王惠岩，辽宁省法库县人，我国著名的政治学家、法学家、教育家。吉林大学首批哲学社会科学资深教授。

王惠岩（1928—2007）

1948年，王惠岩考入东北行政学院（吉林大学前身）；1951年，东北人民大学研究生班毕业，并留校任教。1956年，加入中国共产党。1981年，任吉林大学政治学研究室主任。1983年，创建吉林大学政治学系并任主任。曾任国家社会科学基金政治学科、国务院学位委员会全国哲学社会科学基金政治学科评审组副组长，法学学科评议组成员，中国政治学会副会长、顾问，教育部人文社会科学研究专家咨询委员会、社会科学委员会委员，中国行政管理学会常务理事、学术顾问等职；担任教育部人文社会科学重点研究基地吉林大学理论法学研究基地名誉主任、北京大学政治学理论研究中心、中山大学行政管理研究中心的学术委员会主任等职。主编《政治学原理》《当代政治学基本理论》《政治学原理课程体系创建与发展》《建设社会主义政治文明》等著作。创立了当代中国马克思主义政治学原理课程体系。

王惠岩曾多次被评为吉林省管优秀专家、吉林省直先进工作者、吉林省优秀教师，长春知名教授；荣获吉林省从事哲学社会科学研究工作40年突出成就奖，其论文《论民主与法制》获得中宣部"五个一工程奖"。2000年3月，为全国人民代表大会常委会，做了题为《马克思主义国家政权理论的几个基本问题》的第十三次法制讲座，受到中央领导同志的高度评价。

【回首·峥嵘岁月】

1952年以前，东北人民大学曾经设立过行政系。1952年全国院系调整时，政治学作为一门独立学科的地位消失了，行政系被撤销，同时它的教学和研究也停止了。此后，近30年的时间，中国政治学的发展基本上是空白。

1979年，国家准备成立中国政治学会筹委会，当时中国的政治学界，人才奇缺。全国范围内对政治学有一定研究的只有二十几人，这些人将担负起中国政治学发展的重任，走上一条充满艰辛的开拓之路。作为其中最年轻的学者，王惠岩勇挑重担、不负众望，于1980年

王惠岩在为学生上课

开始组建吉林大学政治学教研室，随后担任主任。1983年初，教育部批准吉林大学建立政治学专业，并设立政治学系。这是我国政治学专业恢复以来高校中建立的第一个政治学系，王惠岩出任系主任并开始在国内招收首批政治学专业本科生。

建系之初，首先遇到的困难是如何解决师资问题。当时学校很少有懂得政治学的人，王惠岩便从教师中抽出几位刚刚回国、了解政治学、教过法律、编过字典的人充任政治系教师。为了在短时期内提高教学水平，他邀请了一些国外的教授、学者来校授课。他还创造条件，把学生送到国外去学习深造，要求他们毕业后留校任教。当时，学校没有多余的房间可供政治学系做教室。为了解决教学和办公场地，他带领着学生们来到设备处的一个仓库，让学生们把仓库打扫干净作教室使用。没有桌椅，他

告诉学生在不影响别人正常上课前提下，把其他教室多余的桌椅搬过来，就这样七拼八凑，政治学系的第一堂课终于开课了。后来学校在文科楼里给政治学系调配了两个小房间，一间做教师备课室，一间做办公室。教师没有办公桌，王惠岩又跑去仓库翻来两个旧办公桌给老师们备课用。政治学系就这样，终于建立起来了。

王惠岩亲自为政治学专业的硕士生、博士生授课，还从政治学的视角探索法学理论的创新，受到了法学界的高度评价。他编写的《论民主与法制》获得中宣部"五个一工程奖"，出版的《政治学原理》获全国高校优秀教材一等奖，国内多所高等院校的政治学专业和开设政治学原理课程的其他专业，长期将其作为专业教材使用。他还受国家教委之托，主编了《当代政治学基本理论》《政治学原理课程体系创建与发展》等教材。这些教材，都被选为全国研究生推荐教材。

1987年，政治学系由国家教委批准在国内首批增设行政管理学专业。而后，在行政管理学专业基础上，他又领导创建了全国高校第一个办公自动化实验室，并于1993年建立办公自动化系（现在为电子政务专业）。

2005年，在学校申请政治学理论一级学科博士学位授予权点时，年事已高且身患重病的王惠岩，拖着虚弱的身体，为学校的发展远赴北京亲临答辩现场，使得我校参与答辩的人员信心倍增，顺利通过评审答辩。现在的吉林大学政治学系，已经发展成为行政学院，政治学理论成为国家重点学科，政治学和公共管理两个一级学科，均成为"985"工程二期和"211"工程三期重点建设学科、吉林省重点学科。

吉林大学政治学科和行政学院所走过的奋斗之路，也是王惠岩呕心沥血、拼搏奋斗的一生之路。他那种孜孜以求的拓荒精神，开创事

2003年，王惠岩与学院时任领导班子成员和各系主任
商讨学院发展规划

业和奋勇争先的拼搏精神，将与吉林大学共存，激励着后人为推动我国政治学事业的发展而不懈努力。

【回忆·先贤故事】

王惠岩一生把人才培养放在首位，把学生看得很重。他对学生在学习上严格要求，在生活上关心体贴。他虽然弟子成群，却仍关注每一个学生的成长，毕业多年的学生，遇到大事小情，还是愿意回来征求老师的意见。看到学生有发展、有进步，他感到非常欣慰，学生们生活上遇到困难，他都及时给予帮助。每逢新生入学，他都会到食堂去转转，看看学生们都在吃什么样的饭菜。当看到有些家在农村和城里生活比较困难的孩子，一碗粥、一个馒头、一碟小菜就是一顿饭时。他想，这些都是学习刻苦、成绩优秀的孩子，能考上吉林大学非常不易，要是就这样在大学里生活四年，知识是学到了，可身体健康是会出问题的。这件事让他陷入了久久的思考……1998年，时逢他七十寿辰，已经毕业的学生纷纷回来看望他，有的送了纪念品，有的干脆就送个信封。收到信封时他还以为是贺卡，便随手放在了书桌上。过了两天，他拿过这些信封打开一看，却发现里装的都是钱！他喜出望外，忙喊老伴儿过来看。望着他兴奋的举动，老伴儿非常惊讶，心想：这是一个从不关心钱的人，以往有人送钱他都严词拒绝，工资收入也都是我收着，平时兜里也就只有为数不多的零用钱，今天这是怎么啦？！原来看到这些钱，他突发奇想——利用这笔钱在学院设立一个奖助学基金，奖励优秀学生、帮扶贫困学生，岂不是一件好事！

第二天，行政学院的周院长问他："老师，外地还有些您的弟子，听说您七十寿辰。都在问是给您寄礼物好，还是寄钱好？"他当即回答："什么礼物也不要，还是寄钱好啊！"话一出口，周院长愣住了，这个平时不管钱、不花钱、口袋里从不带钱的老先生，今天为什么要钱呢？望着发愣的学生，他告诉周院长："我拿这些钱，是想设立一个奖助学基金，帮助困难的学生，鼓励好学生。"几天后，他又问周院长，收到了多少钱？当听说还不到三十万时，他便和老伴儿说："我想设立个奖助学基金，现在只有二十几万，要达到三十万才行，我想把我的书稿费放到里面可以不？"

老伴儿非常理解和支持他的行为。于是，在弟子们捐助的基础上，他又拿出自己多年积攒的稿费，于1998年设立了"王惠岩奖助学基金"，资助那些品学兼优、家境贫寒的莘莘学子。

1998年，"王惠岩奖助学基金"设立

　　2007年9月，王惠岩的病情已经非常严重了。学校为他组织了八十寿辰的庆典。当时前来参加庆典的有中共吉林省委副书记、中国政治学学会副会长、中国行政学会副会长、校党委书记等领导，还有一些学界的老朋友，大家一致给予他极高的评价，称他为当代的"政治学家、法学家、教育家"。9月8日，庆典会场座无虚席，虽然场面热烈，但大家望着病重的老先生，心情十分沉重。在致贺前，嘉宾们走到王惠岩面前深鞠一躬，向他表示崇高的敬意。他在发表讲话时，会场上一片寂静，当听他讲到"我的学生们都像小燕子一样飞回来了"之时，很多人早已泣不成声！在庆典上他还关心着奖助学金的情况，当看到又有一百多万元捐款时，他高兴极了，设在学校的奖助学金扩大了，就可以帮助更多学子完成学业。目前，"王惠岩奖助学基金"已发展为"王惠岩基金"，他的名字永远镌刻在学校的史册中，也永远印刻在学生们的心中……

孙家钟

【回顾·人物生平】

孙家钟，天津人，中国科学院院士，著名理论化学家、教育家。

1947年，孙家钟考入国立师范学院化学系；1950年，转入燕京大学。1952年7月，于燕京大学化学系毕业后被分配到鞍山钢铁公司工作。同年

孙家钟（1929—2013）

11月，调入东北人民大学（吉林大学前身）化学系任助教，在蔡镏生、唐敖庆等老一辈化学家的率领下，参与了东北人民大学化学系的创建工作。1978年12月至1990年8月，担任吉林大学理论化学研究所副所长、所长。1989年，任吉林大学理论化学计算国家重点实验室主任，学术委员会主任。1991年1月，当选为中国科学院院士。曾任吉林大学理论化学计算国家重点实验室学术委员会副主任。先后兼任全国博士后科研流动站管理协调委员会化学学科专家组成员，国务院第三届学位委员会委员，第二、第三届学科评议组（化学组）成员，国家教委化学教学指导委员会副组长，《高等学校化学学报》副主编，国际《分子液体杂志》编委，《国际量子化学杂志》编委等职。

孙家钟曾参加唐敖庆院士领导的配位场理论研究，建立了一套从连续群到点群的不可约张量方法，从而统一了配位场理论的各种方案，创造性地发展和完善了配位场理论，该研究成果1982年荣获国家自然科学奖一等奖（孙家钟为第二获奖人）。1984年获国家级有突出贡献的中青年专家称号。

【回首·峥嵘岁月】

1952年全国高校院系调整时，孙家钟来到位于长春的东北人民大学担任化学系助教。当时正值东北人民大学化学系的开创时期，最难的便是如何兼顾人才培养与提升科研实力。蔡镏生、唐敖庆等老一辈化学家饱含创业激情，夜以继日地工作，他们的人格魅力、精湛学术、渊博知识和充沛精力深深感染了当时年仅二十多岁的孙家钟。唐敖庆等老一辈化学家对于科学的执着追求激励着他废寝忘食地埋头于书山之中。书，是啃了一本又一本，人却随之消瘦了，深陷的眼睛里布满了血丝。他刻苦读书、潜心钻研的精神得到了唐敖庆的青睐，在其亲自示范讲授和具体指导下，孙家钟于1954年就开始走上大课讲坛，讲授了人生中第一门课"物质结构"，讲课效果得到了师生的好评，青年教师们都羡慕他得到了唐老师的"真传"。同时，在唐敖庆的启蒙下，孙家钟较早地开展了科学研究工作。1956年，发表了自己的第一篇学术论文《分子的平均链长》，从此他的科研工作迅速展开。由于他在教学与科研上的惊人成长，1963年，他成为化学系第一个晋升副教授的青年教师。同年，孙家钟参与了唐敖庆率领的八人科学研究集体，成为唐敖庆"八大弟子"之一，从此，他开始师从这位"中国量子化学之父"，投身到理论化学领域。在之后的岁月里，他数十年如一日地开展研究，填补学术界多个空白，在科学前沿阵地攻克了一个又一个堡垒。

20世纪60年代中期，孙家钟参加了唐敖庆领导的配位场理论研究，1966年，在随唐敖庆出席的北京暑期国际物理讨论会上，配位场理论研究成果被大会评为10项优秀成果之一，讨论会认为这一成果"丰富和发展了配位场理论，为发展化学工业

孙家钟（左二）与导师唐敖庆（右一）和研究团队一起讨论问题

催化剂和受激光发射等科学技术提供了新的理论依据。"70年代到80年代初，他又随唐敖庆等人继续从事这方面的研究。1982年，配位场理论研究获得国家自然科学一等奖，孙家钟名列唐敖庆之后，成为第二获奖人。1985年，法国著名配位场理论专家开布勒评论当时国际配位场理论研究在五个方面取得了重要成就，其中有三个方面列举了唐敖庆和孙家钟等人在80年代的研究成果，并将其誉为"中国学派"。孙家钟等人对分子间相互作用力（即范德华引力）的研究，引起了国内外学术界的重视，仅涉及生物大分子间的范德华引力研究，就先后有100多位外国学者来函向他索取论文。80年代，孙家钟等人深刻地揭示了二阶约化密度矩阵的拓扑空间的几何性质，为国际所公认，并建立了前人没有得到的孪函数多组态自洽场方程。这一工作，受到国际密度矩阵学术中心——加拿大皇后大学数学统计系柯尔曼教授的高度重视，并于1985年邀请孙家钟在他主持的国际密度矩阵和密度泛函学术讨论会上作邀请报告。孙家钟是参加此次会议的唯一化学家。他先后在国内外学术杂志上发表150余篇论文；并作为主编出版了学术专著《量子化学中的不可约张量方法》，他还是《配位场理论方法》《配位场理论方法补编》和《约化密度矩阵引论》等学术专著的主要作者之一，并完成了上述两部配位场理论专著英文版的翻译工作。

孙家钟在致力于科学研究的同时，始终注重教学和人才培养工作。从成为教师的那一刻起，他就在前辈科学家精神的感染下，秉承"传道、授业、解惑"的信念，教学和科研两不耽误，几十年如一日，一直工作在教学的第一线，先后讲授过十多门本科生和研究生课程。岁至80高龄，还刻苦钻研生物化学，并结合他对理论化学的深入理解，为青年教师和研究生悉心讲授，使他们受益匪浅。每当青年教师、学生出国进修、学习或参与外事活动，他都要叮咛一番，要求他们保持中华民族气节，

课堂上的孙家钟

要和外国人比学习、比工作，不要比生活。他在业务学习、科研工作上对青年教师和研究生严格要求，注意培养他们分析问题、解决问题的能力，且身教重于言教。每当研究工作进入关键时刻，他常和助手、研究生在工作室里共同战斗，经常通宵达旦，甚至有时连续工作达36小时，废寝忘食地进行讨论分析。对青年教师、研究生写出的论文稿，在基本概念的准确表达、文字叙述的严密性以至标点符号等方面都精心推敲、反复修改，直到满意。在生活中，他总是淡泊名利、屈己待人。凡是研究生发表的论文，虽然是他提出的课题并在关键问题上进行指导把关，却都总是署名在后，他主持分配，都是尽可能地让助手、年轻人多分到一点，自己得到的总是比应该得到的少很多。对助手、青年教师、研究生的住房、经济困难等情况他都了如指掌，经常解囊帮助，有时还亲自奔波帮助，并协调有关部门解决困难。

从1952年11月到东北人民大学化学系任教以来，孙家钟始终不忘初心，踏着前辈的足迹，不仅对吉林大学化学系的创建做出了卓越贡献，还承担了多项国家前沿化学学科课题，填补了多个学术空白，更是在日复一日的教学生涯中成为敬业爱生、身体力行、言传身教、润物无声的楷模。2012年9月1日，吉林大学举办了化学学科创建60周年暨孙家钟、徐如人、沈家骢三位院士执教60周年庆祝大会。

"德为师之本"，孙家钟院士在我国理论化学科研事业和教学培养上坚守奉献，成为师者楷模、垂范后世。

【回忆·先贤故事】

孙家钟从未停止过对知识和真理的追求，古稀之年依然坚持对未知领域的探索。21世纪初，生物化学领域的课题研究开始成为理化所欲突破的重要研究方向之一，当时已经70岁高龄的孙家钟率先开始向这一领域发起进攻。他找到生物化学的英文版专著，厚厚的一本英文著作，从头啃起，每一天给自己设定目标，完成阅读任务，遇到不认识的单词，一个一个查字典，字典不能完全解释的，就向留学归来的年轻教师请教。他的那本专著上，红色的小字密密麻麻，都是他做的标注，在书上无法写下的，他就写在一张张小条上，把纸条整整齐齐地贴在书本里。即便是在走路，他嘴里也常常念念有词，他一边学习，一边总结整理，经常废寝忘食，不分昼夜。理化所在他的眼里就是家一样的存在，他经常工作到很晚才回家，有时候太晚了索性就在办公室住下。科技楼304房间，就曾是孙家钟的办公室兼住房，在这里他每天工作到深夜，吃住都在里面，就连大

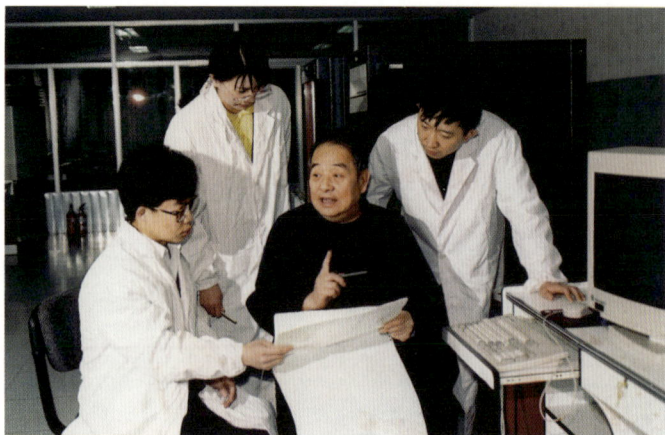

孙家钟在实验室指导研究生

年三十和大年初一他也经常伏案工作，不知休息。正是他对科学的这种热爱，以及无止境的探索和无私的奉献成就了他不断进取的科研人生。

张维达

【回顾·人物生平】

张维达，辽宁省海城人。我国著名经济学家、教育家、吉林大学首批哲学社会科学资深教授。

张维达（1930—2008）

1949年，张维达考入东北行政学院（吉林大学前身）货币银行系。1951年，提前毕业留校任教。同年，被选送至中国人民大学统计学专业攻读研究生。1953年7月，研究生毕业后，回到东北人民大学（吉林大学前身）经济系任教长达50余载。先后担任吉林大学经济学教授、博士生导师，学校党委宣传部副部长、教育组副组长、社会科学学术委员会副主任、学位委员会委员暨经济学科分委会主席。曾任国务院学位委员会第三届经济学科评议组成员，全国博士后管理委员会第三、第四届经济学与管理学专家组成员，曾任中国经济规律研究会副理事长、吉林省社科联副主席、吉林省经团联副会长、吉林省委省政府经济顾问、长春市政府经济咨询专家、《经济纵横》杂志主编等职。

1998年和2002年分别获中共吉林省委、省人民政府授予的吉林省"首批省管优秀专家"和"荣誉省管优秀专家"荣誉称号。出版著作18部，发表论文120余篇，并出版《张维达选集》（1956—1996）。先后获中国社科院优秀论文奖、全国纪念十一届三中全会十周年理论讨论会论文奖、国家教委人文社科优秀论文奖、中宣部"五个一工程奖"等奖项。1991年，享受政府特殊津贴；1997年，被评为吉林省"三育人"先进个人。学术业绩被英国剑桥传记中心载入《国际名人辞典》第24卷，美国传记协会遴选其为杰出人物。

【回首·峥嵘岁月】

1949年，张维达考入东北行政学院货币银行系，成为家乡的第一个大学生。早年在海城商业学校学习的经历和他对专业刻苦钻研的精神使得他的成绩在大学期间一直名列前茅。1951年，学校决定让张维达提前毕业留校任教，不久又选派他到中国人民大学统计学教研室攻读研究生，师从苏联统计学家廖佐夫教授。

廖佐夫教授讲授统计学时非常强调社会经济统计学的理论基础，也就是政治经济学，所以经常引用马克思的《资本论》和列宁的相关经济学著作，这使张维达对于学习马克思主义政治经济学产生了浓厚的兴趣。研究生期间他除了学习专业课，还到其他系旁听经济学课程，并自学了马克思的《资本论》，为他日后致力于政治经济学的研究打下了坚实的基础。

1953年，张维达以全优成绩从中国人民大学研究生毕业，回到母校经济系任教，开始了他50余载的教师生涯。他连续几个学期为不同的年级同时讲授统计学原理、经济统计学和贸易经济课程。张维达教学的一个突出特点是把授课过程看作教学相长的过程。他从不满足

张维达在课堂上

于已有的反复教授的知识，总是不断开拓新领域，更是把教学和科研结合起来。他的教学任务十分繁重，日常事务更是繁忙。20世纪60年代，他调任学校党委主持宣传部工作。在那特殊的历史时期，宣传工作非常重要，不能出半点差错，但他却始终坚持

不脱离课堂，同时给经济系几个年级的学生讲授政治经济学和马克思主义哲学两门课程。

1980年，在张维达给新生讲授政治经济学课程时，78级已经学过这门课的学生还挤到新生班级再次听课。他们说："听张老师讲课，不只是获得真知灼见，更是一种享受。"至今，许多早年毕业的学生还珍藏着当年听他讲课的笔记。

90年代后，张维达平均每年的教学工作量多达2500学时，超出应完成的教学工作量近1倍。繁重的工作使他承受着常人难以承受的精神压力与身体负荷。1996年夏天，他终于劳累病倒了，在校院领导、学生和家人坚持下才住进了医院。在病床上仍念念不忘学生，一遍又一遍地叮嘱和指导他们，将病房变成了书房。

教学之外，张维达最为心系的就是吉林大学经济学科的建设。他是在吉林大学经济系建立后的第二年回系里任教的，50多年来，吉林大学经济学科由建校之初单一的经济系发展成为涵盖

张维达（左二）与同事们进行学科建设的讨论

经、商、管多学科的较完备的学科体系，这期间每一步发展都凝结着他的一份心血。

很多博士生回忆起在与张维达教授的谈话中，除了科研进展外，出现最多的就是学校的经济学科如何发展？一级学科与二级学科博士点怎样建设？研究团队如何建设？他关心的始终是吉林大学的经济学科如何在国内诸多高校中上规模、上水平、上品位，高质量地发展。一个学科的发展离不开一个团结有力的研究群体。当吉林大学经济学科刚刚由经济系发展壮大成为规模较大的经济管理学院之后，张维达就开始想方设法适应改革开放的需要，在教学内容上开拓性改革，并带领教学研究团队出版了一套完整的经济学系列教材。

作为教书育人的典范，张维达在政治经济学领域的理论建树更是高屋建瓴，真正

具有大师风范。早在50年代中期，他就在《经济研究》（1956年第3期）上发表了《关于生产用固定资产折旧的计算方法》的论文，与苏联专家进行商榷，在经济学界引起了重大反响。在日本，直到80年代，有的杂志的论文载文中还把他的文章作为一派的观点引述。从那时开始，他就一直站在经济理论的最前沿和制高点，这些集中体现在他所指导的博士生毕业论文的选题上。多位在北京任教的著名经济学家在对送审的他指导的博士研究生学位论文评议材料中评论："你们身处东北，没有北京这样好的研究条件，但张维达教授指导的博士论文选题都非常好，都是经济理论与实际发展过程中迫切需要解决的难题或热点、焦点问题，这一点你们丝毫不比北京逊色，甚至有超越。"

为纪念张维达先生，由其弟子及吉林大学校友设立了"吉林大学张维达经济学奖学金基金"用于奖励优秀本科生，其家属将张维达生前藏书1200余册捐赠给经济学院资料室，为吉大经济学子留下宝贵的精神财富。

【回忆·先贤故事】

张维达对人生的严谨态度，不仅仅体现在治学上，更体现在对学生的教育上。他不仅对学生的学位论文修改要求严格，对平常的习作，也要求逐字推敲斟酌，直到满意为止。每一个已经毕业的博士生都有过论文被他"残酷"修改的痛苦而又温馨的记忆。他经常使用一支最简单的红色圆珠笔，把论文从观点、方法到整体结构、字词句章认真修改，甚至连标点符号也不放过。学生们在科研写作时，只能紧张严肃地对待每一个字和每一句话。他的学生谢地教授曾这样写道："有一次，我的孩子看了我被张老师改过的博士论文初稿后对我说，我写的文章不如他，理由是他的作文没有被老师做过那么多的改动！我想，正是这种'残酷'的修改，才改出了博士论文和博士学位，才改出了一种精益求精的治学精神。""桃李不言，下自成蹊"，经过这种精益求精的治学求知过程，学生们在日后的学习工作中发扬这种精神，培养出一代又一代严谨的经济学子。

张维达对学生们的学习要求十分严格甚至苛刻，但在生活上却又是竭尽所能地帮

助他们。1996年初，四川省
某师范学院的一位青年讲师
慕名前来报考他的博士研究
生。在这位学生到吉林大学
之前，他就叮嘱学生说：
"这位同志长途跋涉自费应
考，生活困难，要给他安
排一个不需要花住宿费的地
方，条件要好点，以便安心
应考。"当那位青年教师

张维达（中）与博士生们合影

来到长春后，听说张老师早已为自己安排好了住宿，激动得半天说不出话来。回校后
还多次写信给他表达感激之情。对一个素不相识的求知者，张维达都表现出如此的关
心，他的学生们在学习、工作和生活上得到导师的帮助就更多了。吉林大学经济学博
士后流动站刚建立时，学校配套服务不到位，他就让他指导的博士后人员暂时住在自
己家里。后来学校分给他们宿舍后没有配备家具，他就把自家的桌椅送给他们使用。
对外地来的博士生他更是关怀有加，经常在家里做饭为他们改善生活。所以，很多接
受过张维达指导的学生和熟悉他的人都十分钦佩他的治学严谨，而对于他曾给予的帮
助和支持更是永远感怀！

黄大年

【回顾·人物生平】

黄大年，广西南宁市人，中国共产党优秀党员，著名地球物理学家。2017年5月，中央宣传部追授黄大年"时代楷模"荣誉称号。

黄大年（1958—2017）

1978年至1982年，黄大年在长春地质学院（长春科技大学前身）应用地球物理系学习，获学士学位并留校任教。1983年至1986年，继续在应用地球物理系攻读硕士学位。1992年，获得"中英友好奖学金项目"的全额资助，赴英国攻读博士学位，师从国际地球物理学大师、英国皇家科学院院士古宾斯教授。1996年，获英国利兹大学地球物理学博士学位后，他第一时间返回选送单位长春地质学院报到，兑现了学成归国的承诺。1997年1月，经学校党委批准，再次前往英国，在英国剑桥ARKeX航空地球物理公司任高级研究员，曾先后担任过研发部主任、博士生导师、培训官。2009年12月，作为第二批国家"千人计划"入选专家，全职回到吉林大学担任教授，成为东北地区引进的第一位"千人计划"入选专家。曾任国家"千人计划"专家联谊会第三届执委会副会长，吉林大学新兴交叉学科学部学部长，吉林大学地球探测科学与技术学院教授、博士生导师。"十三五"期间，担任地球深部探测计划国家重大科技项目专家组成员及多个项目的首席科学家，是第七届教育部科技委地学与资源环境学部副主任委员，并多次作为专家参加国家"千人计划"和教育部"长江学者奖励计划"评审工作。曾获得中华全国归国华侨联合会"中国侨界贡献奖"，吉林省劳动模范、长春市劳动模范、吉林大学"三育人"标兵等奖励。2017年1月8日，因病不幸在长春逝世，享年58岁。

黄大年逝世后吉林大学党委作出了《关于开展向我校优秀教师、吉林省特等劳动模范黄大年同志学习的决定》，吉林省委、省政府追授黄大年同志为"特等劳动模范"，并在全省开展学习活动。 2017年4月28日，教育部追授黄大年"全国优秀教师"荣誉称号；5月26日，中央宣传部追授黄大年"时代楷模"荣誉称号；7月23日，中共中央追授黄大年"全国优秀共产党员"称号。2018年3月1日，黄大年荣膺"感动中国"2017年度人物。

【回首·峥嵘岁月】

1977年国家恢复高考，黄大年以优异的成绩考入长春地质学院，从此与地球物理结下了一生的缘分。他本科毕业留校工作后又攻读硕士学位。在校工作期间曾获学校教学成果一等奖、地矿部科技成果二等奖，1991年，被破格晋升为副教授。1992年，黄大年得到了全国仅有的30个公派出国名额中的一个，在"中英友好奖学金项目"全额资助下，被选送至英国攻读博士学位。在英国从事科研18年，他曾带领牛津、剑桥的优秀毕业生组成的团队，取得了多个世界领先的科研成果，被誉为

在长春地质学院读书时的黄大年

世界航空地球物理顶级科学家，成为这个领域的探路者和引路人。他成功地融入了国外精英层，豪车洋房，物质优裕，过着海漂华人的"尊严生活"。

2009年春天，他平静安逸的生活发生了改变。当时，吉林大学地探学院院长试探性地把国家开始实施"海外高层次人才引进计划"（简称"千人计划"）这一消息发

送给了黄大年。没想到，黄大年几乎是在第一时间决意回国。面对英国团队里伙伴们诚恳的挽留，面对妻子放弃自己苦心经营多年事业时的失声痛哭，面对要独自留下在英国求学的女儿，黄大年的内心十分煎熬，但是听到祖国的召唤，他抑制不住内心的激动，一刻也不愿停留。就这样，黄大年放弃了英国的一切，回到祖国，回到母校，成为第一批回到东北发展的"千人计划"专家。

回国后，他即出任母校吉林大学地球探测科学与技术学院全职教授。2010年10月，吉林大学成立了"吉林大学移动平台探测技术研发中心"，黄大年为带头人。同年，他又被国家选为"深部探测关键仪器装备研制与实验项目"的负责人，该项目作为国家"深部探测技术与实验研究专项"下设的第九项目，以吉林大学为中心，汇集了400多名来自高校和中科院的优秀科技人员。黄大年一方面协调国家科技部、国土资源部等部委高层完善战略部署；另一方面又在具体实施过程中担任项目直接负责人、首席科学家，从一名尖端科技研发科学家变为战略科学家。5年间，国家财政投入该项目约4.4亿元人民币，被认为是当时国家"千人计划"专家科研项目中获得国家财政支持力度最大的一个。作为战略科学家、国家"863"计划资源环境技术领域主题专家，黄大年教授为国家设计、跟踪和管理资源环境领域"863"计划项目，并以首席科学家身份负责策划和组织实施我国能源领域探测方面的高科技发展任务，同时也负责策划组织跨学科和

黄大年在深地探测项目"松科二井"现场

行业、国内最优势军民两用技术，开展攻关国家能源资源和矿产资源的关键技术，实现在快速移动条件下的精确探测。黄大年带领着科研团队冲上一个又一个国际前沿科技制高点。正是他对科研、对工作不懈的坚持与努力，在2011年度中国科技十大进展的盘点中，评选专家认为"深部探测专项开启了地学新时代"。2013年，黄大年的团

队入选第一批"国土资源科技创新团队培育计划"。2014年，该专项被25位院士推选为"中国地质学会2013年度十大地质科技进展"。同年，黄大年团队获得第五届中国侨届创新团队奖。2016年6月28日，"深部探测关键仪器装备研制与实验项目"通过评审验收，专家组最终结论是项目成果处于国际领先水平。这是国内大型项目评审中的最高评价。

　　黄大年不仅是一位战略科学家，同时也是目光高远的教育家。他常说，自己最看中的身份是"教师"。他培养学生不仅是"授人以渔"，更是为了学科发展的未来、人才建设的未来、国家战略的未来。他多次作为专家参加国家"千人计划"和教育部"长江学者奖励计划"的评审工作，为国家引进和培育高端人才提供服务。他牵头筹划在吉林省建立"无人机产学用基地"和"吉林大学留学生报国基地"，鼓励和引导学生将个人价值与国家前途命运紧密联系在一起。他注重为青年教师和研究生创造国际交流和系统培训机会，努力为他们开启与世界交流的"窗户"，创造接触世界最前沿科技和最先进设备的条件。他为吉林大学引进了世界上技术最前沿的地球物理综合分析软件平台，剑桥与斯坦福大学的参观访问学者在看过这套软件后十分震惊，因为就连这两所世界顶级的学府都没有引进如此先进的软件。他还主动担任本科层次"李四光试验班"的

黄大年在课堂上

班主任，所带班级被评为长春市"十佳班级"。他因材施教，勤恳耕耘换来了满枝硕果，他悉心指导的44名研究生（其中18名为博士生）中，获得省部级以上奖项的有14人次。

　　黄大年教授无私忘我地工作到生命的最后一息。他的学生送给他一个雅号——"拼命黄郎"。他经常工作到凌晨两三点钟，几乎没有休过寒暑假和节假日。平均每

年出差130余天，最多的一年出差160余天，3次累倒在工作岗位上。一次无人机航磁系统评审会，他带着工作了一夜的倦容赶到测试现场，想必是实在挺不住了，在无人机的轰鸣声中躲到工作车里蜷曲着打了个盹。在吉林大学地质宫5楼办公室里的办公桌上放着一沓沓文件，墙上的记事板上钉了几十个经常联系的人员的名片，日程表上记满了报告、讨论、验收和出差的目的地……似乎这间办公室的主人有永远忙不完的工作。通常这间办公室的那盏灯一直会亮到后半夜。可是从2017年1月8日，就再也看不到那灯光了。黄大年教授因病医治无效，永远地离开了他至亲的家人、挚爱的母校、未竟的事业和深爱的祖国。

根据他生前意愿，2017年1月10日，中共吉林省委追认黄大年为中共党员。2017年5月25日，中共中央总书记、国家主席、中央军委主席习近平对黄大年同志先进事迹作出重要指示。2017年7月，教育部为深入贯彻落实习近平同志对黄大年同志先进事迹重要指示精神，引导广大教师持续向黄大年同志学习，启动"全国高校黄大年式教师团队"创建活动。2018年1月，吉林大学地球探测与信息技术教师团队等201个团队被审核认定为首批"全国高校黄大年式教师团队"……

一路走来，黄大年将自己的赤胆忠诚毫无保留地奉献给养育他成长的这片沃土。他在入党志愿书里这样写道："若能做一朵小小的浪花奔腾，呼啸着加入献身者的滚滚洪流中推动历史向前发展，我觉得这才是一生中最值得骄傲和自豪的事情。"他是有情怀的人，他为党和国家的教育、科研事业倾尽所有，在实现中华民族伟大复兴中国梦的大时代里，留下了"振兴中华，乃我辈之责"的阵阵回响，也将一生谱写成了一首他最爱的歌——《我爱你，中国》！

【回忆·先贤故事】

黄大年出生于知识分子家庭，从懂事起他便受到父母的引导，对科学知识有着强烈的渴望。"三钱"的事迹、人才发展对国家的意义、科学家对祖国的忠诚占满了他的记忆，也为他的地质梦和中国梦拉开了帷幕……

高中毕业时，当地的地质队要招两名航空物探操作员，17岁的黄大年从几百人中脱颖而出。这是他首次接触航空地球物理，那时候的工作充满风险，为采集到关键数据，有的同事甚至牺牲了生命，黄大年额头上的疤痕就是那时留下的。但是工作环境的恶劣艰辛并没有影响他对地球物理专业的热爱。1977年，国家恢复高考，黄大年得知这个喜讯的时候，距离高考仅剩下3个月的时间。在那段时间里，他白天翻山越岭忙勘探工作和任务，晚上点灯熬油温习课本知识，为了心中燃烧的地质梦，在体能与心理的极限上不懈地坚持着，最终取得所在公社高中考场的第一名。在成绩超过当时我国最好学校录取分数线的情况下，他被自己的第一志愿长春地质学院录取。从此，他与地质工作结下了一生的缘分。

黄大年的毕业留言

完成本硕学业的黄大年以优异的成绩留校任教。在毕业留念册上，他简短有力地写下这样的话："振兴中华，乃我辈之责！"自此，一颗中国梦的种子便根植心中……从助教、讲师，再到破格晋升副教授，黄大年以杰出的工作业绩和科研成果受到广泛认可，以第一名的成绩斩获学校教学一等奖、地矿部科技成果二等奖，其间，曾为了做完正在进行的科研项目而放弃赴美读书的机会。但机遇总是偏爱有准备的人，1991年，经过严格选拔，他获得"中英友好奖学金项目"的全额资助，被选送到英国攻读博士学位，成为当时国家教委公派出国留学生中的一员，也是地学领域的唯一一名。1996年，他以排名第一的成绩获得英国利兹大学地球物理学博士学位。学成回国报到后不久，又被派往英国继续从事复杂目标的高精度探测技术研究工作，成为当时从事该行业高科技敏感技术研究的少数华人之一。重返英国后，他在英国剑桥ARKeX航空地球物理公司工作12年，带领一支包括外国院士在内的300人的"高配"团队，实现了在海洋和陆地复杂环境下通过快速移动方式实施对地穿透式精确探测的技术突破。由他主持研发的许多成果都处于世界领先水平。

奋斗多年，黄大年的物质生活条件已相当优越：位于剑桥大学旁边的花园别墅里有宽阔的草坪，学医的妻子还开了两家诊所，他已成为少数跻身英国精英阶层的华人之一。这是多少人羡慕的生活，也是多少人奋斗的目标。然而在2008年12月，中国决定实施"千人计划"，实现中华民族伟大复兴的中国梦。中国梦这三个字，让黄大年无比振奋。在听到母校的召唤时，海外赤子的一颗心，被彻底激活。为了心中的中国梦，黄大年第一时间就明确表示，考虑回国。2009年12月，他辞去了在英国公司的重要职务，挥别了共事多年的科研伙伴，说服妻子卖掉了经营多年的两家诊所，留下了还在读书的女儿……毅然回到母校、回到祖国。

白医精神
德馨流芳

在中华民族危难之际，伟大的国际共产主义战士白求恩不远万里来到中国，在战火硝烟中舍生忘死，铸就成的精益求精、救死扶伤、毫不利己、专门利人的白求恩精神，成为白医人共同的精神家园和力量源泉。如今，一批批仁爱、精术、坚定、广博的白求恩式的大爱医者护佑着人民的生命，跨越时空，将白求恩精神世代传承。

白求恩

【回顾·人物生平】

诺尔曼·白求恩（1890—1939）

白求恩，全名亨利·诺尔曼·白求恩（Henry Norman Bethune），加拿大共产党员，国际共产主义战士，著名胸外科医师。

1890年，白求恩出生于加拿大安大略省格雷文赫斯特小城一个牧师家庭。1916年，毕业于多伦多大学医学院，获学士学位。1922年，被录取为英国皇家外科医学会会员。1923年，成为英国皇家外科医学院的临床研究生。1928年初，白求恩成为麦吉尔大学皇家维多利亚医院加拿大胸外科开拓者爱德华·阿奇博尔德医生的第一助手，其间他发明和改进了12种医疗手术器械，还发表了14篇有影响的学术论文。1933年，被聘为加拿大联邦和地方政府卫生部门的顾问。1935年，被选为美国胸外科学会会员、理事。同年11月，加入加拿大共产党。1936年冬，志愿去西班牙参加反法西斯斗争。1937年12月，前往纽约向国际援华委员会报名，并主动请求组建一个医疗队到中国北部和游击队一同工作。1938年1月2日，他带着足够装备几个医疗队的药品和器材，从温哥华乘海轮前往香港。3月31日，率领医疗队来到延安。7月初，到冀西山地参加军区卫生机关的组织领导工作，创办晋察冀军区卫生学校（白求恩医科大学前身）；8月，任八路军晋察冀军区卫生顾问。1938年11月至1939年2月，率医疗队到山西雁北和冀中前线进行战地救治。

1939年11月12日，于河北省唐县黄石口村逝世。毛泽东称其为"一个高尚的人，一个纯粹的人，一个有道德的人，一个脱离了低级趣味的人，一个有益于人民的人"。

【回首·峥嵘岁月】

1938年3月31日，白求恩率领一个由加拿大人和美国人组成的医疗队来到中国延安，毛泽东主席亲切接见了白求恩一行。

1938年6月，白求恩从延安来到了晋察冀军区司令部所在地——山西省五台县金刚库村。他的到来使得司令员聂荣臻如获至宝，当即聘请他为军区卫生顾问。此后几周，他走访检查了晋

1938年，白求恩赴抗日前线途中

察冀军区卫生部后方医院，为157位伤员实施了手术。后方医院医务人员的抗日热情和吃苦耐劳的作风感动着白求恩，但同时他也发现了医护人员技术水平偏低，医院管理经验不足，缺乏必要医疗物资等问题。当他看到护理人员大多是没有受过正规训练的十几岁的孩子，有的甚至是文盲时，感到培养医务人员的工作迫在眉睫。他对与自己一同战斗的中国战友说："一个外国医疗队对你们的帮助，主要是培养人才。即使他们走了，仍然留下永远不走的医疗队。"他提议建立一所模范医院，并在给聂荣臻的信中说："目前有必要在整顿医务工作的同时改进技术训练。"白求恩的想法与聂荣臻不谋而合。1938年8月13日，白求恩给聂荣臻打报告，提出创办卫生学校的具体意见。他在报告中说："关于在此建立训练学校的问题，首先必须认识其迫切性，其次应有建校规划。"

1939年6月，军区首长决定由江一真同志负责卫生学校的筹建工作，又从冀中军区抽调了一批专家教授与白求恩一同参与学校的组建工作。为了创造办学条件，白求

恩做了许多建设性的工作。他一边指导筹建，一面忙着编写教材。作为一所创办于战火中、又位于抗日一线的特殊卫生学校，教学注定有其特殊性。学校的教学内容、课程设置和教学制度等都要适合当时的战斗特点。所以白求恩审定教材的时候，专门提出了三条主要意见：一是教学内容要联系实际，应多讲一些根据地条件下实用的诊断

白求恩在生命垂危之际写给聂荣臻的一封信

亲爱的聂司令员：

　　今天我感觉非常不好——也许我会和你永别了！请你给蒂姆·布克写一封信——地址是加拿大多伦多城威灵顿街第10号门牌。

　　用同样的内容写给国际援华委员会和加拿大民主和平联盟会。

　　告诉他们我在这里十分快乐，我唯一的希望就是能够多有贡献。

　　也写信给白芳德，并寄上一把日本指挥刀和一把中国大砍刀，报告他我在这边的工作情形。这些信可用中文写成，寄到那边去翻译。

　　把我所有的像片、日记、文件和军区故事片等，一概寄回那边去，由蒂姆·布克负责分散。并告诉他一个电影的片子将要完成。

　　把我的皮大衣给蒂姆·布克，一个皮里的日本毯子给约翰·艾迪姆斯，那套飞行衣寄给伊尼克·亚当斯吧！另一条日本毯子给帕拉西斯特拉。

　　在一个小匣子里有一个大的银戒指（是布朗大夫给我的），要寄给加拿大的玛格丽特。（蒂姆·布克知道她的地址）

　　我还没有穿过的两双新草鞋，送给菲利普·克拉克，那面大的日本旗送给莉莲。

　　所有的这些东西都装在一个箱子里。

　　用林赛先生送给我的那18元美金作寄费。这个箱子必须是很坚固，用皮带捆住锁好，再外加三条绳子保险。

　　请求国际援华委员会给我的离婚妻（蒙特利尔的弗朗西丝·坎贝尔夫人）拨一笔生活的款子，或是分期给也可以。在那里我(对她)所负的责任很重，决不可为了没有钱而把她遗弃了。向她说明，我是十分抱歉的！但同时也告诉她，我曾经是很快乐的。

　　将我永不变更的友爱送给蒂姆·布克以及所有我的加拿大和美国的同志们！

　　两张行军床，你和聂夫人留下吧，两双英国皮靴也给你穿了。

　　骑马的马靴和马裤给冀中区的吕司令。

　　贺龙将军也要给他一些纪念品。

　　给叶部长两个箱子，游副部长8种手术器械，林医生可以拿15种，卫生学校的江校长让他任意挑选两种物品作纪念吧！

　　打字机和松紧绷带给郎同志。

　　手表和蚊帐给潘同志。

　　一箱子食品送给董（越千）同志，算作我对他和他的夫人、孩子们和姊妹们的新年赠礼！文学的书籍也全给他。

　　医学的书籍和小闹钟给卫生学校。

　　给我的小鬼和马夫每人一床毯子，并另送小鬼一双日本皮鞋。

　　照相机给沙飞，贮水池等给摄影队。

　　每年要买250磅奎宁和300磅铁剂，专为治疗患疟疾病者和极大数目的贫血病者。千万不要再到保定、平津一带去购买药品，因为那边的价钱要比沪港贵两倍。

　　告诉加拿大和美国，我十分的快乐，我唯一的希望是能够多有贡献。

　　最近两年是我平生最愉快、最有意义的时日，感觉遗憾的就是精臻孤闷一点。同时，这里的同志，对我的谈话还嫌不够。

　　我不能再写下去了。

　　让我把千百倍的谢忱送给你和其余千百万亲爱的同志！

　　请转达我对凯瑟琳·董乐最诚挚的谢意，感谢她对我的帮助。

诺尔曼·白求恩
1939年11月11日下午4时20分

白求恩在弥留之际写给聂荣臻司令员的信

技术；二是内容不能过多，一些过时的老药可以不讲，应多讲常用药；三是要充分考虑军医一年半学制与教学内容的关系，把急需的内容讲深讲透。为配合教学，他先后编写了二十余种教材。7月的天气，闷热潮湿，当时白求恩的脚上长了脓疱疮，行动不便，但他仍然不顾病痛，在和家庄一间农舍里，开始编写他人生中的最后一部著作《游击战中师野战医院的组织和技术》。经过半个月的紧张工作，一本译后长达14万字，附有119幅插图的卫生教材编写完成了，这本书成为我军抗战时期的军事医学专著，为我军军医学的发展奠定了坚实的基础。白求恩还利用战斗间隙起草了学校教学方针。方针中提出，要有一个特殊的医院附属学校，称为"卫校医院"。这个方针十分详细，就连学生的作息时间、校徽等都作了考虑。

1939年9月18日，晋察冀军区卫生学校在唐县牛眼沟村正式成立，在开学典礼上，白求恩发表了热情洋溢的讲话，同时还把他从加拿大带来的显微镜、小型X光机和一些内外科书籍赠送给卫生学校。

1939年10月下旬，白求恩在河北涞源县摩天岭战斗中抢救伤员时左手中指被划伤感染，之后转为败血症，1939年11月12日，不幸逝世。在生命弥留之际，白求恩顽强地坐起来，用颤抖的手给聂荣臻和翻译朗林分别写了一封长信。

在中国战斗的20个月里，白求恩不仅开办卫校、自编教材、自制教具，为八路军培养了一大批医疗人才，还创办了模范医院、组织起流动医疗队，把手术做到战争的最前沿，创下连续69小时为115名伤员实施手术的惊人纪录，并成功完成了我军历史上的第一例战地输血。白求恩同志牺牲之后，军区将下属卫生学校和模范医院分别命名为"白求恩卫生学校"和"白求恩国际和平医院"。从此，坚持培养"政治坚定、技术优良，白求恩式的医务工作者"成为"白校"的办学宗旨和总方针。争做白求恩式的医务工作者，成为全体师生的共同奋斗目标。学习白求恩，弘扬白求恩精神，也成为鼓舞激励一代又一代"白医人"的精神动力。尽管学校历经数次搬迁、合并与更名，但白求恩的名字与学校紧紧相连，成为一种革命精神财富不断延绵……

【回忆·先贤故事】

抗日战争全面爆发的第二年，军委卫生部手术组组长江一真从山西接运伤员回延安不久，接到军委卫生部的紧急通知，要他去接待加美医疗队的白求恩大夫。在中国抗战全面爆发，急需大量高水平医生的时候，这位头上戴着"英国皇家外科医学会会员""美国胸外科协会理事"光环的加拿大外科大夫，能不远万里到中国抗战圣地延安帮助中国人民的解放事业，江一真既意外又高兴。多年后，江一真回忆起初见白求恩的情景："他是一个'引人入胜'的人，灰白的头发，蓝色的眼睛，又平又扁的鼻子，模样很慈祥仁爱。但是突出的前额，宽阔的下巴，又显得刚毅顽强。他穿着短外套，长筒皮靴，既威武又潇洒，像个武士，也像个诗人。"

在江一真的带领和介绍下，白求恩参观了这里的医院，虽然之前对延安的医疗条件有所了解，但真正亲眼看见这样简陋的医院时，他还是大为震惊。炕上只铺着一把谷草，重伤员才有一床破棉被，轻伤员只盖一条破棉套。医疗器具普遍残缺，就连一般医院视为最普通的药品，如酒精、麻醉药也找不到，至于肥

白求恩和木工师傅一起制造医疗器材

皂、毛巾则更属于高级"奢侈品"。战士们多半是大腿、小腿受伤，由于护理失当，变成终身残疾，留下永久遗憾。白求恩见到这番景象，神情严肃。之后在他的提议下，江一真领导大家一起整顿了医院，腾出两间大屋，打扫干净作为手术室。他们用棉布缝了几条垫褥，把谷草包裹起来，当作被褥，防止和减少感染。将剩下的布头剪成毛巾、纱布块、口罩，然后放到蒸锅中进行消毒。同时，又把几十个伤员的伤情作了分类，以便有条不紊地进行治疗。

为了降低战士们的残障率，白求恩又提出组织战地医疗队上前线救治伤员，以保证前线伤员能在负伤后24小时内接受手术治疗，并提出了要使75%的重伤员恢复健康的想法。这在当时是一个大胆的设想，因为此前别说红军医院，世界上许多医院都没有达到这么高的治愈率。但白求恩固执地坚持自己的想法，坚定地要到前线去救治伤员。

最终，白求恩上前线的事情，以一种"白求恩方式"解决了。当他听说组织上要对他进行特别照顾，不想让他去前线冒险时，他忽然跳起来，抄起圈椅，朝窗户飞掷过去，椅子砸断了窗棂子，落到院子里。他怒气冲冲地叫道："我不是为生活享受而来的！什么咖啡、嫩烤牛肉、冰激凌、软绵绵的钢丝床，这些东西我都有了！为了实现我的理想，都抛弃了！需要照顾的是伤员，不是我自己！"在场的人们全都为之惊愕失色，但复杂的问题也就这样轻而易举地解决了。

白求恩如愿以偿地上了前线。1939年10月28日，白求恩在离火线只有2.5公里的涞源县孙家庄的一座小庙里给伤员做手术，战斗在激烈地进行，我军的伤员也在不断增加。正在此时，从北线进攻的敌人，转头开始以孙家庄为中心集结。考虑到医疗队的安全，司令部命令立即转移。医疗队决定将轻伤员先行转走，抓紧时间继续为十几名重伤员就地手术。时间紧迫，哨兵跑来报告："对面山上发现敌人！"白求恩依然不动声色继续手术。哨兵第二次跑来报告："敌人正向这里逼近！"白求恩果断决定，再增加两张手术台。三张手术台同时手术，大大加快了速度。当最后一名叫朱德士的伤员被抬上手术台时，警卫部队已经同敌人的先头部队交上了火。这时，只听得枪声、炮声响成一片。同志们劝白求恩赶快转移，连在场的叶青山部长都着急了。躺在手术台上的朱德士也不愿意让白求恩冒险，他恳求白求恩，说："您快走吧！给我一颗手榴弹，等鬼子来了，我就和他们拼了。"白求恩却说什么也不走，坚持立即为朱德士进行手术。手术中，白求恩的左手中指被划伤，但他没有顾及，一直坚持把手术做完。白求恩带着伤员刚刚转移，敌人的先头部队就冲进了孙家庄。

3天后，由于医疗器械已经提前转移，在没有医疗手套的情况下，他为一名头部严重感染的伤员实施抢救，受伤的左手被感染了，这次手术让致命的病毒侵入了他的血液。5天后，黄山岭战役即将打响。此时他的手指已经化脓，发起高烧，但一路呕吐不止的白求恩依然拒绝离开前线。同志们劝他休息，他却毅然留在战地救护伤员。枪林弹雨之中，生死一瞬之际，白求恩说了那句让天下所有医生都肃然起敬的名言："你们不要拿我当古董，要拿我当一挺机关枪使用。"接下来的几天里，白求恩带着伤痛为200多名伤员做了检查治疗，导致受伤的手指越来越肿，他用手套将伤口裹好，又为13名伤员做了手术。军区领导得悉白求恩患病的消息，非常担心，立即命令马上送白求恩回后方医院，想尽一切办法为白求恩治疗。但此时，他似

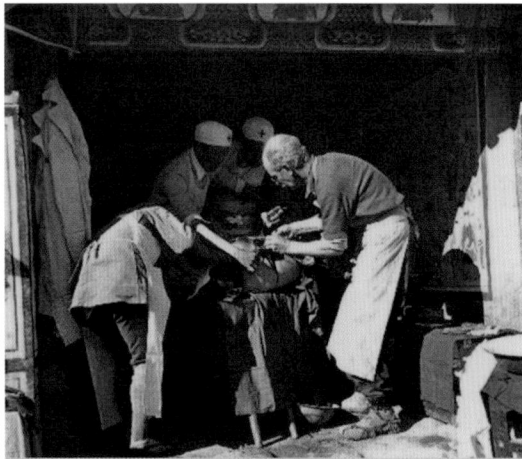

1939年10月28日，涞源县孙家庄的一座小庙里，白求恩在抢救伤员

乎已经感觉到自己可能再也站不起来了，躺在担架上，没有言语。11月10日下午3时，白求恩被担架护送着来到唐县黄石口村在村民家中住下。深夜，他一度晕厥过去，此时，他的身体已经到了最坏的程度。白求恩病危的消息，牵动着根据地军民的心。军区首长指派军区最好的医生组织抢救；战士们从前线送来刚刚缴获的急需药品；黄石口的老乡们赶来要求为他献血……各种各样的办法都用上了，白求恩的病情仍在继续恶化，脾脏肿大，体温下降，脉搏细弱，但神志却极清醒，他给聂荣臻司令员写了信，对后事做了安排。1939年11月12日凌晨5时20分，伟大的国际主义战士、中国人民的伟大朋友诺尔曼·白求恩走完了他生命的最后历程。

柯棣华

【回顾·人物生平】

柯棣华，印度人，著名医生，国际主义
战士。

柯棣华（1910—1942）

1910年，出生于印度孟买的绍拉普迩村。
1936年，毕业于印度著名的医学院——格兰特医学院。1938年，随同印度援华医疗队
到中国协助抗日。1939年2月，前往延安，参加了八路军医疗队，在晋察冀边区全力抢
救伤员，并以自己的身体试验治疗当时在边区流行的传染病。1941年，接替白求恩的
工作，成为白求恩国际和平医院的第一任院长。1942年7月7日，加入了中国共产党。
同年12月，由于癫痫病发作，在前线逝世，年仅32岁。2014年9月1日，被列入中华人
民共和国民政部公布的第一批300名著名抗日英烈和英雄群体目录。

柯棣华是印度人，却是中国共产党党员。在抗日烽火中，他来到中国，把壮丽的
青春年华乃至生命都献给中华民族的解放事业。正如朱德同志为柯棣华陵墓题词所描
述的一样："生长在恒河之滨，斗争在晋察冀，国际主义医士之光，辉耀着中印两大
民族。"

【回首·峥嵘岁月】

1937年7月7日，爆发了震惊中外的卢沟桥事变。这是日本帝国主义全面侵华战争

的开始，也是中华民族全面抗战的起点。随后，我党创建和领导的抗日根据地迅速发展，为加强战地医疗救护工作，八路军总卫生部组成了三支队伍开赴抗日最前线，但随着边区部队人数由两千多人迅速发展到几十万人，出现了医务人员奇缺的状况，因此，中国共产党积极寻求国际组织和国家对我国抗战工作提供帮助和支援。其中，朱德请求印度国大党领袖尼赫鲁为中国派一支小型医疗队。这一请求，得到了印度社会

各界的积极响应和热情支持，仅报名参加援华医疗队的医务人员就有700多人。1938年6月29日，这一天被孟买的居民命名为"中国日"。柯棣华在这一天申请并加入了由他和爱德华、巴苏华、卓克华、木克华5位医生组成的赴华医疗队。1938年9月17日，印度援华医疗队到达中国广州，在广州码头，他们受到了中国当

1938年，印度援华医疗队5名成员在重庆合影（右二为柯棣华）

地群众的热烈欢迎，并受到保卫中国同盟主席宋庆龄的迎接。

　　1939年9月29日，医疗队经长沙辗转来到汉口，被中国红十字会编为第15救护队，先后在汉口、宜昌、重庆等地工作。在重庆，医疗队员们为了表达与中国休戚相关的决心，特意请中印文化协会主席谭云山为他们每个人都起了一个中国名字。谭云山提议在他们每个人名字后面加上"华"字。于是，5位医疗队员都有了他们的中国名字：爱德华、柯棣华、卓克华、木克华、巴苏华。

　　刚到中国时，他们就向前来迎接他们的宋庆龄提出到华北前线工作的请求。到武汉后，他们又向周恩来提出了同样的要求。在重庆，他们又第三次向董必武提出了去延安的请求。

　　1939年1月16日，就在医疗队获得批准准备奔赴延安的前夕，柯棣华接到父亲不

幸去世的消息。大家劝他回国料理后事，他强忍悲痛说："我的家庭确实遭到了巨大的不幸，但这里千千万万无辜受难的人民更需要我。在我没有实现我向印度国大党所做的保证——至少在中国工作满一年之前，我决不回印度。"

1939年11月4日开始，柯棣华和印度医疗队的同伴们，出入枪林弹雨之中，走遍了晋东南、冀西、冀南、冀中、平西和晋察冀敌后抗日根据地，数次通过敌人的封锁线。

反"扫荡"前，柯棣华（二排左五）与
白求恩学校部分教师、学员合影

在战争环境中，他们和抗日军民一起过着艰苦的生活，但却没有任何怨言，而是以饱满的热情投入工作，在沿途施行了50余次手术，诊治了2000余名伤病员。

1940年8月，柯棣华和巴苏华一起来到河北省唐县葛公村的晋察冀军区卫生学校工作。1940年9月，当百团大战进入第二阶段，晋察冀军区进行涞水战役时，柯棣华奉军区司令部之命，出发去军区的南线，负责阵地救护工作。在13天的战斗中，他接受救治了800余名伤病员，其中施行手术的达558人。由于不间断的战斗，伤员被不分昼夜陆续地送来，他三天三夜未曾睡觉，始终以最大的热情坚守岗位。1940年底，晋察冀军区卫生学校附属医院改名为白求恩国际和平医院，柯棣华被任命为第一任院长。1941年10月25日，他与卫生学校教员郭庆兰喜结良缘，不久有了一个儿子。晋察冀边区司令员聂荣臻亲自为孩子起名为"柯印华"。"印"表示印度，"华"表示中国，寓意着中印将世代友好。

在晋察冀两年多的时间里，柯棣华不仅从事医疗工作，还从事教学训练、编写讲义的工作，同时又担负着行政和政治工作。在敌人向根据地残酷"扫荡"的情况下，他和同志们经常沿着山谷峻岭，一边作战，一边转移，一边护理伤病员。他以惊人的毅力和革命乐观主义精神，克服了一切艰险。在敌人一次"扫荡"中，他路过一个被日寇摧残的村庄，听到断续的呻吟声，就顺声查找，在一间残破的房子里，见到一个由于难产而生命垂危的妇女。他连忙找来游击队和担架，把产妇送到一个临时救护所，并连夜为她做了手术，挽救了母子的生命。正因为这样，伤病员和群众都非常敬爱他，亲切地称他为"老柯""贴心大夫"和"黑妈妈"。

1942年7月，柯棣华光荣地加入了中国共产党。同年12月9日，他的癫痫病再一次发作，医护人员虽全力抢救，但最终未能挽救他的生命。

在延安各界举行的追悼会上，毛主席送来了亲笔题写的挽词："印度友人柯棣华大夫，远道来华，援助抗日，在延安、华北工作五年之久，医治伤员，积劳病逝，全军失一臂助，民族失一友人。柯棣华大夫的国际主义精神，是我们永远不应该忘记的。"

如今，柯棣华的陵墓塑像与白求恩陵墓塑像一同并立在华北军区烈士陵园，在河北省保定市唐县还建有柯棣华纪念馆……人们以各种方式来纪念他为中国人民的民族解放事业所做出的巨大贡献。

【回忆·先贤故事】

一次，在晋察冀抗日根据地，柯棣华等三位印度医生和朱德谈起了学习外国语言的话题。"你们打算学习中文吗？"朱德问道。"太难了！"三位医生几乎同时回答。朱德便鼓励他们说："在中国工作，还是要努力学学中国语言才好，否则，光靠翻译，就像一个人离不开拐棍一样。"于是柯棣华信心百倍地表示："我要下决心丢掉拐棍。"

对学习中文，柯棣华有着卓越的才能和坚强的毅力。刚到卫生学校时，他虽然可以用汉语表达自己的意思，但还不够熟练，表达得也不准确。有一次，他给同学们讲完了话，说了声："同学们，我没讲完话。"大家便聚精会神地等他讲下去。他又重复了一遍，大家还是一动不动。他很纳闷，打了个散会的手势，同学们这才恍然大悟，原来他的意思是"我的话讲完了"。然而，不到半年时间，柯棣华讲起汉语来就顺畅多了，甚至还能比较流畅地说一些复杂的、具有深刻含义的语句了。

柯棣华学中文不仅刻苦、有毅力，而且还有一套好的学习方法。那就是在实际工作和生活中学，向群众和同事学，结合实际学。他谦虚认真，不耻下问，平时碰到什么就问什么、学什么，活学活用：在手术室就问医疗器械的中文名称；在喝茶时，就认识了"茶碗"二字；过年时，见老百姓门上的春联，他也仔细地琢磨；在学习毛泽东著作时，碰到"马马虎虎""粗枝大叶"等词以后，在医务室和护士谈话时就用上了，叮嘱护士平时工作时不要"马马虎虎""粗枝大叶"。

为了提高口语能力，柯棣华还认真学说一些绕口令。有一次，他一遍遍说着"中国红枣外红里白，印度红枣里白外红。"乍一听，好像中国红枣和印度红枣有区别，可仔细一想不是一样嘛？大家听了都很奇怪，问他为什么这么说，后来才明白这是他在锻炼口语能力。

1941年1月，柯棣华担任白求恩国际和平医院院长以后，对学习抓得更紧了。平时，他总是比别人早到医院。在护士们做手术准备工作的间隙，他就从口袋里掏出一本书，放在膝盖上学习。在他的笔记本上，工工整整地记录着中、英、印文对照的术语和单词。即使在紧张艰苦的反"扫荡"期间，柯棣华也把有关中国革命的著作和厚厚的字典带在背包中。在白求恩学校举行的军医班学员毕业典礼上，柯棣华用中文为军医班第三期毕业学员雪影题词"抗战必胜"。

柯棣华刻苦学习中文，不仅使他在中国能够独立工作、生活，直接阅读中文的政治、医务书籍，而且大大提高了救治伤员和授课的工作效率，更好地服务于边区抗日军民，支援中国抗战……

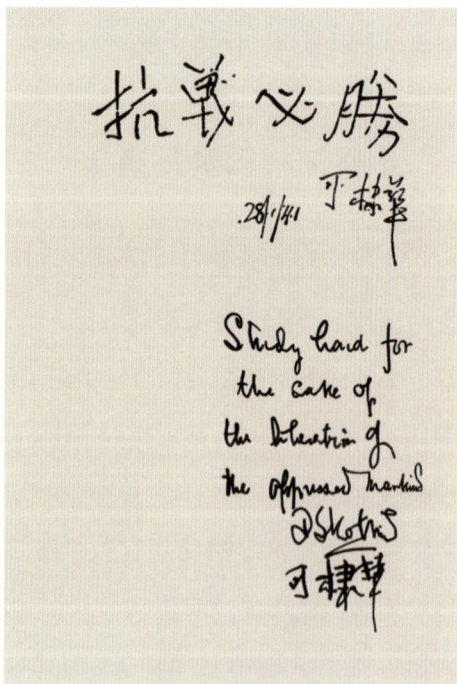

柯棣华题词

阴毓璋

【回顾·人物生平】

　　阴毓璋，又名阴毓章，山西沁源人。国内外知名的妇产科专家，国家一级教授，我国近代妇产科创始人之一。曾当选为全国政协委员和第三届全国人大代表。

阴毓璋（1903—1968）

　　1920年，阴毓璋考入北平清华学堂。1926年毕业后，考取"庚款留学"公费全额奖学金，到美国霍布金斯大学医学院学习。1928年，获理学学士学位。1932年，获医学博士学位。取得博士学位后，留在霍布金斯大学医学院任助教、外科医生。1933年回国。回国初期，在芜湖弋矶山医院先后任内科、外科主任。抗日战争全面爆发后，赴成都国立中央大学医学院妇产科担任教授、主任。抗日战争胜利后，继续在中央大学医学院附属医院任院长。新中国成立后，中央大学医学院更名为中国人民解放军第五军医大学，他仍在学校任职。抗美援朝期间，曾参加抗美援朝手术队。1954年，调往长春中国人民解放军第一军医大学（1946年6月曾命名为白求恩医科大学，1978年8月复名为白求恩医科大学）第二医院，任妇产科教授、主任。曾任全国卫生教材编审委员会委员、中华医学会吉林省分会会长、全国中华妇产科学会理事长、《中华妇产科》杂志副主编等职。一生发表了百余篇学术论文，并编著了《生理产科学》《实用产科学》《实用妇科学》等教材；参与了第一批全国高校统一教材《妇产科学》的编写工作。

阴毓璋曾荣立三等功,1956年被评为国家一级教授。曾出席长春市、吉林省和全国文教系统群英会。

【回首·峥嵘岁月】

1954年,阴毓璋离开南京北上长春,前往中国人民解放军第一军医大学第二医院,任妇产科教授兼主任。初到长春,他自修俄文,率先翻译并介绍了巴甫洛夫学说,研究阐述了高级神经活动与无痛分娩的关系。他开展"用联想实验探讨有关产痛的病理灶"和"产痛的生理基础的研究"等工作,得到广大临床工作者和国内学者的好评。由于在教学、临床和科研等诸多方面的突出贡献,1954年,他荣立三等功,并被评为国家一级教授。

20世纪50年代后期,阴毓璋不顾自己年事已高,且体弱多病,始终奋战在教学和临床的第一线。他致力于"产科'血不凝结性'产后大出血的研究",其学术论文发表在《中华医学(英文版)》杂志上。他在国内最早提出"弥散性血管内凝血是'羊水栓塞'和'产科低纤维蛋白原症'致死原因"的新见解,率先倡导使用冻干的"纤维蛋白原"抢救"血不凝结性"产后大出血,大大降低了产后大出血的死亡率。

1959年冬,吉林省东部山区流行原因不明的克山病,死亡率很高。当时,阴毓璋已年近六旬,他不顾自己年事已高,且患有高血压和冠心病,深入山区与农民同吃同住,

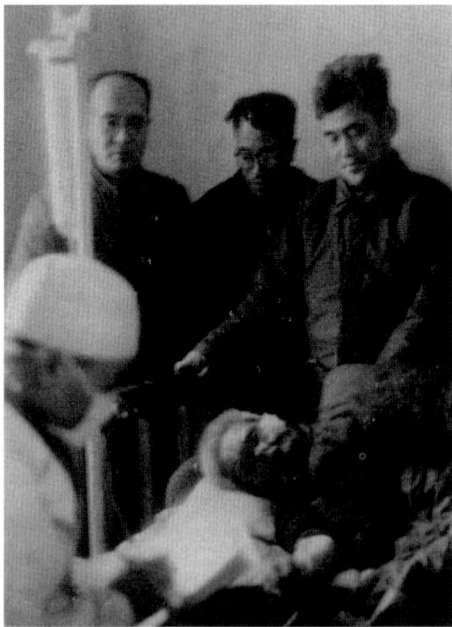

1960年,阴毓璋(右一)等在抚松县农村抢救急性克山病患者

不分昼夜守护在危重病人床前,甚至连续三年都没有回家过春节。他和大家一起把带回的第一手资料进行深入钻研,终于摸索出一套行之有效的"静、氧、温、点、药、

守"六字疗法，抢救了大批危重病人。为此，他作为"克山病防治组"的代表，出席了长春市、吉林省和全国文教系统召开的群英会，并荣获"先进工作者"称号。

阴毓璋对同事、学生的要求极为严格，令人望而生畏，但对患者却极为负责关爱。他常说："医生面对的是生命，决不允许有丝毫的差错！"每每遇到危重疑难病人，他都会挤时间亲自看护，细心观察，深受广大患者的爱戴。医院在开始使用双氢克尿噻（氢氯噻嗪）利尿治疗"妊高症"时，阴毓璋整夜地守候在病人的床边，观察病人体征情况，亲自计量尿液；刚开始用硫酸镁治疗妊娠中毒症时，他彻夜不眠，时刻关注着患者的各项生理指标。

阴毓璋从医一生，不仅在妇产科、外科、地方病等方面造诣颇深，在我国医学教育事业上，还培养造就了一大批的妇产科人才。无论是在课堂上还是在临床实践中，他对学生和各级医生及护士的要求都非常严格。如今许多人都已成为医学院校、医疗、科研单位的专家、教授和领导骨干。著名的妇产科学专家、江苏省人民医院妇产科原主任杨怀恭教授，回忆他受教于阴毓璋的经历时，说道："当年，我和另一位女同学被分配在南京大学医学院妇产科学习，指导老师是阴毓璋教授。老师两年的教导为我一生的从医生涯打下了深厚的基础。阴老师不论讲课、查房或讨论时，都会将生理、生化及病理紧密结合起来，晚上经常放幻灯讲解有关妇产科的组织学及病理学切片，也经常考核下级医生这方面的学习成绩。耳濡目染，仰慕老师的博学，自己也比较注意读书、学习基础知识时尽可能地与临床实践结合起来。"他记忆最深的阴老师的几句话是"要想学习妇科，先读好Novak的妇科病理学"，"要想学好妇科内分泌学，先将乌龟壳背熟（甾体激素的化学结构）"。

中国工程院院士郎景和教授回忆起阴毓璋教授，也念念不忘、记忆深刻，阴教授在做手术时，他会不时地发问，令人胆寒。有一次解剖盆腔血管时，"倒霉"竟落到了院长身上。记得那天，院长到手术室"视察"，站在我们后面看阴教授做手术。切开盆腔后，阴教授问道："后边的，认得这是什么血管吗？"那"后边的"正是来手术室视察的院长，他是行政干部，哪里知道什么血管，只好默不作声。阴教授不高兴地喝道："连这个血管都不认识，还看什么手术！你出去吧。"

"文革"开始后，阴毓璋受到冲击。但他顶着政治压力坚持出诊，为患者解除病痛。1968年，阴毓璋被隔离审查，极大的心理负担和繁重的体力劳动，使他的心脏病大为恶化，且得不到及时治疗。12月3日清晨，他在劳动时发生急性心肌梗死，永别了他钟爱的医学事业和亲朋好友，年仅65岁。

阴毓璋一生对我国的医学事业，做出了突出的贡献。他那种勤奋钻研、努力进取、诲人不倦的献身精神；脚踏实地、治学严谨、理论联系实际的科学作风；对工作严肃认真、一丝不苟、精益求精的态度；急病人之所急的高贵品质，以及顾全大局，一切从国家利益出发的爱国主义思想，永远值得人们学习。

【回忆·先贤故事】

1933年，出生于中医世家的阴毓璋在获得美国霍布金斯大学医学博士学位后，放弃在美国优厚的工作和生活条件，不顾国内艰辛的环境，回到祖国的怀抱，致力于祖国医学事业的发展……

早在美国期间，阴毓璋就在《国际外科杂志》上发表了子宫内膜异位症与子宫肌腺瘤在病源、病理方面不是一个病症的论文，在国际学术界引起了强烈反响，此后他发表的数十篇论文，均受到当时国外妇产科学者的重视。归国后，他于1945年正式出任中央大学医学院（东南大学医学院前身，丁家桥87号）附属医院院长。在他的带领下，中央大学医学院蓬勃发展。在丁家桥87号涌现出了一批声名卓著的医学名家和教育大家，如我们所熟知的康锡荣、郭绍周、姜泗长、张致一、王世真、丁光生、王士雯、张涤生、牟善初等，他们为祖国的医学教育以及医药卫生事业做出了应有的贡献。

1949年，随着国民党的败退，中央大学医学院迅速被中国人民解放军接管，丁家桥87号，这个精致的校

20世纪40年代的中央大学医学院

园，在短短的十年间几易校名：南京大学医学院、解放军第三军医大学、解放军第五军医大学、解放军第六军医大学。一大批著名的医学专家因为国家和军队的部署被分配至各地，参加新中国的建设。1954年，阴毓璋也被调往解放军第一军医大学，来到长春，从此留在了东北这片黑土地上。

阴毓璋的女儿阴东平，自小生长于南京，1959年，北京医科大学毕业后，回到她父亲曾经工作过的校园——丁家桥87号。此时，这个校园也已有了它新的名字：南京铁道医学院。从此，阴东平以父亲为榜样，把自己的根深深扎在了这片沃土上，成长为知名的肾脏病专家。

阴毓璋和阴东平两代人，见证了整个丁家桥87号这所学校的变迁史。沧桑的丁家桥87号如今已成为东南大学医学院，虽然时移世易，但是在历史的车轮下，曾经的它，有过肥沃的土壤，撒下了一批种子，破土发芽，开枝散叶……

刘多三

【回顾·人物生平】

刘多三，曾用名刘竹林，吉林省九台市人。我国著名神经病学家、神经病理学家及临床医学教育家，中国神经病学的先驱，吉林省神经内科奠基人。曾当选吉林省人大代表，长春市政协委员，中共十二大代表。

刘多三（1917—1992）

1937年，毕业于新京医科大学，先后在勃利县、方正县县医院任医生、院长。1946年，回到原籍九台县卡伦镇行医。1947年，在五四后方医院任大内科主任。1948年，长春解放后，历任长春医科大学四院讲师、第三军医大学一院副教授、内科系主任。1953年，领导创建中国人民解放军第一军医大学（1946年6月曾命名为白求恩医科大学，1978年8月复名为白求恩医科大学）神经内科，历任神经科主任、内科系主任，教授、博士研究生导师。1958年9月，加入中国共产党。曾任国家神经内科培训中心主任，吉林省脑血管病研究所名誉所长，《中风与神经疾病杂志》总编，全国神经病专业组副组长，全国脑血管病防治领导小组顾问，国家学位委员会委员，中华医学理事会、中华医学会吉林省分会副会长，吉林省暨长春市神经病专业委员会主任委员，《中华神经精神科杂志》编委。

刘多三曾被评为全国高校优秀教师，吉林省劳动模范，多次被学校评为优秀党员、先进工作者。曾荣立"振兴吉林"特等功。他一生鞠躬尽瘁，为党和人民努力工作到生命的最后一刻，去世后又把大脑捐献给了医学科研事业，为我国医学工作的发展做出了重大贡献。

【回首·峥嵘岁月】

1953年4月，36岁的刘多三率领讲师张秉枢、青年医师罗毅等人白手起家创建了当时仅有35张床位的第一军医大学神经内科，并下定决心要将该科建设成为先进的研究型临床科室。从此，他将毕生精力都无私地倾注到了神经病学事业上。

科室建立之初，刘多三就把常见、多发及严重危害人类健康和生命的脑血管病作为全科的主攻方向，并于1955年在国内率先建立临床神经病理研究室及脑库，开展剖检工作，提高了诊断水平和基础研究，为神经内科的发展奠定了基础。刘多三作为科室领导者，深入探索，积极建设研究型临床科室。在建立神经病理室的基础上，又先后建立了神经生化、免疫、电镜、电诊等实验室。为了提高全科的业务能力，刘多

1955年，刘多三（左二）在国内率先建立
临床神经病理研究室及脑库

三带领科室医生每月都进行临床病理研讨，通过讨论、剖检、再讨论的形式，大大提高了科室的临床诊治水平。在开展全方位科研工作的同时，他还着重对脑血管病进行深入系统的研究，并开展了对流行病学、临床特点、病理、发病机理等方面的研究，使学校神经内科在脑血管病的研究水平上一直处于国内前列。他还亲手创办了一本神经病学专业的国家级刊物《中风与神经疾病杂志》，不断吸收新知识、新技术、新信息。他视神经内科事业为生命，在年过七旬的时候，仍坚持每天上班，以科为家，甚至在去世前几周，还拖着病体亲自为国家重点学科的建设到省政府、省财务厅申请经费。正因他几十年的奋斗拼搏，神经内科几乎年年被评为先进集体，1983年还被卫生

部授予"全国卫生系统先进单位"。

刘多三作为医者，医学造诣精深，在几十年的行医生涯中，用精湛的医术挽救了无数患者的生命，谱写了一曲又一曲救死扶伤的赞歌。

20世纪60年代，曾有一位急诊医生遇到一个患脊髓炎截瘫的农民来就诊，因科里没床，便详细写了治疗方案，让患者回当地治疗。刘多三得知后说："脊髓炎的病人不及时处理，难以恢复，农民回去不能及时治疗，加床也要收治！"于是马上派医生去火车站把病人追回诊治，并以此教育全科医生"一切要为病人着想！"刘多三对待工作精益求精，把"治病救人是医生的天职"体现得淋漓尽致，并开创了医生首诊负责制的先河。即在遇有其他科室的危重病人被误收到神经科时，他要求大家一定先收下病人，争取时间抢救。然后，再请有关科室会诊，决不允许拒收患者，延误治疗。

"文革"期间，他被剥夺了做医生的权利，只能在病房劳动。当时，有一名播散性脊髓炎的患者，病情很重，虽辗转治疗，却不见好转。正在打扫病房的刘多三非常着急，偷偷找来了他的第一个研究生饶明俐大夫，将自己的意见告诉了她，让她去改变治疗方案。终于，这个病人得救了，刘多三脸上露出了欣慰的笑容，但直到病人出院，也不知道是这位"清洁工老人"救了他。

刘多三（左）与学生饶明俐（右）在一起交谈

刘多三不仅是医德高尚的医者，同时也是重视人才培养的名师。他常说："只有培养出更多教授的人，才配称教授！"

1978年，国家恢复硕士研究生培养，刘多三在国内第一批招收了神经病学研究生。1981年，经国务院学位委员会批准，白求恩医科大学神经内科成为国家首批博士学位授权学科，他成为国家神经病学科首批四名博士生导师之一，开始招收博士研究生。为了培育英才，他还广收临床、病理进修生。1980年，国家首个神经内科培训中心在白求恩医科大学第一医院神经科建立，他亲自担任中心主任，并组织培训中心相继开办了20多期培训班。他主编的《神经系统疾病临床病理讨论集》和国内第一套神经病理彩色幻灯片，也被各兄弟院校和医疗单位广泛采用。他治学严谨、要求严格，注重鼓励青年勇于探索、奋勇向前，总是设法给予中青年医生更多的锻炼机会，选派中青年医生出国留学和研修，一生为国家培养了大批神经内科的优秀人才，门墙桃李，众多弟子遍布国内外，许多人都已成为国内外神经内科的专家骨干或学科带头人。

在他的不懈努力下，1985年，由他担任名誉所长的吉林省脑血管病研究所成功建立。1989年，他领导创建的神经内科也被评为国家重点学科。

刘多三深知医学事业是一项继往开来的事业，不是一代人或几代人能完成的。1985年，为鼓励中、青年医生在神经病学及神经病理学方面的不断深入研究和探索，白求恩医科大学开始设立"刘多三基金"，用以激励在神经病学领域有所贡献的中、青年学者，鞭策一代又一代的医务工作者在刘多三精神的鼓舞下奋勇向前。

【回忆·先贤故事】

新中国建立之初，我国的医学事业还很落后，当时国内只有北京、上海等个别城市的大医院设有神经内科，全国绝大多数地区的医院里，神经内科还包含在大内科之中，没有被单独列出来。1953年，刘多三在北京接受了苏联专家培训后，认识到将神经内科从大内科中独立出来的重要意义。于是，他带领着讲师张秉枢，青年医师罗毅、林世和、包礼平、李恭等人，在第一军医大学建立了东北地区第一个神经内科。

由于神经内科是一个新兴的学科，医生大多对疾病的病因、病理不十分了解。在诊断时，许多患者因诊断失误，造成伤残，甚至失去生命。要想弄清发病原因，就需要进行病理分析，而病理分析就需要有病例标本和病理研究室。当时已是副教授的刘多三，带着刚刚参加工作的年轻医生，赶着学校仅有的一辆四轮马车，到军需库一趟趟地搬运药品，寻找可利用的器械，终于建成了一个简陋的病理研究室。

病理研究室有了，但是标本从何而来变成了难题。那时的许多病人家属受传统习俗的影响，不愿意家人尸体被解剖。为了争取剖检，他经常亲自做病人家属的工作，甚至骑着自行车，顶风冒雪地去病人家里，苦口婆心地劝说。

就这样，经过一点一滴的努力，日复一日的积累，刘多三领导着白求恩医科大学神经内科，历经半个世纪的不懈拼搏，取得了辉煌的成就。病理研究室的设备条件，技术水平不仅日益完善，还收集了包括脑出血、脑血栓、脑动脉瘤、脑动脉畸形、moya moya病等病理标本660多份，成为全国脑剖检最多的科室，为神经病学的发展积累了丰富的教学和科研的第一手资料。其中不少标本在国内外都属罕见，甚至包括多发性硬化、坏死性脊髓炎、同心圆性硬化等标本，都是在我国首次发现。

此时，年逾古稀的刘多三，不但依然在坚持不懈地努力学习、追求进步，甚至还产生了百年之后，仍然要为医学事业做贡献的想法。他对家人说："我是搞神经科的人，大脑标本对我们来说非常重要！作为一名医生我要做出表率！我死后，你们要将我的遗体捐给学校，

刘多三（右二）与同事在脑库研究标本

把我的大脑做成标本，供医学研究。"

1992年6月16日晚，刘多三因突发心梗，永远地离开了他的患者、学生和他投入了毕生精力的神经内科！在他辞世之后，家人们遵从他的遗愿，将他智慧的大脑捐献给国家制成标本，贡献给了医学事业。他的大脑标本，至今仍保留在吉林大学白求恩第一医院神经科的实验室中。

刘树铮

【回顾·人物生平】

刘树铮，原名刘珩，原籍湖南长沙，生于湖北武汉。著名放射生物学家、医学教育家。中国辐射兴奋效应理论主要奠基人。创建国内高校第一个放射生物学专业。曾当选吉林省第六届政协委员，长春市第七届人民代表大会代表。

刘树铮（1925—2012）

1942年，在湖南省沅陵雅礼中学学习。1945年，就读于湘雅医学院，1951年毕业。历任中国人民解放军第一军医大学（1946年6月曾命名为白求恩医科大学，1978年8月复名为白求恩医科大学）临床学院内科住院医师、基础医学部病理生理教研室讲师（上尉军衔），吉林医科大学放射生物学教研室主任、副教授，白求恩医科大学教授、室主任、系主任。1979年，加入中国共产党。1982—1983年，作为高级访问学者，在美国罗切斯特大学放射生物系进行研究工作。1983年，任白求恩医科大学校长，兼放射医学研究所所长，国务院学位委员会学科评议组成员。1991年，任卫生部放射生物学重点实验室主任。兼任中国核学会理事和荣誉理事、中国放射医学与防护学会常委和顾问、国家自然科学基金委员会学科评审组成员、国家核事故医学应急救援专家组成员、吉林省核学会理事长等职务。担任《中华放射医学与防护》《中国病理生理》《中华医学（英文版）》《中国辐射卫生》和《国际放射医学与核医学》等国内多个学术期刊的顾问、主编、副主编、编委等学术职务。

先后被评为全国优秀教师、全国职业卫生先进工作者；卫生系统全国优秀留学回国人员；吉林省委省政府首届省管优秀专家，吉林省省直先进工作者；吉林省先进科技工作者等。在第一军医大学期间曾荣立三等功。曾获得国际传记中心"20世纪成就奖"和"吉林英才"奖章、长春市优秀共产党员奖章。

【回首·峥嵘岁月】

1951年，年轻的刘树铮从湘雅医学院毕业，来到中国人民解放军第一军医大学工作。时逢抗美援朝时期，医院急需临床医生，他服从革命战争的需要，开始从事内科临床工作，并创建了学校第一个附属于内科的研究实验室，协助临床疾病的诊断工作。1953年底，根据工作需要，他被调到第一军医大学基础医学部，参与病理生理教学组的组建和教学工作。1954年，他又随第一军医大学迁至长春，在新设立的病理生理学教研室任教。

1960年4月，刘树铮负责组建了代号为"工业卫生系第二教研室"的放射生物教研室。同年9月，放射医学专业开始招收第一届五年制本科生，同时开办全国师资进修班和技术员培训班。由于当时的办学条件十分艰苦，他组织教师自己编写教材、讲义，准备实验课程。在师生们的共同努力下，圆满完成了教学工作，首届学生顺利毕业。

刘树铮不仅在本学科领域努力工作取得成就，还在其他方面大胆探索。1972年，在他担任克山病研究室防疫组长期间，积极配合地方病研究，努力提高教学实践的理论水平，在地方病研究方面取得了可喜的进展。

刘树铮的科研成就还体现在辐射生物效应研究方面。他从20世纪60年代起，就在这一领域开展科学研究。改革开放后，曾40多次应邀赴亚、欧、美十余个国家进行学术交流，为发展和充实"低水平辐射效应学说"做出了重要贡献，并取得了创造性的成果。为此，先后获得国家科技进步二等奖、全国科学大会奖、核工业总公司（部级）科技进步二等奖和吉林省重大科技成果奖等多项奖励。

刘树铮一生不但倾心科学研究，而且热爱医学教育。1978年，他开始招收学校第一批放射生物学领域硕士研究生。在担任卫生系主任后，为了推动科研发展，提高自身的业务水平，他赴美国罗切斯特大学放射生物系访学。凭借渊博的学识和精湛的技能，得到了外国同行专家的一致赞许。回国后，卫生系在他的领导下，1983年就成立了国内第一个放射医学博士学位授权点。

刘树铮对待教学兢兢业业，一丝不苟，长期承担诊断学、病理生理学和医学放射生物学等课程的授课任务，晚年仍坚持为本科生讲授科学进展课程。他对待学生认真负责、体贴入微，深受学生的爱戴。他一生培养了大批本科生，先后指导硕士、博士以及博士后60多

刘树铮在做实验研究

人。他的学生遍布国内外，许多人还开创了独立的研究方向。

刘树铮不仅是严谨的学者、敬业的师者，更是一位优秀的高校领导者。1983年12月，卫生部批准刘树铮任白求恩医科大学校长。上任后，他始终把教学管理与改革作为学校的中心工作，对学校科研工作也给予极大的重视。1985年，在他的主持下，学校推行院系合一的管理体制，成立了医学一系、二系、三系，而后又成立了口腔医学系。同年11月，通过了《白求恩医科大学"七五"期间科研工作发展规划》，提出了一系列提高学校科研水平的措施，强调实行课题招标制以及责任制，在鼓励协作的同时，强化竞争意识。作为校长和学科带头人，他积极推动国内、国际学术交流与合作。应邀赴美、加、日、俄、德、奥、法、英、捷等国讲学，在国际学术会议上作数十场特邀报告，不仅向世界介绍了他所领导的白求恩医科大学放射生物实验室所研究的科研成果，也推动了全校科研工作的发展。

刘树铮在注重教学科研工作的同时，还大力开展学校的后勤保障工作，努力改善

办学条件。先后建成并投入使用了学校的新图书馆、电子计算机中心、实验动物楼。再次抓住我国改革开放的机遇，刘树铮与两届班子成员一起积极争取国外资金和部、省、市的投入，筹备兴建一所现代化的教学医院——中日联谊医院，将学校资产增值至2亿多元，为日后科研与教学提供了更好

1990年4月，刘树铮校长（右二）与日本"中日联谊医院项目"基本设计调查团举行会谈

的平台，对学校的建设与发展做出了突出贡献。

在刘树铮的领导下，白求恩医科大学在1989年50年校庆时，已发展成为办学层次齐全、学科特色明显，在国内外具有一定地位和影响的卫生部直属医科大学。

【回忆·先贤故事】

1960年，为了适应我国核工业的发展，满足核战争和国防科学对放射医学及防护专业人才的需要，吉林医科大学决定委派刘树铮负责筹建放射医学专业。他率领着同志们，在学校原有防原子弹化学教研室的基础上，抽调了部分相关学科的教师，充实了必要的教学实验设备，以敢为人先的精神创办了"工业卫生系第二教研室"（即放射生物教研室）。这一教研室的成立，标志着我国高校为培养放射医学高级专门人才、和平利用核能源和国防建设服务的第一个放射医学专业的建立。

在刘树铮的带领下，放射生物教研室的全体人员，在完成教学、培训任务的同时，积极开展科学研究。1963年，他被任命为放射病理生理教研室副主任，开展在"高剂量辐射效应方面"的研究，并积累了较系统的资料。两年后，根据和平利用核科技和发展核能的需要，他又带领科研团队，开始转入对"低剂量辐射效应"的研

究，并将精细的先进检测技术引入人群效应的观察，获得了一批国际文献中未曾记载过的新资料。他引导科研人员，在低水平辐射增强免疫功能、诱导适应性反应、影响神经内分泌和提高抗癌作用等方面进行系统研究，取得了大量成果，他和他的科研团队，也始终处于这一领域的前沿。

1961年，放射医学专业教师合影（二排左二为刘树铮）

　　"文革"后，随着原子能事业的迅速发展和核技术的广泛应用，学校充实和加强了放射医学学科的教学和科研建设。该学科1978年成为国内首批硕士学位授权单位，1984年又成为国内首批博士学位授权单位，1991年再次被批准为基础医学博士后流动站组成学科。几十年来，在教学、科研、人才培养和设备建设等方面都取得了显著的成绩。目前，该学科已成为人员梯队健全、仪器设备配套完整、教学实力雄厚、科研水平较高，在国内有重要影响力的学科。2008年，放射医学专业被批准为教育部I类特色专业。

杨贵贞

【回顾·人物生平】

杨贵贞，安徽安庆人，我国著名免疫学家、医学教育家，我国当代免疫学的开拓者之一。

杨贵贞（1923—2014）

1945年，杨贵贞毕业于北京大学；1947年，毕业于北京辅仁大学研究生院，毕业后她在中共北京地下党的帮助下到北京大学医学院任教，同年加入中国共产党。1950年参军，1953年，赴苏联列宁格勒第一医学院研究生院学习；1956年，获副博士学位；1957年，来到中国人民解放军第一军医大学（1946年6月曾命名为白求恩医科大学，1978年8月复名为白求恩医科大学）任教。曾任北京大学妇女部部长，北京市各界人民代表，北京市政协委员，白求恩医科大学副教授、教授，国务院学位委员会学科评议组、国家自然科学基金委员会学科评议专家组成员，卫生部医学科学委员会细菌学与免疫学专题委员会、中华医学会微生物免疫学会副主任委员，中国微生物学会常务理事兼医学微生物免疫学会主任委员，中国免疫学会副理事长等职。

杨贵贞开创了"中药免疫药理学""神经内分泌免疫调节的免疫生理学"和"免疫生物工程"等多个免疫学发展的重要方向，获得了诸多开创性和奠基性的重要成果。其研究成果获得国家教委科技进步奖、卫生部重大医药成果奖和省科技成果奖等20余项奖励。曾任《中国免疫学杂志》主编，《中国医学科学院（英文版）》等多种国家级医学杂志编委。

1989年，杨贵贞被评为全国优秀教师；2000年9月，被吉林省教育厅评为全省教育系统师德模范；2001年，被中共吉林省委、吉林省人民政府评为吉林省荣誉省管优秀专家；2009年，被授予中国免疫学会终身成就奖。

【回首·峥嵘岁月】

1957年，在苏联列宁格勒第一医学院获得副博士学位的杨贵贞回到祖国，来到第一军医大学任教。几十年辛勤耕耘，1978年晋升为教授，并成为我国首批博士、硕士研究生导师。她以独特的科研体系，开创出多个免疫学发展的重要方向，促进了众多前沿学科的发展，在祖国医学事业这片沃土上，取得了丰硕成果，为国内外医学界所瞩目。

在20世纪50年代后期杨贵贞留苏回国后，主要从事抗感染免疫和免疫生物学研究，在免疫细胞化学和胸腺功能研究方面处于当时国内领先地位，同时在中医针灸与免疫关系的问题上进行了开创性的探索。60年代初，她已成为我国微生物学、免疫学领域中颇有建树的杰出青年学者。70年代后，她选定了中医药与现代免疫

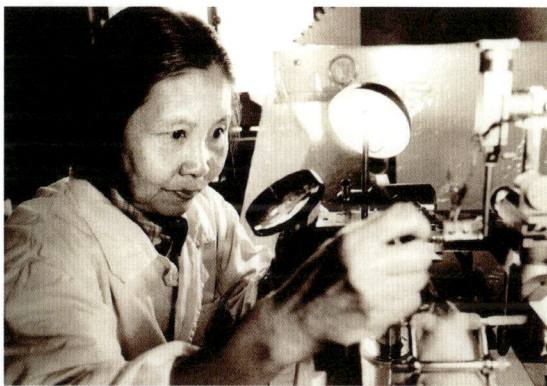

潜心研究免疫学的杨贵贞教授

学相结合的方向，开始了"中药免疫药理学"的研究，使中药免疫调节功能的研究从整体上进入了细胞、分子和基因的水平，这是中药免疫药理学的重大突破，受到了国内外医药学界的广泛关注和高度评价。在致力于发展祖国医药学的同时，她注意到免疫学的研究已远不应局限于免疫系统本身，于是她在我国率先从神经内分泌-免疫双向调节入手开展研究，进而将理论结合临床实践开辟了与中枢神经系统有关的疾病研究，不仅在国内处于领先地位，而且在国际上也颇具影响。后来，随着生物工程学的

蓬勃兴起，她又创造性地在国际上首次提出了"免疫生物工程"这一概念，不但使免疫学学科上升到一个更高的水平，还促进了临床免疫学的发展。在她的带领下，"中药免疫药理学""神经内分泌免疫调节的免疫生理学"和"免疫生物工程"三个主要研究领域相互渗透、相互补充，形成了一个独具特色的研究体系，取得了大量开创性的成果，带动了各相关学科的发展。她的研究成果多次获得国家教委科技进步奖、卫生部重大医药科技成果奖和省科技成果奖。她本人发表了近三百篇学术论文，出版了《免疫学》《医用免疫学》《免疫生物工程纲要与技术》等二十余部著作。她所领导的白求恩医科大学免疫学教研室被国家教委评为全国高校免疫学专业第一个重点学科点，成为我国主要的免疫学科研与教学基地。

几十年里，杨贵贞集研究免疫学和医学教育于一身，把大量时间用在了人才培养上。作为首届博士、硕士研究生导师之一，她以其渊博的学识和高尚的品格，为学生们做出了表率。在多年的教学实践中，她形成了一整套完备的教育思想体系和人才培养方法。她创造性地提出了"高起点"医学教育理论。根据这一理论，在研究生培养过程中，采取以研究生作为科研主力军，抓边缘学科，开拓科研新路的培养方式。因此，在研究生培养过程中收到了显著效果，一批优秀医学科技人才在她的辛勤培育下成长起来。她一生培养了近百名博士、硕士研究生和博士后研究人员，她的学生遍布英、美、法、德等十多个国家，以及国内多个省市。许多学生已成为一些重要科研机构的学术带头人和技术骨干，有人获得中国科协青年科学奖，还有人获得霍英东青年教师奖。

为了促进我国免疫学的发展，传播免疫学知识，杨贵贞除了大量培养研究生外，还招收了数百名进修生。在河南、江西、四川、福建、北京等省市，开办了近三十次免疫学学习班，受益者达数千人。并多次赴海南、青海、云南等边远

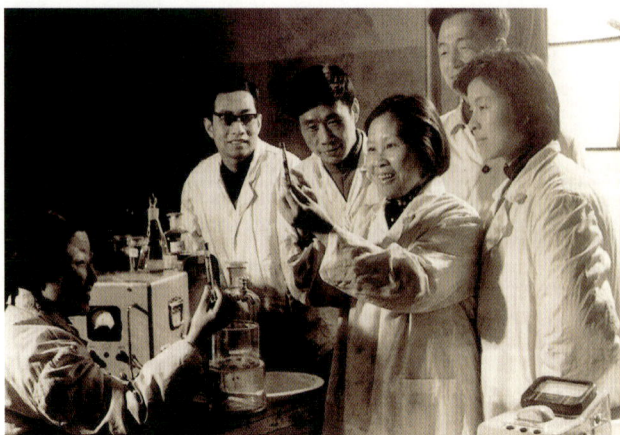

1980年，杨贵贞给进修生讲演并示教

地区支边讲学，在祖国幅员辽阔的土地上，到处都留下了她传播免疫学知识的足迹。平日里她几乎每天都收到来自四面八方的书信，有的是向她请教学术问题，有的是请她审阅论文和译稿，还有的是邀请她前去讲学。无论是认识还是不认识，无论是"老将"还是"新兵"，她都一一答复。因此，很多人都称她为"没有见过面的老师"。国外也经常来函邀请她前去参加学术会议和讲学，苏联、美国、加拿大、英国、日本等许多国家的学者也慕名前来访问学习。多年来，她就像一名辛勤的园丁，用自己的心血和汗水，浇灌着新一代免疫学科技人才的苗圃。她的医学教育思想和在人才培养方面的杰出贡献受到了医学教育界的广泛重视和高度评价。她也获得了国家级优秀教学成果奖和国家级优秀教师等荣誉称号。

杨贵贞对医学科学事业的卓越贡献受到了国内外的广泛瞩目和高度评价。在国内，她的事迹被收入《中国当代医学家荟萃》《中国文化名人》《中国当代名人录》《吉林科技精英》等多种名人录。在国际上，她的名字载入了EUROPA PUBLICATIONS LIMITED 首次出版的《世界妇女名人录》（*THE INTERNATIONAL WHO'S WHO OF WOMEN*），在这部书的封面上这样写道："本书不仅是对这些杰出女性所取得成就的一种承认，也表明这些女性在她们各自的领域走到了世界的前列。"

【回忆·先贤故事】

杨贵贞出生在安徽安庆一个小职员家里。因父亲早逝，家境十分贫寒。在她幼小的心灵里，早早地埋下了"求知"与"求生"这两个在当时极难协调的愿望，于是她以发奋读书将两者暂时统一了起来。

当她以优异的成绩考入北京大学后，一切费用都靠奖学金来维持，她还得从中节省下来一部分，用来贴补家中的生活。1945年，她在北京大学毕业后，考入了北京辅仁大学研究生院，一边工作一边学习。1947年，在北京地下党的帮助下，她来到北京大学医学院任教，同年加入中国共产党。从此，她便全身心地为党的革命事业和科学事业拼命工作。

1953年，杨贵贞的儿子还不满周岁，虽然心中充满了强烈的歉疚之情，但她还是把孩子留在家中，怀着对医学事业的强烈渴求毅然踏上了赴苏联留学的旅程，到列宁格勒第一医学院研究生院学习。由于她学习刻苦，仅用三年时间就完成了原定

1955年，杨贵贞在苏联参加庆祝"五一"国际劳动节游行

四年的研究生课程和学位论文，同时还撰写了多篇高水平的科研论文，在苏联国家级杂志上发表。

留学结束后，杨贵贞怀着满腔的报国热诚回到了祖国。然而面临的却是接踵而来的反右派斗争和"文革"，她和家庭都受到了极不公正的对待，丈夫在"文革"中被迫害致死。政治上的挫折和失去亲人的悲痛没有使她消沉，她深知对于整个科学事业来说，一名科学家的人生是多么短暂。她把全部身心都沉浸在工作中，坚信总有一天祖国的医学事业会得到重视和发展。她常说，工作是她人生的全部内容。为了把更多的时间用在工作上，她从不在个人和家庭生活上花费精力。她平时衣着朴素，一日三餐也极为简单。教研室、实验室就是她的家，节假日也很少休息。即使在生病住院时也没有停止过工作，在病床上坚持翻阅资料、撰写论文、指导研究生……

杨贵贞年至七旬时，本可以离开长春去北京大儿子家享受天伦之乐，但她离不开倾注了几十年心血的工作岗位，选择留在长春。古稀之年的她仍像年轻时一样，整日在教研室和实验室里没日没夜地忘我工作，以旺盛的精力和忘我的热忱工作在医学科学研究和教育事业的第一线，直至生命的终点。曾有人看到她一直没日没夜地忘我工作，惊讶于她的精力充沛，她笑着回答："人的精神太重要了。"而祖国的医学事业就是她的精神支柱！

参考文献

[1] 杨军. 吉林大学校史70年 (1946—2016) [M]. 长春: 吉林大学出版社, 2016.

[2] 张赞新. 中共长春党史人物传 [M]. 长春: 长春出版社, 1998.

[3] 韩光鹏. 吉林科技精英 [M]. 长春: 吉林科学技术出版社, 1988.

[4] 孙鸿烈, 钱伟长. 20世纪中国知名科学家学术成就概览 [M]. 北京: 科学出版社, 2013.

[5] 王春芳, 陈玉恩. 不朽的丰碑: 大爱无疆 唐县白求恩柯棣华纪念馆 [M]. 长春: 吉林出版集团有限责任公司, 2012.

[6] 吉林省地方志编撰委员会. 吉林省志第47卷人物志 [M]. 长春: 吉林人民出版社, 2005.

[7] 吉林省地方志编撰委员会. 吉林市志地理志 [M]. 长春: 吉林人民出版社, 2005.

[8] 鲍盛华. 先生向北 [M]. 长春: 长春出版社, 2018.

[9] 张笛梅, 杨陵康. 中国高等学校中的中国科学院院士传略 [M]. 北京: 高等教育出版社, 1998.

[10] 于国田, 赵永超. 中共锦州党史人物传 (第2卷) [M]. 锦州市人大机关, 2000.

[11] 中国科学技术协会. 中国科学技术专家传略 [M]. 石家庄: 河北教育出版社, 1996.

[12] 吉林百科全书编纂委员会. 吉林百科全书 [M]. 北京: 中国大百科全书出版社, 2003.

[13] 吉林大学行政学院. 王惠岩纪念文集 [M]. 北京: 人民出版社, 2013.

[14] 王鸦宾. 东北人物大辞典 (第2卷上) [M]. 沈阳: 辽宁古籍出版社, 1996.

[15] 吉林大学校史编委会. 吉林大学史志1946—1986 [M]. 长春: 吉林大学出版社, 1986.

[16] 《匡亚明纪念文集》编委会. 匡亚明纪念文集 [M]. 南京: 南京大学出版社, 1997.

[17] 陈润哲. 医路 [M]. 上海: 第二军医大学出版社, 2016.

[18] 中国科学技术协会. 中国科学技术专家传略 医学编 [M]. 北京: 中国科学技术出版

社, 2008.

[19] 本书编写组. 吉林大学五十年 [M]. 长春: 吉林大学出版社, 1996.

[20] 南京大学高等教育研究所. 匡亚明教育文选 [M]. 南京: 南京大学出版社, 2000.

[21] 齐学进. 从教授到将军 纪念殷希彭同志诞辰一百零五周年 [M]. 北京: 人民军医出版社, 2005.

[22] 咏慷. 一个院士的成功之路 著名动物病毒学家分子生物学家——殷震的一生 [M]. 北京: 解放军文艺出版社, 2001.

[23] 赵雪梅. 世界教育艺术大观 百年教育人物传记 [M]. 呼和浩特: 远方出版社, 2008.

[24] 董扬, 陶少华. 中国汽车工业建设杰出的奠基人和开拓者——饶斌同志诞辰100周年纪念文集 [M]. 北京: 北京理工大学出版社, 2013.

[25] 中共长春市委党史研究室. 中共长春党史人物传第4卷 [M]. 长春: 长春出版社, 1994.

[26] 河北省互联网信息办公室. 燕赵丰碑 [M]. 石家庄: 河北人民出版社, 2015.

[27] 钟兆云, 王盛泽. 一生求真 江一真传 [M]. 北京: 中共党史出版社, 2008.

[28] 中共广东省委党史研究室. 红旗不倒 纪念古大存诞辰一百一十周年 [M]. 广州: 广东人民出版社, 2007.

[29] 中共广东省委党史研究室. 广东党史资料 第44辑 [M]. 广州: 广东人民出版社, 2007.

[30] 程斯辉. 新中国著名大学校长1949—1983 [M]. 武汉: 湖北人民出版社, 2007.

[31] 中国科学技术协会. 中国科学技术专家传略 理学编 [M]. 北京: 人民卫生出版社, 2005.

[32] 中共梅县地委党史办公室. 古大存诞辰九十周年纪念文集 [M]. 中共五华县委党史办公室, 1987.

[33] 于亮, 何健. 化学大师成才之路 [M]. 呼和浩特: 远方出版社, 2007.

[34] 中共广东省委党史研究室. 古大存纪念文集 [M]. 广州: 广东人民出版社, 1997.

[35] 张釜. 甲子同心 民盟人物口述历史 [M]. 长春: 吉林文史出版社, 2002.

[36] 中共五华县委党史办公室. 五华英烈 (第1辑) [M]. 1987.

[37] 辛勤, 徐杰. 中国催化名家 (上) [M]. 北京: 科学出版社, 2017.

[38] 高增德, 丁东. 世纪学人自述 (第1卷) [M]. 北京: 北京十月文艺出版社, 2000.

［39］林梦海等. 高山仰止 唐敖庆和他的弟子们［M］. 厦门: 厦门大学出版社, 2015.

［40］林茵, 李想. 化学家辞典［M］. 呼和浩特: 远方出版社, 2009.

［41］晋阳学刊编辑部. 中国现代社会科学家传略（第3辑）［M］. 太原: 山西人民出版社,
1983.

［42］程民德. 中国现代数学家传（第3卷）［M］. 南京: 江苏教育出版社, 1995.

［43］曹志平. 中国医学伦理思想史［M］. 北京: 人民卫生出版社, 2012.

［44］张继平. 新世纪代数学 回顾与展望［M］. 北京: 北京大学出版社, 2002.

［45］黄汲清, 何绍勋. 中国现代地质学家传（第1卷）［M］. 长沙: 湖南科学技术出版社,
1990.

［46］张国学, 任凤霞. 世纪寄语 百位教授写给当代大学生［M］. 长春: 吉林人民出版社,
1997.

［47］钱枞洋. 抗日一线的卫生学校——白求恩学校的兴起与发展［J］. 炎黄春秋, 2016.

［48］钟兆云, 王盛泽. 抗日烽火中激情燃烧的国际往事［J］. 党史博采（纪实版）, 2008.

［49］钟兆云, 王盛泽. 战争与和平中的激情往事［J］. 报告文学, 2008.

［50］李戎. 为天下人谋永福——陈先舟生平事略［J］. 党史纵横, 1991.

［51］李玉新. 她站在生命科学的前沿——记著名免疫学家、医学教育家杨贵贞教授［J］.
医学与哲学（人文社会医学版）, 1993.

［52］李玉新. 乾坤血染天地泣 著名兽医病毒学家殷震院士以身殉职［J］. 中国禽业导刊,
2000.

［53］李玉新. 吴式枢先生在长春逝世［J］. 物理, 2009.

［54］李玉新. 著名免疫学家和医学教育家杨贵贞教授传略［J］. 中国免疫学杂志, 2007.

［55］刘怀, 孙春艳, 任爽. 把一切献给你 我的祖国［J］. 人民周刊, 2017.

［56］宋德金. 布衣傲王侯: 我的老师金景芳先生［J］. 文史知识, 2009.

［57］本刊编辑部. 教授将军殷希彭 抗战痛失二子［J］. 工会信息, 2014.